AF483886

ספר

עץ חיים

לרבינו

חיים וויטאל ז"ל

שקיבל ממרן האר"י זלה"ה

שער טנת"א

שער ה' פרק א'

ד"כ ע"ב – דכ"א ע"ד

תש"פ

SimchatChaim.com

בהוצאת

שמחת חיים

בס"ד

הקדמה

ירפא **ה**מאציל **ו**יושיע **ה**בורא את כל חולי בני ישראל, וישלח להם רפואה שלימה, רפואת הנפש ורפואת הגוף, בכל אבריהם ובכל גידיהם לעבודתו יתברך.

בי"ב במנחם אב תשס"ה, הובהלתי לבית החולים, הרופאים לא נתנו לי סיכוי לחיות יותר מכמה שעות בגלל מספר תסבוכות. עם כל זאת בזכות התפילות של בני ישראל הקדושים, ברחמיו הרבים, ריחם עלי הקדוש ברוך הוא, ונשארתי בחיים.

עם כל זאת, הובחנה אצלי מחלה קשה בכליות, ונאמר לי שהצטרך למכונת דיאליזה. בשבילי זה היה שוק!!! אף פעם לא הייתי אצל רופא, או בבית חולים. כך בעל כרחי התחברתי למכונת דיאליזה, ומכונה זאת הייתי[1] קשורה בי ככלב במשך שמונים חודשים בדיוק, כמניין **יסוד**, במשך 10-12 שעות ביום.

בשבת פרשת **ויחי יעקב** י"ב טבת תשע"ב, בזכות בני ישראל, שכולם אהובים כולם ברורים כולם גיבורים כולם קדושים... וכולם פותחים את פיהם באהבה שלוש פעמים ביום, ואומרים - **ברוך אתה... רופא חולי עמו ישראל**, וכללותם כל האברכים, תלמידי הישיבות, רבנים וחכמים, חסידים, מקובלים עם תינוקות של בית רבן, זקנים עם נערים, בחורים וגם בתולות, בארץ הקודש ובעולם. ומצד שני בנות ישראל היקרות מפז, שהתפללו וקבלו עליהם כל מיני קבלות, מהפרשת חלה עד צניעות וכיסוי הראש, עם הרבנים, המנהלים, המורים, המורות **והתלמידות של בית יעקב דטורונטו** שכל יום התפללו, וכללו בתפילתם שבקעה את כל הרקיעים אותי, ונושעתי אני הקטן. הושתלה בי כליה. והתנתקתי ממכונת הדיאליזה.

אמר המלך דוד - לולי[2] תורתך שעשעי אז אבדתי בעניי. מה שנתן לי חיות היא התורה הקדושה, בשעות הרבות שהיתי מחובר למכונת הדיאליזה)כ12 שעות ביום(, ערכתי סדרתי וכתבתי במחשב את הקונטרסים שלמדתי במשך שנים. וקונטרסים אלו הפכו לחיבור, ואחרי התלבטויות ובקשות מבני גילי, החלטתי בעזרתו יתברך להדפיס קונטרסים אלו.

ידוע הוא כי כל דברי האר"י זלל"ה ותלמידו נאמן ביתו, רבינו חיים ויטאל הם סתומים וחתומים באלפי שרשראות ומנעולים, והרב ז"ל גלה וכיסה אלפים אמה, וכלל דבריהם הוא משלים, עם כל זאת העוסק במשל פועל בעלמות העליונים בנמשל. לכן צריך זהירות גדולה לא להגשים את המשלים, בסוד המבואר בספר הזוהר הקדוש - **ועלייהו אתמר** ועליהם נאמר - **ארור האיש אשר יעשה פסל ומסכה וגומר, ושם בסתר, מאי בסתר** מהו בסתר - **בסתרו דעלמא** בסתר העולם. **ובגין דא אמר קודשא בריך הוא לא תעשון אתי** ומפני זה אמר הקדוש ברוך הוא לא תעשון אתי **אלה**"י כסף **ואלה**"י זהב, **והכי אוקמוה חבריא לא תעשון אתי כדמות שמשי שמשמשין אותי** וכך העמידוהו החברים לא תעשון אתי כדמות שמשי שמשמשים אותי במרום, **לציירא בסתר דילי שום ציור או דמיון** לצייר בסתר שלי שום ציור או דמיון, **דכל מאן דצייר לעיל לקודשא בריך הוא** שכל מי שמצייר למעלה לקדוש ברוך הוא, **בסתר)דאיהי שכינתיה, כלילא מעשר ספיראן** שהיא שכינתו, כלולה מעשר ספירות, **שום ציור, וצלם, ודמות, כגוונא דמציירין בשמשין דיליה** שמציירין בשמשים שלו, **נשמתיה אתלבשא בההוא צלמא** נשמתו מתלבשת באותו צלם....

---

[1]

גמרא סוטה ד"ג ע"ב - גמרא סוטה ד"ג ע"ב – רבי אלעזר אומר, **קשורה בו ככלב**, שנאמר - ולא שמע אליה לשכב אצלה להיות. עמה לשכב אצלה בעולם הזה. להיות עמה לעולם הבא.

[2]

תהלים קי"ט צ"ב

וכן הוא בסוף ענף ד' דשער א' בספר עץ חיים שער ההקדמות, וז"ל הטהור - ואמנם דבר גלוי הוא כי אין למעלה גוף ולא כח גוף חלילה. וכל הדמיונות והציורים אלו לא מפני שהם כך חס ושלום. אמנם **לשכך את האוזן** לכשיוכל האדם להבין הדברים העליונים, הרוחניים, בלתי נתפסים, ונרשמים בשכל האנושי. לכן ניתן רשות לדבר בבחינת ציורים ודמיונים, כאשר הוא פשוט בכל ספרי הזוהר. וגם בפסוקי התורה עצמה כולם כאחד עונים ואומרים בדבר הזה, כמו שאמר הכתוב עיני הוי"ה המה משוטטים בכל הארץ. עיני הוי"ה אל צדיקים. וישמע הוי"ה. וירח הוי"ה. וידבר הוי"ה. וכאלה רבות. וגדולה מכולם מה שאמר הכתוב - ויברא אלהי"ם את האדם בצלמו בצלם אלהי"ם ברא אותו זכר ונקבה וגו'. **ואם התורה עצמה דברה כך** גם אנחנו נוכל לדבר כלשון הזה, עם היות שפשוטו הוא למעלה שם שאין שם אלא אורות דקים בתכלית הרוחניות, בלתי נתפשים שם כלל, וכמו שאמר הכתוב - כי לא ראיתם כל תמונה, וכאלה רבות. ואמנם יש עוד דרך אחרת כדי להמשיך ולצייר בה הדברים העליונים, והם בבחינת כתיבת צורת אותיות, כי כל אות ואות מורה על אור פרטי עליון, וגם תמונת זו דבר פשוט הוא כי אין למעלה לא אות ולא נקודה, **וגם זה דרך משל וציור לשכך את האוזן** כנזכר......

ולכן כל המבואר כאן בחיבור זה הוא כדי **לשכך את האוזן.** והתרשימים שבסוף החיבור הם כדי **לשבר את העין,** לכן אין שום ביאור והסבר שלם, ואין שום תרשים שלם בתכלית השלמות.

ידוע כי[3] דברי תורה עניים במקומן ועשירים במקום אחר, **ועל אחת כמה וכמה** בדברי הרב ז"ל, שכל סוגיה חסרה[4] במקומה, וחלקיה מפוזרים במקומות אחרים. **זאת ועוד** הרב ז"ל מערבב בדרוש אחד כמה וכמה סוגיות, כאשר בפשטות דבריו נראה שכל הדרוש הוא דרוש אחד, ולא מחולק לסוגיות שונות, ושמועות שונות, **ביאור** דברי הרב ז"ל כאן הם **בעומק, והוא בעצם ליקוט** עד איפה שידי הקצרה הגיעה, מכל חלקי ספר עץ חיים, ושמונה השערים המצוינים לרב ז"ל, מבוא שערים ושאר ספרי הרב ז"ל, והוא גם על פי הקדמת רחובות הנהר למרן הרש"ש, דרושי פנימיות וחיצוניות, דרוש הדעת, סוגיות ערכין, סוגיות דכללות והתכללות, פרטות וכללות, וסוגיות עובי ואורך, ועל פי ביאור גדולי רבותינו חכמי המקובלים לדורותם זלה"ה זי"ע.

ידוע כי[5] אין בר בלי תבן, כך אין ספר בלי טעויות, ועוד יודע אני כי דל ועני אני, **ואין**[6] **עני אלא בדעה.** לכן מבקש אני בכל לשון של בקשה אם יש לכל אחד שאלות, הערות, הארות, תיקונים, נא לשלוח ל - <u>book@simchatchaim.com</u> והשתדל לענות, ולתקן את הצריך תיקון.

בברכה והצלחה בלימוד התורה הקדושה
ובעיקר בפנימיות התורה, תורת האר"י הח"י.
ורפואה שלימה לכל חולי ישראל.

אח"י

ב"ה

הקדמה קצרה לחיוב לימוד תורת הקבלה

---

[3] **גמרא ירושלמי, ראש השנה פ"ג הלכה ה' די"ז ע"א** – דברי תורה עניים במקומן, ועשירים במקום אחר.

[4] **תורת חכם דע"ב ע"ב** – חסר לשון הוא, כמו שיראה המעיין.

[5] **גמרא ברכות נ"ה א'** - מה לתבן את הבר נאם ה', וכי מה ענין בר ותבן אצל חלום, אלא אמר ר' יוחנן משום ר' שמעון בן יוחאי ,כשם שאי אפשר לבר בלא תבן, כך אי אפשר לחלום בלא דברים בטלים.

[6] **גמרא נדרים מ"א ע"א** – אין עני אלא בדעה .

ישמחו השמים ותגל הארץ ירעם הים ומלאו. שזכינו בדור שלנו שפנימיות התורה, שהיא היא תורת הקבלה, מתפשטת לכל, וכל מקום בעולם היום לומדים בתורת החי"ן. הדור שלנו יש הרבה התעוררות ללמוד סתרי התורה הקדושה, הנקראת חכמת הקבלה. בירושלים של המאה ה18 בישיבת **בית אל** היו בקושי מנין של מקובלים, והיום תורת הקבלה מופצת בכל מקום בארץ ובעולם. לעניות דעתי אחת הסיבות העיקריות לשינוי זה הוא רצונם של בני התורה, החוזרים בתשובה ועמך לדעת את סוד החיים, למה ברא הקדוש ברוך הוא את העולם, ואת טעמי המצות, ר"ל אי אפשר היום בדור שלנו, להסביר על פי הפשט את הסיבה מדוע אסור לאכול בשר וחלב, מדוע צריך להניח תפילין, למה לשמור דווקא שבת ולא יום שלישי, אי אפשר להגיד כל הזמן **זאת גזרת הכתוב, כך רוצה הקדוש ברוך הוא**, האנשים מחפשים הסברים למצות, לסיפורי התנ"ך, לגלגולי נשמות, ועוד. ורק על ידי עסק בפנימיות התורה, אדם מסיג את ההסברים לקושיות שיש לו. **זאת ועוד** חיים אנחנו בדור של חומריות, והאנשים מחפשים את הרוחניות שבחיים, אז מה עושים, נוסעים למזרח, להודו, סין, תאילנד למצוא רוחניות, ולא יודעים **ששורש כל הרוחניות בעולם נמצאת בתורה הקדושה**, עם כל זאת כאשר הלומד את פשט התורה, **הוא לא מכיר** את הקדוש ברוך הוא, והוא בלי יראת שמים ושמחה אמיתית. כותב הרב המקובל האלוה"י רבינו יהודה פתייה בפרושו הנפלא על עץ חיים - כי לימוד עץ חיים הוא עמוק מאד מאד, כי הוא **מים שאין להם סוף**, והוא קשה מאד גם לחכמים ההוגים בו תמיד, וכל שכן למתחילים. כי הוא חזק מצור, וקשה מברזל, שאי אפשר לחצוב ממנו מאומה, אם לא על ידי כלי מחצב חזקים כציפורן שמיר. וכל המתחיל בלימוד עץ חיים, אם לא יהיה לו רב, או לפחות איזה מפרש המפרש לו כוונת הפרק ההוא לפי פשוטו, נבול יבול, ואינו יכול לעמוד על הפרק כי אם לאחר יגיעה רבה, ושקידה עצומה, וכולי האי ואולי. כי הרבה פעמים יסבור המעיין שהבין הענין ההוא כראוי, ואחר שילמוד עוד איזה פרקים אחרים, ירגישו כעצמו שלא הבין את פרקים הקודמים, והניסיון יעיד על זה, עד כאן דברי קודשו. עם כל זאת חייב כל אדם לעסוק בתורת **החיים.**

צדיק אתה הוי"ה וישר משפטיך. כתב הרב רבינו חיים ויטאל ז"ל בהקדמה לשער ההקדמות - והנה מה שכתב בתחילת דבריו, ואפילו כל אינון דמשתדלי באורייתא כל חסד דעבדי לגרמייהו וכו', עם היות שפשטו מבואר ובפרט בזמנינו זה, בעונותינו היום אשר התורה נעשית קרדום לחתוך בה אצל קצת בעלי תורה, אשר עסקם בתורה על מנת לקבל פרס, והספקות יתירות, וגם להיותם מכלל ראשי ישיבות, ודיני סנהדראות, להיות שמם וריחם נודף בכל הארץ, **ודומים במעשיהם לאנשי דור הפלגה הבונים מגדל וראשו בשמים**, ועיקר סיבת מעשיהם היא מה שאמר אחר כך הכתוב - **ונעשה לנו שם...** והנה על הכת הזאת אמרו בגמרא כל העוסק בתורה שלא לשמה, נוח לו שנהפכה שליתיו על פניו, ולא יצא לאויר העולם. ואמנם האנשים האלה מראים תימה וענוה באמרם כי כל עסקם בתורה הוא לשמה. והנה החכם הגדול התנא רבי מאיר ע"ה העיד עליהם שלא כך הוא, באומרו לשון כללות - כל העוסק בתורה לשמה זוכה לדברים הרבה וכו', **ומגלים לו רזי תורה, ונעשה כנהר שאינו פוסק**, והולך וכמעיין המתגבר מאליו, בלתי הצטרכו לטרוח ולעיין בה, ולהוציא טיפין טיפין של מימי התורה מן הסלע, הנה זה יורה שאינו עוסק בתורה לשמה כהלכתה, ומי זה האיש אשר לא יזלו

עיניו דמעות בראותו המשנה הזאת, **ורואה חסרונו ופחיתותו**, עד כאן לשונו. לכן כל אחד צריך לטעום מעץ החיים.

חצות לילה אקום להודות לך על משפטי צדקך. כתב רבינו אליהו מני זצ"ל רבו של הרי"ח הטוב, בספרו הקדוש כסא אליהו שער ד' וז"ל - ואם זיכך הוי"ה ללמוד בחכמת האמת, הנה עצה היעוצה היא שכל סדר הלימוד בנגלה תתנהג בו ביום דווקא. **אבל בלילה תלמוד בחכמת האמת, והעיקר הלימוד אחר חצות**, כי זה הלימוד צריך ישוב דעת הרבה, וכשיקוץ האדם אז דעתו מיושבת עליו יותר. גם גה הלימוד צריך הסתר והצנע, **וכל דבר שיהיה בלילה ובפרט אחר חצות יהיה נסתר יותר מן היום**. ותעשה ועד עם החברים בבית המדרש אם הוא צנוע, **או בביתך ותלמדו בכל לילה**, עד כאן לשונו. וישב ללמוד בלילה תחת עץ החיים.

קראתי בכל לב עניני הוי"ה חקיך אצרה.[7] בהקדמה לשער ההקדמות מבאר הרב ז"ל - ואמנם אל יאמר אדם אלכה לי ואעסוק בחכמת הקבלה, מקודם שיעסוק בתורה במשנה ובתלמוד, כי כבר אמרו רבינו ז"ל - אל יכנס אדם לפרדס **אלא אם כן מלא כריסו בבשר ויין**, והרי זה דומה לנשמה בלתי גוף, שאין לה שכר ומעשה וחשבון, עד היותה מתקשרת בתוך הגוף, בהיותו שלם מתוקן במצות התורה בתרי"ג מצות. **וכן בהפך** בהיותו עוסק בחכמת המשנה והתלמוד בבלי, ולא ייתן חלק גם אל סודות התורה וסתריה, כי **הרי זה דומה לגוף היושב בחושך**, בלתי נשמת אדם נר הוי"ה המאירה בתוכה, **באופן שהגוף יבש בלתי שואף ממקור חיים**, אשר זהו ענין אומרו במקום אחר ההוא הנזכר לעיל וז"ל - דאילין אינון דעבדי לאורייתא יבשה, ולא בעאן לאשתדלא בחכמת הקבלה וכו'. באופן כי התלמידי חכמים העוסקים בתורה לשמה, ולא לשמו, לעשות לו שם. צריך שיעסוק בתחילה בחכמת המקרא, והמשנה, והתלמוד, כפי מה שיוכל שכלו לסבול. ואחר כך יעסוק לדעת את קונו בחכמת האמת, וכמו שציוה דוד המלך ע"ה את שלמה בנו - דע את אלה"י אביך ועבדהו. ואם האיש הזה יהיה כבד וקשה בענין העיון בתלמוד, מוטב לו שיניח את ידו ממנו, אחר שבחן מזלו בחכמה זאת, ויעסוק בחכמת האמת. וזה שמבואר כל תלמיד חכם שאינו רואה סימן יפה בתלמוד בחמשה שנים, שוב אינו רואה, עד כאן דברי קודשו. ומזה כל אחד ואחד חייב להדבק במקור החיים.

חסדך הוי"ה מלאה הארץ חקיך למדני. בשער הגלגולים, בקדמה ט"ז כתב הרב ז"ל - עוד צריך שתדע, כי האדם צריך לקיים כל התרי"ג מצות, במעשה, ובדבור, ובמחשבה. וכמו שאמרו ז"ל על פסוק - זאת התורה לעולה ולמנחה וכו', כל העוסק בפרשת עולה, כאלו הקריב עולה וכו'. וכוונו בזה שהאדם מחוייב לקיים כל התרי"ג מצות בדבור, וכן על דרך זה במחשבה. ואם לא קיים כל התרי"ג בשלשה בחינות הנזכרות, מחוייב להתגלגל עד שישלים אותם. **עוד דע**, כי האדם מחויב לעסוק בתורה בארבעה מדרגות, **שסימנם פרד"ס**, והם, פשט, רמז, דרוש, סוד וצריך שיתגלגל עד שישלים אותם. ובהקדמה י"ז כותב הרב ז"ל, וז"ל - שהאדם **מחוייב לעסוק בתורה בארבעה מדרגות שבה**, והיא זאת, דע, כי כללות כל הנשמות הם ששים רבוא ולא יותר. והנה התורה היא שרש נשמות ישראל, כי ממנה חוצבו, ובה נשרשו. ולכן יש בתורה ששים רבוא פירושים, וכלם כפי הפשט. וששים רבוא ברמז. וששים

ע"ח ד"א ע"ד.

רבוא בדרש. **וששים רבוא בסוד.** ונמצא, כי מכל פירוש מן השישים רבוא פרושים, ממנו נתהווה נשמה אחת של ישראל, ולעתיד לבא כל אחד ואחד מישראל, ישיג לדעת כל התורה כפי אותו הפירוש המכוון עם שרש נשמתו, אשר על ידי הפירוש ההוא נברא ונתהווה כנזכר. וכן בגן עדן אחר פטירת האדם, ישיג כל זה. וכן בכל לילה כאשר האדם ישן, ומפקיד נשמתו ויוצאה ועולה למעלה, הנה מי שזוכה לעלות למעלה, מלמדים לו שם אותו הפירוש, שבו תלוי שרש נשמתו. ואמנם הכל כפי מעשיו ביום ההוא, כך באותה הלילה ילמדוהו, פסוק אחד, או פרשה פלונית, כי אז מאיר בו יותר פסוק ההוא משאר הימים. ובלילה האחרת יאיר בנשמתו פסוק אחר, כפי מעשיו של אותו היום, וכולם על דרך הפירוש ההוא אשר תלויה בו שרש נשמתו כנזכר, עד כאן דברי קודשו. ור"ל שכל יהודי ויהודי חייב להשיג את שורש נשמתו, וללמוד את סוד החיים.

יבאוני רחמיך ואחיה כי תורתך שעשעי. מבואר במדרש משלי - אמר רבי ישמעאל, בוא וראה כמה קשה יום הדין שעתיד הקדוש ברוך הוא לדון את כל העולם כולו בעמק יהושפט. בזמן שתלמידי חכמים באים לפניו, אומר לכל אחד מהם - כלום עסקת בתורה, אמר לו הן, אומר לו הקדוש ברוך הוא הואיל והודית, אמור לפני מה שקרית, ומה ששנית בישיבה, ומה ששמעת בישיבה. מכאן אמרו - כל מה שקרא אדם יהא תפוש בידו, ומה ששנה כמו כן, שלא תשיגהו בושה ליום הדין. מכאן היה רבי ישמעאל אומר - אוי הלה לאותה בושה, אוי לה לאותה כלימה, ועל זה ביקש דוד מלך ישראל בתפילה ובתחנונים לפני המקום ואמר - הוי"ה בוקר תשמע קולי בוקר אערך לך ואצפה. בא לפניו מי שיש בידו מקרא ואין בידו משנה, הקדוש ברוך הוא הופך את פניו ממנו, ושרי גיהנם מתגברים בו כזאבי ערב, ונוטלין אותו ומשליכין אותו לתוכה. בא לפניו מי שיש בידו שני סדרים או שלושה, אז הקדוש ברוך הוא אומר לו - בני, כל ההלכות למה לא שנית אותם, ואם אומר הקדוש ברוך הוא הניחוהו, מוטב, ואם לאו עושין לו כמידת הראשון. בא לפניו מי שיש בידו הלכות, הקדוש ברוך הוא אומר לו - בני, תורת כהנים למה לא שנית, שיש בה טומאה וטהרה, וטומאת שרצים וטהרת שרצים, טומאת נגעים וטהרת נגעים, טומאת נתקים ובתים וטהרת נתקים ובתים, טומאת זבים ולידה וטהרת זבים ולידה, טומאת מצורע וטהרתו, סדר ווידוי יום הכיפורים, וגזירות שוות, ודיני ערכים, וכל דין שדנו ישראל לא דנו אלא מתוכו. בא לפניו מי שיש בידו תורת כהנים, אומר לו הקדוש ברוך הוא - בני, חמישה חומשי תורה למה לא שנית, שיש בהם קריאת שמע, ותפילין, ומזוזה. בא לפניו מי שיש בידו חמישה חומשי תורה, אומר לו - בני, למה לא למדת הגדה, ולא שנית, שבשעה שחכם יושב ודורש, אני מוחל ומכפר עוונותיהם של ישראל, ולא עוד אלא בשעה שעונין אמן יהא שמיה רבה מברך, אפילו נחתם גזר דינם אני מוחל ומכפר להם עוונותיהם. בא לפניו מי שיש בידו הגדה, אומר לו הקדוש ברוך הוא - בני, תלמוד למה לא שנית, שנאמר - כל הנחלים הולכים אל הים והים איננו מלא, זה התלמוד, שיש בו חכמות הרבה. בא מי שיש בידו תלמוד, הקדוש ברוך הוא אומר לו - בני, הואיל ונתעסקת בתלמוד, **צפית במרכבה, צפית בגאוה,** שאין הנייה בעולמי, אלא בשעה שתלמידי חכמים יושבים ועוסקים בתורה, מציצין ומביטין ורואין והוגין המון התלמוד הזה - **כסא כבודי היאך הוא עומד. רגל הראשונה במה היא משמשת, שנייה במה היא משמשת, שלישית במה היא משמשת, רביעית במה היא משמשת, חשמל היאך הוא עומד, ובכמה פנים הוא מתהפך בשעה אחת, לאי זה רוח הוא משמש, הברק היאך הוא עומד, כמה פנים של זוהר נראין בין כתפיו, לאיזה רוח משמש, כרוב היאך הוא עומד, לאי זה רוח הוא משמש. גדולה מכולם**

עיון כיסא הכבוד, היאך הוא עומד, עגול הוא כמין מלבן, ומתוקן הוא, כמה גשרים יש בו, כמה הפסק בין גשר לגשר, וכשאני עובר באיזה גשר אני עובר, ובאי זה גשר האופנים עוברים, ובאיזה גשר הגלגלים עוברים. גדולה מכולם מצפורני ועד קודקודי, היאך אני עומד, כמה שיעור בפיסת ידי, וכמה שיעור אצבעות רגלי. גדולה מכולם כיסא כבודי, היאך הוא עומד, לאיזה רוח הוא משמש, באחד בשבת לאיזה רוח הוא משמש, בשני בשבת לאיזה רוח הוא משמש, בשלישי בשבת לאיזה רוח הוא משמש, ברביעי בשבת, בחמישי בשבת, בששי בשבת לאיזה רוח משמשין, וכי לא זהו הדרי, זהו גדולתי, זהו הדר הדר יופי, שבניי מכירין את כבודי במידה הזאת. ועליו אמר דוד - מה רבו מעשיך הוי"ה, כולם בחכמה עשית, מלאה הארץ קנייניך. עד כאן לשון המדרש. ממדרש זה לומדים על חובת כל אחד ואחד מישראל את לימוד כל חלקי הפרד"ס, ובעיקר את בחינת הסוד שבתורה, הנקרא[8] מעשה מרכבה, ובמעשה בראשית. ומבאר הרב בית לחם יהודה על השינוי שיש בפסוקים במעמד הר סיני, בפסוק אחד כתוב - ויחן שם **ישראל** תחת ההר. ומספר פסוקים יותר מאוחר כתוב וירא **העם** וינועו מרחק. וידוע כי כאשר כתוב בתורה **ישראל**, מדובר **בבני ישראל**, וכאשר כתוב **העם**, מדובר על **הערב רב**. וז"ל הרב בית לחם יהודה - ובזוהר בהעלותך דף קנ"ב ע"ב קרי להעוסקים בחכמת האמת, אינון דהוי קיימי בטורא דסיני. וז"ל - חכימין עבדי דמלכא עלאה אינון דקיימו בטורא דסיני, לא מסתכלי אלא בנשמתא, דאיהי עיקרא דכלא אורייתא ממש וכו'. ונראה בעיני אם מותר, משמע אותן שאינן יודעים סודות התורה לא עמדו על הר סיני, עד כאן לשונו. ונראה לי בביאור כוונתו כי בתחילה כשיצאו ישראל לקראת האלהי"ם, היו מתייצבים בתחתית ההר, ואחר כך נאמר וירא העם וינועו ויעמדו מרחוק, כי היו יראים פן תאכלם האש הגדולה הזאת וימיתו. והיה מקצת מהעם שהיו ששים ושמחים לקראת השכינה, ולא רצו לזוז ממקומם הראשון, ולעמוד מרחוק, אפילו אם ימיתו ממש. ועליהם הוא מה שכתב בזוהר הנזכר - אינון דקיימו בטורא דסיני, כלומר ולא נעו ועמדו מרחוק, אלא עמדו בטורא דסיני מתחלה ועד סוף, ולכן הם זוכים לחכמת האמת. ואותם הנשמות אשר נעו עם העם ועמדו מרחוק, כן הם עושים גם עתה, שנסים ועומדים מרחוק לחכמת האמת מיראתם, פן תאכלם האש הגדולה הזאת. ולכן על כל אחד ואחד מבני ישראל הקדושים מחויב לעמוד תחת עץ החיים.

יראיך יראוני וישמחו כי לדברך יחלתי. בספר הזוהר הקדוש מבואר מדוע התפילות של בני ישראל לא נענות, וז"ל תיקוני הזוהר תיקון מ"ג - **בראשית תמן את"ר יב"ש** במלת בראשית יש אותיות את"ר יב"ש, **ודא איהו ונהר יחרב ויבש** היסוד הנקרא נהר יחרב ויבש ממי השפע, ואין לו מה להשפיע למלכות, **בההוא זמנא דאיהו יבש** באותו הזמן שהיסוד הוא יבש, **ואיהי יבשה** המלכות הנקראת יבשה, היא יבשה כי לא מקבלת שפע מהיסוד, אז כאשר **צווחין בניו לתתא** מתפללים וצועקים בני ישראל, **ביחודא ואמרין** וביחוד שאומרים בני ישראל **שמע ישראל** שיבא ז"א הנקרא ישראל להתיחד עם נוקבא בשעת התפילה דעמידה, עם כל זאת **ואין קול** של התפילה או הקריאת שמע שעוזרים לזיווג דזו"ן **ואין עונה** ואין מי שיענה וימלא את הבקשות בתפילתם. **הדא הוא דכתיב** וזהו שכתוב - **אז** בני ישראל יקראונני בני ישראל בעת צרתם בקריאת שמע ובתפילה, **ולא אענה** ואני לא אענה אותם בתפלתם, מפני שלא לומדים ומתעסקים בפנימיות התורה. **והכי מאן דגרים דאסתלק** וכל מי שגורם הסלקות

גמרא חגיגה די"א ע"ב

פנימיות תורת הקבלה **וחכמתא מאורייתא דבעל פה ומאורייתא דבכתב** מהתורה שבעל פה והתורה שבכתב, **וגרים דלא ישתדלון בהון** וגורמים גם לאחרים שלא יתעסקו וילמדו את חכמת הקבלה, **ואמרין דלא אית אלא פשט באורייתא ובתלמודא** ואומרים שאין בתורה ובתלמוד אלא פשט התורה, בלי פנימיות הסוד, **בודאי כאלו הוא יסלק נביעו מההוא נהר** בודאי נחשב לו כאילו הוא מסתלק את נביעת שפע החכמה והבינה מן היסוד, **ומההוא גן** ומן הנוקבא הנקראת גן, **ווי ליה** לאותו יהודי **טב ליה דלא אתברי בעלמא** טוב לו שלא היה נברא, **ולא יוליף ההיא אורייתא דבכתב ואורייתא דבעל פה** ולא היה לומד תורה שבכתב ותורה שבעל פה, כי דינו כעם הארץ שלא למד כלל, ועוד **דאתחשב ליה כאלו אחזר עלמא לתהו ובהו** שנחשב לו כאילו החזיר את העולם לתהו ובהו, ר"ל לסוד שבירת הכלים לפי שמגביר הקליפות כאשר הנהר והגן יבשים, **וגרים עניותא בעלמא ואורך גלותא** וגורם עניות בעולם ומאריך את הגלות השכינה וביאת המשיח. עד כאן דברי הזוהר הקדוש. וכותב רב חיים ויטאל זלה"ה בהקדמה וז"ל - אמנם שעשועות של הקדוש ברוך הוא בתורה, והיותו בורא בה את העולמו, היתה בהיותו עוסק בתורה בבחינת הנשמה הפנימית שבה, הנקרא - רזי תורה, הנקרא מעשה מרכבה, **היא חכמת הקבלה** כנודע אל היודעים, וטעם הדבר הוא להיותו עולם האצילות העליון מאד, טוב ולא רע, דלא יכיל להתערבא עמיה קליפה, ועליה אתמר - וכבודי לאחר לא אתן, כנזכר בספר התיקונין דף ס"ו תיקון י"ח, וכן בספר הזוהר בפרשת בראשית דף כ"ח ע"א עיין שם. ולכן גם התורה אשר שם]**אח**"**י** - בעולם האצילות[איננה רק מופשטת מכל לבושי הגופנים, מה שאין כן למטה בעולם היצירה, עולם דמטטרו"ן, הנקרא עבד טוב, והוא הנקרא עץ הדעת טוב מסטרא, ומסטרא דסמא"ל שהוא קליפין דיליה, **נקרא עבד רע**, כי התורה אשר שם, הם שית סדרי משנה **הנקראים שפחה** כנזכר לעיל, וכנזכר בפרשת בראשית שם דף כ"ז ע"א. ולכן נקראת משנה, לפי ששם יש שינויים הפוכים **טוב מסטרא דעבד טוב,** היתר, כשר, טהור. **רע מסטרא דעבד רע,** איסור, טמא, פסול. גם הוא מלשון כי מרדכי היהודי משנה למלך, שהיה שפחה הנקרא עבד מלך, מלך גם נקרא מלשון שינה, כנזכר בפרשת פינחס דף רמ"ד ע"ב - קם זמנא תנינא ואמר, מארי מתניתין נשמתין ורוחין ונפשין דילכון אתערו כען ואעברו שינתא מניכון דאיהו, ודאי משנה אורח פשט, דהאי עלמא ואנא לא אתערנא בכו, אלא ברזין עילאין דעלמא דאתי דאתון בהון, לא ינום ולא ישן. וזה יובן במה שמבואר יותר למעלה שם - **ורבנן דמתניתין ואמוראי, כל תלמודא דלהון על רזין דאורייתא סדרו ליה.** ונמצא כי המשנה והש"ס הם הנקרא גופי תורה. והנה דבריהם כחלום בלי פתרון, **ורזיה וסתריה הפנימים הנקרא נשמת התורה, הם הם פתרון החלום הנפתר בהקיץ,** בסוד - אני ישנה ולבי ער, וכמו[9] שאמרו חכמים ז"ל - **במחשכים הושיבני כמתי עולם, זה תלמוד בבלי,** אשר איננו מאיר אלא על ידי ספר הזוהר, **הם הם רזי תורה וסתריה** אשר עליהם נאמר - ותורה אור. ואין ספק כי כמו שהיוצר נקראת עבד ושפחה בערך האצילות, ונקרא קליפין ולבושין דחול, כנזכר בהקדמת ספר התיקונין ד"ג ע"ב וז"ל - וביומי דחול לביש עשר כתות דמלאכיא דמשמשי לעשר ספירות דבריאה. ואם כן אין לתמוה כי התורה אשר שם שהיא המשנה, תהיה נקרא שפחה וקליפין דתורה דאצילות, וזה סוד כל הבשר חציר הנזכר לעיל במאמר הראשון, כי כמו שהחטה שהיא בגימטריא כמנין כ"ב אותיות התורה, הגנוזה תוך כמה קליפין ולבושין שהם הסובין והמורסן והתבן והקש והעשבא, הנקרא חציר, כן המשנה אצל

סודות התורה נקרא חציר, וזה נרמז בספר הזוהר פרשת כי תצא ברעיא מהמנא דף רע"ה ע"ב - **אצל רבנן ווי לאינון דאכלין תבן דאורייתא, ולא ידעי בסתרי אורייתא, אלא קלין וחמורין דאורייתא, קלין אינון תבן דאורייתא, וחמורין אינון חטה דאורייתא, ח"ט ה' אלנא דטוב ורע וכו'.** ואלו באתי להרחיב דרוש זה לא יספיקו מאה קונטרסין בלי ספק בלי שום גוזמא, האמנם החכם עיניו בראשו כי דברי אמת אני אומר, ואל יתמה האדם בראאותו ספר הזוהר איך קורא אל המשנה שפחה וקליפין, כי עסק המשנה כפי פשטיה, **אין ספק שהם לבושין וקליפין חיצונים בתכלית אצל סודות התורה הנגנזים,** ונרמזים בפנימיותה כי כל פשטיה הם בעלם הזה בדברים חומרים תחתונים..... על כן על כל בני ישראל לאכול מעץ החיים.

מה אהבתי תורתך כל היום היא שיחתי. ומבאר הרב ז"ל בהקדמה לשער המצות, כי עסק לימוד פנימיות התורה הוא חלק בלתי נפרד מתלמוד תורה, וז"ל - גם בענין עסק התורה שהיא אחת מרמ"ח מצות עשה, אם לא השלים אותה, **שהוא ענין עסקו בפרד"ס התורה,** שהוא ראשי תיבות **פשט רמז דרש סוד,** בכל בחינה מהם כפי אשר יוכל להשיג, **עד מקום שידו מגעת,** לטרוח ולעשות לו רב שילמדנו. ואם לא עשה כן, הרי חסר מצוה אחת של תלמוד תורה, שהיא גדולה ושקולה ככל המצות, וצריך **להתגלגל** עד שיטרח הארבעה בחינות של פרד"ס כנזכר. וכן מבאר הרב בית לחם יהודה בהקדמתו הקדושה, וז"ל - ומה מאד נמלצו [**אח"**י - מלשון מליצה] בזה דברי הנביא ירמיה)סימן כ"ב(באומרו - אל תבכו למת וכו'. שהוא מדבר עם הציבור המתקבצים להספיד על איזה צדיק הנפטר רח"ל, על שנחסר צדיק אחד מהדור שהיה מנין בזכותו עליהם. וקאמר להו הנביא אל תבכו וכו', **לפי שרובם של צדיקים אינם זוכים לעסוק בכל ארבעה חלקי הפרד"ס, ואם כן מוכרחים הם לחזור ולבוא בגלגול כדי להשלים לימודם בארבעה חלקים,** כי אפילו הוא עסק בשלוש חלקי הפרד"ס, לא יצא ידי חובתו, ועליו נאמר הן כל אלה יפעל א"ל פעמים שלש עם גבר, להחזירו בגלגול. ואם כן הויא פסידא דהדרא. ואפשר שבו ביום שנפטר הוא חוזר ומתגלגל, כנזכר בזוהר ריש פרשת אמור, יעו"ש. ואם כן אין לכם פסידא כל כך. אמנם בכו בכו להלך, לאותו צדיק שכבר עסק בארבעה חלקי הפרד"ס. כי תיבת להלך היא חסר ו', ואם תחשוב תיבת להלך ארבעה פעמים עם ארבעה הכוללים, שהם כנגד ארבעה חלקי הפרד"ס, הם בגימטריא פרד"ס. **שזה הצדיק לא ישוב עוד וראה את ארץ מולדתו, כי על ארבעה לא אשיבנו.** שזהו פסידא דלא הדרא באמת, ונחסר לגמרי מן העולם הזה, עד כאן לשונו. ולכן חובה על כל אדם לעסוק בכל חלקי הפרד"ס, ובפרט בחלק הסוד, הנקרא פנימיות התורה, כמבואר בזוהר הקדוש כמובא בזוהר הקדוש פרשת נשא דף קכ"ד - **בהאי חבורא דילך דאיהו ספר הזוהר יפקון ביה מן גלותא ברחמי,** בזכות הלימוד בספר הזוהר הקדוש, יצאו בני ישראל מהגלות **ברחמים.** ועוד כל מי שחשקה נפשו ללמוד, אסור למנוע זאת ממנו, בסוד הפסוק[10] - אל תמנע טוב מבעליו, ועל כל אדם להיכנס לפרד"ס החיים.

אשרי האיש אשר לא הלך בעצת רשעים ובדרך חטאים לא עמד ובמושב לצים לא ישב. דע כי יהיו הרבה אנשים רשעים, שינסו למנוע מבני ישראל הקדושים ללמוד תורה בכללות, ובפרט את תורת הקבלה, מכל מיני סיבות ומניעות, והשטן מדבר מגרונם של אלו הרשעים. ואלו

---

¹⁰

משלי ג' כ"ז – אל תמנע טוב מבעליו בהיות לאל ידך לעשות.

דברי קודשו של בעל שבט מוסר רבינו אליהו הכהן האתמרי זצלה"ה - ובהביטך מה שעבר על אחרים למה תרדוף אתה אחר כל אלה הדברים הזרים, להשביע נפש מרורים ולמוסרה ביד צרים המה המקטרגים הצוררים, ולמה לא תחמול על נפשך ועל נועם תבנית צלם גופך למוסרו בידן ולהשליכו בתוך גחלי רתמים בטיט היון של גיהנם, להשחירו ולהתיכו כאשר ניתך הזפת בפני האש, אשר על כן תן עצה אתה בנפשך **לברור בדרך החיים בעסק התורה והמצות**, וגם להצטער עצמך זמן קצוב הם חיי עולם הזה, כדי שתתענג זמן רב בלתי סוף ותכלית, ואל יעלה על דעתך כאשר עלה בדעת הרבה שנאבדו בידם באומרם כיון שמכיר אני בעצמי שאין בדעתי להבין ולהשכיל, איני עוסק בתורה, טועה הוא בדבר, שהרי הוא מחוייב לעשות מה שנצטוה לעשות, ואם יבין יבין, **שהרי והגית בו יומם ולילה כתיב** ולא כתיב ותבין בו, וכן תמצא בדברי התנא אם למדת תורה הרבה נותנין לך שכר הרבה, ואינו אומר אם הבנת הרבה, אלא למדת אמרו, ותשתדל להבין ואם תבין תבין, ואם לא שכר לימודך בידך, וכמאמר התנא לפום צערא אגרא, ומה גם שאמרו האדם איני לומד מפני שאיני מבין, **הוא פיתוי היצר**, יתמיד בלימודו וסוף הבינה לבא, שבראות קדוש ברוך הוא **חשקו בתורתו ודבקותו בה, פותח לו מעייני החכמה**, דכתיב - כי הוי"ה יתן חכמה מפיו דעת ותבונה. והנני מוסר לך דבר אשר תרדוף אחריה, ויהיה חיים לנפשך וענקים לגרגרותיך, **לעולם יהיה עיקר לימודך בדבר של תורה שליבך חפץ יותר**, אם בגמרא גמרא, ואם בדרוש דרוש, ואם ברמז רמז, **ואם בקבלה קבלה**, ורמז לדבר כי אם בתורת הוי"ה חפצו, כלומר תורת הוי"ה תלויה בדבר שלבו חפץ לעסוק, וכמו שמבאר האר"י זלה"ה בספר דרושי הנשמות והגלגולים פרק שלישי, וז"ל - יש בני אדם שכל חפצם ועסקם בפשטי התורה, ויש שעסקם בדרוש, ויש ברמז, ויש גם כן בגימטריות, **ויש בדרך האמת**, הכל כפי מה שעליו נתגלגל בפעם ההוא, כיון שהשלים פעם אחרת בשאר העניינים, אין צורך לו שבכל גלגול יעסוק בכולם, עד כאן לשונו. **ואל תביט ותשגיח לדברי המתנגדים על מה שחשקת לעסוק בתורה** בגמרא או בפשט או בדרוש וכו', באומרם לך למה אתה מוציא כל ימיך בפרט זה של תורה ולא בפרט זה, משום שעל מה שחשקת ללמוד, על דבר זה באת לעולם, ואם תשים דעתך לדבריהם, יכריחוך להתגלגל בזה העולם פעם אחרת ולעבור נפשך בחרב חדה של מלאך המות ולטעום טעם מיתה, ולכן לא תשמע לדברי המשחית נפשך, **כי דע שהשטן מתלבש באלו האנשים לדאוג ולהצטער ולהכאיב נפש הלומד ועוסק בתורה**, בחלק שֶׁאָנְתָה נפשו לעסוק, כדי להבדילו משם שלא ישלים נפשו, על מה שבא להשלימה, ולהכריחו גלגולים אחרים, וכשם שבדבר שחושק יותר האדם ללמוד, משם יבין שעל דבר זה נתגלגל להשלים, כך צריך האדם שידע שורש נשמתו ומהיכן נמשך ועל מה בא לתקן ולהשלים, כמו שאמר בזוהר שיר השירים על הגידה לי את שאהבה נפשי וכו'. **וכדי שיבין יראה באיזה מצוה תקיף יצרו יותר לבטלה יתחזק בה לקיימה, כי בוודאי על מצוה זו נתגלגל**, וכדי שלא ישלים חוקו מנגדו יצרו לבטלה להוציאו מן העולם בידים ריקניות... ולכן לא תשמע לדברי רשעים אלו, אלא תשמע לדברי חיים.

חבר אני לכל אשר יראוך ולשמרי פקודיך. בסוף[11] עץ חיים מובא מספר כללים למהרח"ו, וז"ל - להאר"י זלה"ה. הרמב"ן וחבריו ודברי ראשונים כמו רבי נחוניא בן הקנה לא הזכירו רק עשר ספירות, ולא גילו עניני פרצוף כלל. **ודע שהרמב"ן והראשונים היו יודעים**

11

ע"ח ח"ב דקי"ט ע"א.

בפרצוף, אלא שדברו בהעלם גדול, לרוב הגלות שלא ניתן רשות לגלות, ולהתפשט האורות הגדולים, מאחר שגברו הקליפות, וכל זר לא יאכל קדש. **אמנם בעקבות משיחא כמו בדורינו זה התחילו האורות להתפשט להיות כבראשונה**, כמו שהיה בזמן העולם מתוקן ולהתתקן מעט. ומתחלה היו האורות סתומים, היה העולם מקולקל, וכל מה שנתקלקל נסתם בגלות, ולא היו משיגין אלא עשר ספירות בסתום, בסוד הנקודות, כל אחד כלול מעשר, ובענין הפרצופים לא נתגלה להם כלל, לפי שמצאו בדברי הראשונים סתומים, ולא ידעו עומק הדברים, וחשבו שכך הוא ודברו בעשר ספירות כל אחד כלול מעשר ובחינות הרבה, ולפי שראיתי מי שחולק על דברים אלו לומר שלא מצינו אלא עשר ספירות, ומהיכן יש לשלוט כח לאמור כמה פרצופים שנמצא יותר מעשר ספירות, ומספר רב והלא הראשונים כתבו בספר יצירה - עשר ולא תשע, עשר ולא י"א, לזה באתי לפתוח לך כחודא דמחטא, אולי תזכה להבין מקצת, וכולו לא תשורנו עין, וזהו. ובהקדמתו[12] הקדושה כותב הרב ז"ל - והנה אין בכל דור ודור שלא נמצאו בו אנשים יחידי סגולה ששרתה עליהם רוח הקודש, והיה אליהו הנביא ז"ל נגלה עליהם, **ומלמד אותם סתרי החכמה הזאת**, וכמו שנמצא כתוב בספרי המקובלים, גם בעל ספר הרקנטי כתב בפרשת נשא בפרשת ברכת כהנים...... ואנשי לבב שמעו לי, אל יהרסו אל הוי"ה, **לראות בספרי האחרונים הבנויים על פי השכל האנושי**, ושומע לי ישכון בטח ושאנן מפחד רעה. ולכן אני הכותב הצעיר חיים וויטאל, רציתי לזכות את הרבים **בהעלם נמרץ והמשכילים יבינו**, וקראתי שם החבור הזה על שמי **ספר עץ חיים**, וגם על שם החכמה הזאת העצומה, חכמת הזוהר, הנקרא עץ חיים, ולא עץ הדעת כנזכר לעיל, בעבור כי בחכמה הזאת טועמיה חיים זכו, ויזכו לארצות החיים הנצחיים, **ומעץ החיים הזה ממנו תאכל, ואכל וחי לעולם**. ואשכילך ואורך דרך זו תלך דע מן היום אשר מורי זלה"ה החל לגלות זאת החכמה, **לא זזה ידי מתוך ידו אפילו רגע אחד**, וכל אשר תמצא כתוב באיזה קונטריסים על שמו ז"ל, ויהיה מנגד מה שכתבתי בספר הזה, **טעות גמור הוא, כי לא הבינו דבריו, ואם יש בהם איזה תוספות שאינו חולק עם ספרינו זה, אל תשית לבך בקבע אליו, כי שום אחד מהשומעים את דברי קדשו, לא ירדו לעומק דבריו וכוונתו, ולא הבינום**, בלי שום ספק. ואם יעלה בדעתך לחשוב שתוכל לברור הטוב ולהניח הרע, אל בינתך אל תשען, כי אין הדברים האלו מסורים אל לב האדם כפי שכל אנושי, והסברא בהם סכנה עצומה, ויחשב בכלל קוצץ בנטיעות חס ושלום, לכן הזהרתיך ואל תסתכל בשום קונטרסים הנכתבים בשם מורי זלה"ה, זולתי במה שכתבנו לך בספר הזה, **ודי לך בהתראה זאת**, אלו הם דברי קודשו. ועלינו ללמוד

אך ורק בתורת מורינו חיים.

אני קראתיך כי תעֵנני אל הט אזנך לי שמע אמרתי. עוד כתב הרב ז"ל בהקדמתו הקדושה הזאת, וז"ל - אני הכותב משביע בשמו הגדול יתברך, לכל מי שיפילו הקונרטסים אלו לידו, שיקרא הקדמה זאת, ואם אותה נפשו לבוא בחדרת החכמה זאת, יקבל עליו לגמור ולקיים כל מה שאכתוב עליו ויעיד עליו יוצר בראשית, שלא יבוא אליו היזק בגופו ונפשו, ובכל אשר לו, ולא לאחרים. תחת רודפו טוב והבא לטהר ולקרב. **ראשית הכל יראת הוי"ה, להשיג יראת העונש, כי יראת הרוממות, שהוא יראה הפנימית, לא ישיגוהו רק מתוך גדלות החכמה**, ועיקר מגמתו בידיעה הזה יהיה לבער קוצים מן הכרם, כי לכן נקראים

12

ע"ח ד"ד ע"ב.

העוסקים בחכמה הזאת מחצדי חקלא. **ובודאי שיתעוררו הקליפות נגדו לפתותו ולהחטיאו,
לכן יזהר שלא לבוא לידי חטא אפילו שוגג**, שלא יהיה להם שייכות בו, לכן צריך ליזהר
מהקלות, כי הקדוש ברוך הוא מדרדק עם הצדיקים כחוט השערה, לכן צריך לפרוש עצמו
מבשר ויין כל ימות השבוע, **וצריך הזהרת סור מרע ועשה טוב**, ובקש שלום. בקש שלום
צריך להיות רודף שלום, ולא להקפיד בביתו על דבר קטן וגדול, וכל שכן שלא יכעוס ח"ו.

וצריך להתרחק בתכלית הריחוק סור מרע.

א. ליזהר בכל דקדוקי מצות, ואפילו בדברי חכמים, שהם בכלל לא תסור.

ב. לתקן המעוות קודם שיבא לעולם הבא.

ג. יזהר מהכעס, אפילו בשעה שמוכיח את בניו, לא יכעוס כלל ועיקר.

ד. גם צריך ליזהר מהגאוה, ובפרט בענין הלכה, כי גדול כחה והגאוה, בזה עון פלילי.

ה. בכל צער שיבא לו, יפשפש במעשיו וישוב אל הוי"ה.

ו. גם יטבול בעת הצורך לו.

ז. גם יקדש את עצמו בתשמיש המטה שלא יהנה.

ח. שלא יעבור כל לילה ויחשוב בכל לילה מה שעשה ביום, ויתודה.

ט. גם ימעט בעסקיו ואם אין לו פרנסה כי אם על ידי משא ומתן, יכין יום שלישי ויום רביעי,
מחצי היום ואילך, ובכוונה שהוא לעבודת קונו.

י. כל דבור שאינו של מצוה והכרחי, יהיה זהיר ממנו, ואפילו דבר מצוה ימנע בשעת התפלה.

ועשה טוב

א. לקום בחצי הלילה, ולעשות הסדר בשק ואפר ובכי גדול, ובכוונה כל אשר יוציא בשפתיו.
ואחר כך יעסוק בתורה כל זמן שיוכל להיות בלי שינה, ובלבד שחצי שעה קודם עלות השחר
יתעורר לעסוק בתורה.

ב. ילך לבית הכנסת קודם עלות השחר, קודם חיוב טלית ותפילין, להיזהר שיהיה מעשרה
ראשונים.

ג. קודם שיכנס, ישים אל לבו מצות עשה ואהבת לרעך כמוך, ואחר כך יכנס.

ד. להשלים רמז צדיק בכל יום. שהוא צ' אמנים, ד' קדושות, י' קדישים, ק' ברכות.

ה. שלא להסיח דעתו מהתפילין בעת התפילה, זולת בעת העמידה ועסק התורה.

ו. צריך שיהיה עוסק בתורה, מעוטף בטלית ותפילין.

ז. לכוין בתפלה הכוונות, כמו שנבאר בע"ה.

ח. שישים תמיד נגד עיניו שם בן ארבעה אותיות הוי"ה, ויזדעזע ממנו, כמו שכתוב - שויתי
הוי"ה לנגדי תמיד.

ט. שיכוין בכל הברכות, בפרט בברכת הנהנין.

י. צריך שיהיה עמל בתורה פרד"ס, שנאמר או יחזיק במעוזי, ואל יחשוב שיגלו לו רזי התורה
בהיותו ריק, כדכתיב - יהב חכמתא לחכימין, וצריך ליזהר שלא יוציא בשפתיו בחכמה זו, מה
שלא שמע מאדם שראוי לסמוך עליו, וכאזהרת רשב"י וחבריו. השגת החכמה תנאי הראשון,
צריך למעט דבורו, ולשתוק, כל מה שיוכל כדי שלא להוציא שיחה בטילה, כמאמר רז"ל -
סייג לחכמה שתיקה. גם תנאי אחר, על כל דבר תורה שלא תבינהו, תבכה עליו כל מה שתוכל.
גם עלית הנשמה בלילה לעולם העליון, שלא תשוט בהבלי העולם, תלוי שתישן בבכיה. ומרת

עצבות מגונה עד מאוד, ובפרט להשיג חכמה, והשגה אין לך דבר מונע השגה יותר מזה. גם בענין השגת האדם, אין לך דבר שמועיל כמו הטהרה והטבילה, שיהיה האדם טהור, בכל עת ומורי זלה"ה עם היות שהיה לו חולי השבר שהקור מזיק לו, עם כל זה לא היה מונע מלטבול בכל עת, עד כאן דברי קודשו. ועלינו לקיים את בקשת הרב ז"ל את הבחינות של[13] סור מרע ועשה טוב, כדי לטפס בעץ החיים.

מרן הרש"ש מעיד[14] על עצמו, וז"ל - וראיתי מה שכתבו מעלת כבוד תורתם, על ענין עבודת הוי"ה שקצרתי במקום שהיה ראוי להרחיב מעט הדיבור, אמת הוא כי לכתחילה קצרתי בו, **יען ראיתי כמה מהנזק יצא ממה שכתבו בזה המקובלים שקדמו, כי רבים חללים הפילו, וחלול כבוד הוי"ה, וכבוד התורה. הוי"ה יכפר בעדם, כי כל דבריהם לא על פי התורה הם, ואינם מיוסדים על האמת, ומהם יצאו אבות, ומאבות תולדות הריסת יסודי התורה ח"ו**, הוי"ה יכפר. **וכל זה לא שלמדתי בדבריהם ח"ו**, אלא שפעם אחת הוכרחתי בעל כרחי לעיין בדף אחד שכתוב בו קצור מה שכתבו בענין זה, **וכמעט שקרעתי בגדי לראות דברים אשר לא כן על הוי"ה.** הוי"ה יכפר, וכבר מילתי אמורה להם, **כי עידי בשמים כי כל עסקי ולמודי, אינו רק בדברי האר"י זלה"ה, ותלמידו מהרח"ו ז"ל לבדם, ובלעדם אין לי עסק בשום ספר מספרי המקובלים ראשונים ואחרונים, ואפילו בדברי שאר תלמידי האר"י ז"ל לא למדתי, וכשיזדמן לפני דבר מדבריהם, אני מדלגו.** כי על כן איני כמזהיר, אלא כמזכיר, למען הוי"ה אל יהי לכם מגע יד בדבריהם, ובפרט בענין זה, השמרו לכם פן יפתה לבבכם, **אלא כל לימודם לא יהיה אלא בעץ חיים ובספר מבוא שערים ובשמונה שערים המפורסמים,** שכולם דברי אלהי"ם חיים. ואני קצרתי בענין זה כל מה שאפשר, כי יראתי פן יפלו דפים אלו ביד מי שעדיין לא למד דברי האר"י ז"ל כראוי, **ויחשידני שלמדתי בספרים אחרים, ולא כן הוא כאמור,** ולכן קצרתי בו, ופיזרתי בהקדמה, עד כאן דברי קודשו של מרן הרש"ש. ואנחנו תפילה שיתגלה משיח צדיקנו במהרה בימינו, ומלאה[15] הארץ דעה את הוי"ה כמים לים מכסים, דעת תורת החיים.

---

[13]

תהלים ל"ד ט"ו – סור מרע ועשה טוב בקש שלום ורדפהו.

[14]

נהר שלום דף ל"ד ע"א.

[15]

ישעיהו י"א ט' – לא ירעו ולא ישחיתו בכל הר קדשי כי מלאה הארץ דעה את הוי"ה כמים לים מכסים.

כתב רבינו גאון הקבלה רבי אליהו מני, רבו של הרי"ח הטוב, רבי יוסף חיים בעל הספר "בן איש חי", בספרו הקדוש **כסא אליהו** כי על הלומד ללמוד כל מאמר ומאמר ארבעה חמשה פעמים בלי המפרשים, וינסה להבין את המאמר בעצמו. ואחר כך ילך לראות אם כיוון לדעת המפרשים.

וכן אני הקטן מבקש בכל לשון של בקשה, ללמוד את הדרוש כמו שהוא מובא בספר עץ חיים, ארבעה חמישה פעמים, כדי לנסות להבין את הדרוש. וכל דרוש מובא בתחילת הספר במלואו.

אחר כך יכנס ללמוד את הדרוש עם ביאור הדברים, עוד ארבעה חמישה פעמים, ואחר כך יראה את המקורות להגהות, ודברי רבותינו הקדושים, עם התרשימים וטבלאות.

ואז יעלה ויצליח בלימוד תורת האר"י החה"י.

כתב רבינו **השד"ה** רבי שאול דוויק הכהן, בהקדמת ספרו איפה שלימה, על אוצרות חיים וז"ל - וכדי שיוכל לעלות לימודו למעלה, ריח ניחוח לה'. קודם כל לימוד ימסור עצמו על קדושת ה', כי זה מועיל מאוד, כמו שכתוב בשער הכוונות דף כ"ד ע"ב, כי עתה בזמנינו בעוונותינו הרבים אין יכולת לעשות זווג כתיקונו למעלה, ולסיבה זו הקץ מתארך וכו'. אמנם עם כל זה יש קצת תיקון במה שנמסור נפשינו על קידוש ה' בכל הלב, כי על ידי כן אפילו אין בנו שום מעשים טובים, והרשענו עד להפליא. הנה על ידי מסירת נפשינו להריגה, מתכפרים עוונותינו כולם, ויש בנו יכולת לעלות עד אימא עילאה, כמו שאמרו חז"ל - גדולה תשובה שמגעת עד כסא הכבוד, שנאמר - שובה ישראל עד ה' וכו', עד כאן דבריו.

וזה הסדר

יקבל עליו ארבע מיתות בית דין, מארבעה אותיות הוי"ה וארבעה אותיות אדנ"י, וליחדם על ידי ארבעה אותיות אהי"ה ועל ידי עסמ"ב

סקילה	י	**א**	וליחדם על ידי א	יוד הי ויו הי
שרפה	ה	ד	וליחדם על ידי ה	יוד הי ואו הי
הרג	ו	נ	וליחדם על ידי ל	יוד הא ואו הא
וחנק	ה	י	וליחדם על ידי ה	יוד הה וו הה

לְשֵׁם יִחוּד

קֻדְשָׁא בְּרִיךְ הוּא וּשְׁכִינְתֵּהּ

יאהדונהי

בִּדְחִילוּ וּרְחִימוּ   וּרְחִימוּ וּדְחִילוּ

יאההויהה   איההיוהה

לְיַחֲדָא אוֹתִיּוֹת י"ה בּו"ה, בְּיִחוּדָא שְׁלִים

יהו"ה

בְּשֵׁם כָּל יִשְׂרָאֵל, לַאֲקָמָא שְׁכִינְתָּא מֵעַפְרָא, הָרֵינִי לוֹמֵד בְּסֵפֶר קַבָּלָה פְּלוֹנִי שֶׁהוּא כְּנֶגֶד תִּפְאֶרֶת דז"א בְּעוֹלָם הָאֲצִילוּת שָׁבו שֵׁם מ"ה כָּזֶה יו"ד ה"א וָא"ו ה"א לַעֲשׂוֹת מֶרְכָּבָה. וִיהִי רָצוֹן מִלְפָנֶיךָ ה' אֱלֹהֵינוּ וֵאלֹהֵי אֲבוֹתֵינוּ שֶׁתְּתוֹכֵךְ רוּחֵנוּ וְנַפְשֵׁינוּ שֶׁיְּהִי רְאוּיִם לְעוֹרֵר מַיִן תַּתָּאִין עַל יְדֵי קְרִיאַת סֵפֶר הַקַּבָּלָה הַזֹּאת. וִיהִי נֹעַם יְהֹוָה אֱלֹהֵינוּ עָלֵינוּ וּמַעֲשֵׂה יָדֵינוּ כּוֹנְנָה עָלֵינוּ וּמַעֲשֵׂה יָדֵינוּ כּוֹנְנֵהוּ.

בָּרוּךְ ה' לְעוֹלָם אָמֵן וְאָמֵן, נֶצַח, סֶלָה, וָעֶד.

שער ה' פרק א'

ונבאר עתה ענינם דע כי אין מציאות ציור קומת אדם בעולם שלא היה בו כללות ד' בחי' אשר כוללים כל האצילות וכל העולמות כולם ואלו הם ע"ב כזה יו"ד ה"י וי"ו ה"י. ס"ג יו"ד ה"י וא"ו ה"י. מ"ה יו"ד ה"א וא"ו ה"א. ב"ן יו"ד ה"ה ו"ו ה"ה. והנה אלו הד' הוי"ת הנחלקים לד' מלואין האלו הם ד' אלו הטעמים שם ע"ב. הנקודות שם ס"ג. התגין שם מ"ה. האותיות שם ב"ן. וכל אחד מאלו הד' הוי"ת כלול מכולם ויש בכל הוי"ה מהם בחי' טנת"א. והנה בחינת קרקפתא של זה הא"ק שהוא ראש עד בחי' מקום האזנים שלו נקרא בחי' שם ע"ב והוא סוד הטעמים שבו כנ"ל עם היות שגם בבחי' זו לבדה כלולה טנת"א אלא שאין לנו רשות לדבר בזה. והנה אע"פ שאנו מכנים וקוראים כאן כנויים אלו כגון אדם אזנים וכיוצא אינו רק לשכך האזן לשיובנו הדברים לכן אנו מכנים כנויים אלו במקום גבוה כזה אמנם עיקר כנויים אלו הם מעולם האצילות ולמטה שהוא מן א"א דאצילות ולמטה כי משם ואילך יש בחי' פרצוף אבל מא"א ולמעלה אין שם בחי' פרצוף כלל רק לשכך האזן אנו מכנים כנויים אלו. והנה מבחי' האזנים ולמטה נתחיל לבאר בקיצור נמרץ דע כי מהאזנים ולמטה מתחיל שם ס"ג שבו וכבר נתבאר כי גם הוא כלול מטנת"א ונודע כי לעולם הטעמים והנקודות נחלקים לג' חלקים כי יש בחי' טעמים ונקודות למעלה ע"ג האותיות וכן יש למטה מן האותיות וכן יש באמצעית האות והנה או"פ שבזה הא"ק יצא לחוץ דרך הנקבים הנ"ל והנה ההבל היוצא מן הראש יוצאים דרך נקבי שערות וכבר אמרנו לעיל שאין אנו רשאין לדבר ולהתעסק בו ולכן נתחיל לדבר מן הבל היוצא מבחי' האזנים ולמטה (ההבל היוצא מהם) שהוא בחי' ס"ג. ונאמר כי הנה דרך נקבי אזנים שבו יוצא אור מפנימיות הא"ק הזה ופשוט הוא שבצאתו לחוץ מתעבה קצת נמצא כי אור שנשאר בפנימיות א"ק גדול מזה האור היוצא ממנו לחוץ אבל ודאי שזה האור היוצא הוא יותר גדול מבחי' כלים והגוף של א"ק הזה וזה פשוט. והנה כאשר יצא האור דרך נקבי האזנים ימנית ושמאלית נתפשטו האורות האלו מבחוץ ממקום האזנים עד מקום שבולת הזקן ונמשך בהתפשטותו מנגד התפשטות שער הזקן הצומח בלחיים בצדדי הפנים וכנגדו נתפשט ונמשך אור הזה עד שמגיע למטה בשבולת הזקן ושם מתחברים האורו' היוצאים מב' נקבי האזנים אמנם לא נתחברו בחבור גמור אבל נשאר ביניהם חלל מעט. ודע כי האור הזה אינו דבוק ונוגע בפנים עצמם אבל חופף וסוכך עליהם ולא נתפשט האור הזה לא לאחורי הפנים ולא בכל הפנים רק בצדדי הפנים לבד כנ"ל. ובזה תבין הקדמה א' והוא כי בבחי' הראש אין אנו מזכירין לעולם בחי' אחור ובחי' פנים לפי שבמקום שאין שם נקבים וחלונות אז יוצא האור שוה מכל צדדיו ומאיר בשוה. אמנם כשמתחיל בחי' הנקבים כגון מהאזנים ולמטה אז יש בחי' פנים ואחור כי המצח נקרא פנים והעורף נקרא אחור לפי שכל הנקבי' הם ממשיכי' האור לחוץ דרך הפנים ומה שאין בו נקבים יקרא אחור אבל עכ"ז מן הארת האור הזה מתפשט ומאיר בכל סביבות א"ק הזה אבל עיקר האור אינו רק מה שכנגד האזן כנגד דרך הפנים עד שבולת הזקן. והנה בזה האור יש בחי' י"ס שלימות באופן זה. כי מאזן ימין נמשכת י"ס מבחי' או"מ ומאזן שמאל י"ס מבחי' או"פ וב' בחינות אלו הם י"ס שלימות. והנה אזן גימטריא נ"ח שהוא ס"ג חסר ה' אחרונה כי מכאן מתחיל השם ס"ג כנ"ל וענין זה יתבאר בע"ה. והנה האורות אלו הם בחי' טעמים של שם ס"ג עליונים אשר הם למעלה על האותיות כנ"ל. והנה עדיין באלו האורות לא נתגלה בהם בחי' כלי כלל וכלל. גם דע כי י"ס אלו יצאו מקושרים בתכלית התקשרות ולא ניכר מהן רק שכולן בחי' ה' אחת כי אות ה' כשתחבר עם אזן גימטריא

ס"ג ומציאת ה' זו היא בחי' הי"ס שנכללין בה' ושרשם המה ה' פרצופים א"א או"א זו"ן ועדיין לא ניכר בהם בחי' י' רק היותם בחי' ה' פרצופים האלו לבד ואפילו אלו הה' לא היו ניכרות ונפרדות זו מזו אלא כולם היו קשורים באות שהיא ה' כי צורת ה' זו היא צורת ד"ו גימטריא י' להורות על היותם י"ס כלולים בה' הנ"ל ועדיין כולם נקרא אות ה' לבד ואלו הי"ס באו מרוחקים או"פ מן או"מ שלו הרחק גדול והטעם לפי שאם היו קרובים יותר לא היו יכולים לקבל האור כלל ולהיות כי בא או"פ ואו"מ מרוחק זה מזה לכן לא היה בהם מציאת כלי כלל כמ"ש למטה בבחינת הפה.

מ"ב ודע כי ד' בחי' כוללים כל ד' עולמות והם ע"ב ס"ג מ"ה ב"ן והם עצמם נקראו טנת"א וכל אחד כולל ארבעתן. ע"ב יש בו ע"ב וטעמים. ס"ג ונקודות. מ"ה ותגין. ב"ן ואותיות. וכולם נקרא ע"ב טעמים. וכן בס"ג. וכן במ"ה. וכן בב"ן. גם דע כי ע"ב הוא כתר וטעמים. ס"ג הוא חכמה ונקודות. מ"ה הוא בינה ותגין. וב"ן ז"ת ואותיות. והנה מתחלה היה בא"ק, ג"ר שבו שהם ע"ב כתר. ס"ג חו"ב. וזה הס"ג היה מחציו ולמטה שהם הנקודות שבו. מלובש מלמטה ולמטה תוך מ"ה וב"ן דא"ק והוא פנימיות א"ק עצמו אורות וכלים. ואח"כ הוציא בחי' החיצוניות להלבישו ותחלה הוציא אורות מן ע"ב הכולל הפנימי שהוא השערות של הכתר מקיפים ראשו מבחוץ עד המצח ועד האזנים כנודע. ואח"כ הוציא שערו' הזקן הנמשכין מן ס"ג (עצמו) הכולל הנקרא נקודים שמהם נעשו כללות ג' מוחין שבו ונמשכין תחלה סוד הטעמים דס"ג שהוא אח"פ עד טיבורו. ואח"כ לא הוציא שאר בחי' לחוץ יען כי הם מלובשים תוך מ"ה וב"ן כנ"ל כדרך אורות ע"ב הכולל שלא נתגלה ממנו רק השערות הנמשכים מע"ב של ע"ב הכולל ושאר חלקם טמיר תוך ס"ג הכולל. והנה רצה להוציא גם מן מ"ה וב"ן שלו הפנימים חיצוניותם לחוץ ואז עלו כל בחי' ס"ג הפנימים הטמונים תוך מ"ה וב"ן הפנימים ועלו עמהם מ"ה וב"ן הפנימי' ואז אלו מ"ה וב"ן הם שלהם אל הטעמים עצמן דס"ג שאינם מלובשין תוך מ"ה וב"ן והם בערך או"א אל ישסו"ת כי כמו שלצורך עיבור זו"ן מזדווגין או"א עלאין וישסו"ת נכללין עמהם כן הכא הטעמים דס"ג מזדווגים עם כל ע"ב ומכ"ש שנקודים תגין ואותיות דס"ג מתחברים עמהם וטפלים להם ולכן אינם עולין בשם. דוגמא ישסו"ת כנ"ל ואז מולידין בחי' ב"ן דחיצוני' ולבושם לחוץ הרי נולדה הנקבה עתה תחלה. ואמנם בחי' מ"ה וב"ן הפנימית של א"ק חזרו לירד ולהתפשט בתוכו למטה מהטיבור. אחר שנתגלה שם ההוא פרסה באמצע מבפנים ומשם היתה מאירה בחי' ב"ן פנימית לב"ן שיצא לחוץ הנקרא עולם הנקודות. נמצא כי י"ס של עולם הנקודות היושב בחוץ מסבב לא"ק מטיבורו ולמטה ויש לו ב' מיני אורות אחד מלמטה למעלה בפנימיות מן הטיבור עד העינים ומשם יוצא עיקר הארה לצורך הנקודים שהוא שם ב"ן נוקבא אבל נעשה מאור חוזר כנ"ל וגם יש לו אור ישר שהוא נוקב ועובר דרך העור מן הטיבור ולמטה ומאיר בנקודים דרך נקבי העור ודרך פי היסוד ודרך טבור ודרך נקב האחור. והנה עיקר הנקודים הם מאורות עינים, וכתר שבהם לוקח האורות והכלים מבחי' אזן הנכללת גם שם כנודע, וחו"ב לוקחים מחוטם ופה ושיעור מועט מאזן, אך ז"ת לוקחים מעט מחוטם ופה ואינם לוקחים כלל מאזן ומהארת היוצא דרך פי הטבור והאמה. הנה מהטבור לקח כתר. ומהיסוד לוקחים או"א. וז"ת עם ד' אחורים דאו"א וישסו"ת לוקחים מי' אצבעות הרגלים בסוד נעץ צפורניו בקרקע ואח"כ חזרו להזדווג ע"ב הכולל עם טעמי' דס"ג הכולל בסוד פנימיות. וכל שאר הבחי' טפלים להם ואז הולידו הזכר והוא שם מ"ה ואז נתחברו מ"ה וב"ן ונעשה משניהן עולם אצילות באופן זה כי עתיק לוקח ה' ראשונות מטעמים דב"ן. וג"ר מנקודות דב"ן. וד"ר מתגין דב"ן. וכתרים של

אותיות דב"ן. וא"א לקח ה' אחרונות דטעמים דב"ן. ואבא לקח ז"ת דנקודות דב"ן. ואמא ו"ת דתגין דב"ן. וז"א ו"ת)ו"ת שהם אותיות דב"ן( )נ"א ז"ת(דאותיות דב"ן. ונוקבא עשירית אותיות דב"ן)נ"א העשירי דאותיות(ואמנם משם מ"ה לקח עתיק טעמים דמ"ה. וא"א נקודות דמ"ה. ואו"א לקחו תגין דמ"ה. וז"א ו"ת אותיות דמ"ה. ונוקבא עשירית אותיות דמ"ה.

ענין ה' בחי' נרנח"י פנימי' והמקיפים הם ב' חיה ויחידה צריך לדעת כי גם בה' בחי' פנימית יש מקיף בכל א' כנפש נדב אביהוא ואליהו ז"ל אבל אלו הב' מקיפים הם אחרים כוללים זולת ה' מקיפים שבפנימיות ואות לזה שבאלו המקיפים הפנימים יש יותר מה' שהוא מקיף ומקיף למקיף ומקיף לב' המקיפים כנזכר בפרשת ברכת כהנים)באד"ר(א"כ כל אלו זולת אותן הב' כוללים.

בפנימיות א"ק יש הויה אחת אשר א"ק הוא לבוש אליה ומד' אותיותה יוצאים ד' הויות ונגלים לחוץ של א"ק והם הוי"ה דע"ב ס"ג ב"ן מ"ה והם במצח אח"פ ומה שקדם הוי"ה דב"ן, להוי"ה דמ"ה הוא סוד תפילין דר"ת והוא סוד נקבה תסובב גבר.

הַשַּׁעַר הַחֲמִישִׁי
שַׁעַר טַנְתָּ"א[16] וְיִתְחַלֵּק לְט' פְּרָקִים

פֶּרֶק א'

דרוש זה מקורו מספר אוצרות חיים וצריך לכתוב מ"ת בראש הדרוש.

וּנְבָאֵר[17] עַתָּה עִנְיָנָם של מי עניינם[18] - של הנקבים והחלונות של הפנים הנזכרים בסוף ענף ב' דשער א', **דַּע כִּי אֵין מְצִיאוּת צִיּוּר** שעור **קוֹמַת אָדָם בָּעוֹלָם** של עשר ספירות, **שֶׁלֹּא הָיָה** צ"ל יהיה **בּוֹ כְּלָלוּת ד' בְּחִינַת אֲשֶׁר כּוֹלְלִים כָּל הָאֲצִילוּת**[19], **וְכָל הָעוֹלָמוֹת**

16

טנת"א – טעמים, נקודות, תגין, אותיות.

17

הגהות וביאורים)י"א(- כל זה מספר אוצרות חיים.

בית לחם יהודה ש"ה פ"א - ונבאר עתה עניינם. פירוש עניינים של אח"ף הנזכר בענף ב' דשער א', כי פרק זה קאי על סיום ענף ב' דשער א', שגם שם הוא מהדורא תניינא כדהכא, וכן מסודר באוצרות חיים. וכלל זה יהיה בידך, כי ברוב המקומות כל מהדורא, הוא חוזר על מהדורא של מינו.

18

דרוש זה הוא הפרק השני בספר אוצרות חיים, והוא המשך של הפרק הראשון שנמצא בע"ח די"ב ע"ג, הפרק הראשון מתחיל הקדמה אחת כוללת מן הא"ס עד הזעיר אנפין והרב ז"ל מסיים את הפרק הראשון בדרך זאת - **אמנם נתעסק ונדבר במה שנאצל ממנו, והוא כי הנה להיות אור א"ס גדול מאד, לכן לא היו יכולין לקבל אם לא באמצעות הא"ק הזה, ואפילו מזה הא"ק לא היו יכולין לקבלו, אם לא אחר יציאת האור חוצה לו, דרך הנקבים והחלונות שבו, שהם אוזן, חוטם, פה, עינים, כמ"ש בע"ה**. ועל סיום פרק זה חוזר דברי הרב ז"ל בדרוש זה שהוא **כותב ונבאר עתה עניינם**, שהם עניני האורות וההבלים היוצאים מאח"ף והעינים, כהמשך לסוף פרק א' דאוצרות חיים.

19

יש סוגיות שהרב ז"ל משייך את שם ע"ב והטעמים לחכמה, ויש סוגיות שהוא משייך אותם לכתר. בעקרון שם ע"ב הוא בחכמה, וכן בחינת הטעמים הם בחכמה, וכל זה **אחרי נתינת מוחין.** אבל כאשר הרב ז"ל כותב)כמו בסוגיה זאת(כי ע"ב הוא בכתר, ס"ג הוא בחכמה ובינה, התגין הם בחג"ת נה"י, והאותיות הם במלכות, הכוונה היא **לפני נתינת מוחין**. וצריך לדעת את ההבדל הדק בין הסוגיות, כי שם ע"ב ובחינת הטעמים הם לפעמים בכתר, ולפעמים בחכמה, ולא להתבלבל. עוד ב"י נראה את ההבדלים לפי דרוש הדעת. **ע"ח ש"ו פ"ו דכ"ב ע"א** - ולכן נמצא עתה ד' בחינות דרך כללות, ונאמר כי הנה **ע"ב טעמים בכתר**, וס"ג נקודות בחכמה, ומ"ה תגין בבינה, וב"ן אותיות בת"ת)נ"א בז"ת(, וכבר ביארנו כי **ע"ב הוא בכתר** יש בו אריך ונוקבא, וכן ס"ג בחכמה או"א, וכן מ"ה ישסו"ת וכן ב"ן זו"ן, כי הם הבנים. וישסו"ת מ"ה גימטריא אד"ם, כי הם האבות של הבנים דב"ן, ועל דרך זה פרטות כל אחד מאלו יש לו ד' בחינות הנ"ל.

ע"ח ח"ב שמ"ב פ"א דפ"ט ע"א - הנה יש מאציל ונאצל, והנאצל יש בו ד' בחינות, והם ד' יסודות אש, רוח, מים, עפר, והם ד' אותיות הוי"ה, והם חו"ב תו"מ. והנה הם טנת"א, והם הם אבי"ע, שהם הם ד' בחינות שבאדם, אחד אדם הפנימי, שהוא הרוחניות הנקרא נרנ"ח. ב' הוא הגוף. ג' הוא המלבושים שעל גבי הגוף. ד' הוא הבית שיושב בתוכו האדם, וגופו, ומלבושו. וכל בחינות אלו כלולות מד' בחינות, ואלו הם - בחינה א' של הרוחניות הם, נשמה לנשמה, ונר"ן. בחינה הב' שהוא הגוף, הוא העצמות, שבהם המוח מבפנים, והגידין, והבשר, ועור וכמש"ה עור ובשר תלבישני ועצמות וגידין תסוככני. **]הגהה** - ל"ע בענין נרנח"י מקומן בספירות זיכן,

כולם[20], ואלו הם[21] - שם הוי"ה במילוי יודי"ן הנקרא **ע"ב**, כזה **יו"ד ה"י וי"ו ה"י.** שם הוי"ה במילוי יודי"ן ואלפי"ן **ס"ג**, כזה **יו"ד ה"י וא"ו ה"י.** שם הוי"ה במילוי במילוי אלפי"ן **מ"ה**, כזה **יו"ד ה"א וא"ו ה"א.** שם הוי"ה במילוי ההי"ן **ב"ן**, כזה **יו"ד ה"ה ו"ו ה"ה. והנה אלו הד' הוי"ות הנזכלקים לד' מלואין** שהם ע"ב, ס"ג, מ"ה ב"ן, **האלו הם ד' בזזינות** הנקראים טנת"א[22], **ואלו** הם **- הטעמים שם ע"ב. הנקודות שם ס"ג. התגין שם**

הס וככלל זה לידע זה הכללות ע"ב ס"ג מ"ה ב"ן הכללות היכן הס וככלל זה טנת"א היכן הס ככלות הספילות].

בחינה ג' שהם הלבושים, הנה הם נודעים שהם לבושים המוכרחים אל כהן הדיוט, כתונת, ומכנסים, מצנפת, ואבנט, כי אותן הד' דכהן גדול הם לבושים היותר עליונים מאלו, כנזכר בזוהר שאלו הם לבושים שם אדנ"י, ואלו הם לבושי שם הוי"ה, אבל עיקרם אינם אלא ד' בחינות. בחינה הד' והוא הבית, יש בית, וחצר, ושדה, ומדבר.

נהר שלום די"א ע"ג - וב' נצוצות אלו נקראים בחינת כתר הכולל, והם הנקראים בחינת עתיק ואריך שבכתר, והם קוץ היו"ד דהוי"ה הכולל, ובו שורש כל הארבע אותיות דהוי"ה, וממנו נאצלו ד' אותיות הוי"ה, שהם חבת"ם, והם **טנת"א**, והם הם **אבי"ע**, והם הם ד' יסודות אש, רוח, מים, עפר.
20

כל העולמות רמוזים באופן כללי לעשר ספירות, וכל עולם פרטי רמוז בעשר ספירות, וכל ספירה נפרטת לעשר ספירות.

תרשים א – א.
21

כאן הרב ז"ל מחלק את עסמ"ב לעשר ספירות, כאשר ע"ב בכתר, ס"ג בחכמה ובינה, מ"ה בחג"ת נה"י, ב"ן במלכות.

תרשים א – ב.
22

יש להבין ולבאר את ענין הטנת"א. כאשר קרה מקרה המלכים, כל הכלים נשברו וירדו לעולמות בי"ע, האורות שהם בחינת הנרנח"י של הכלים חזרו למקום יציאתם, ורק קצת חיות נשארו בכלים בסוד הבל דגרמי. דוגמה לזה היא בעולמנו, כאשר אדם מת, רוחו תשוב אל האלקים אשר נתנה, וגופו נקבר באדמה, חלק מנפשו של המת נשארת ומאירה למת בסוד ונפשו עליו תתאבל, והיא בחינת הבל דגרמי שמחיה את עצמות המת עד תחית המתים. שבירת הכלים היתה גם בבחינת האותיות של ספר התורה. כאשר בשבירת הכלים האותיות נפלו לבי"ע, התגין הם הבל דגרמי, והטעמים והנקודות הם בחינת הנרנח"י. בספר תורה יש את האותיות, ועל האותיות יש תגין, ומה שחסר בספר תורה הם הנקודות והטעמים. רק כאשר הקורא בתורה מבטא את האותיות עם הנקודות שלהם, וגם קורא את התורה בטעמים שלהם, אז יש בחינת שלמות לספר תורה, ובחינת זאת נקראת תחיית המתים. הרב ז"ל מבאר בשער הנקודות כי האותיות הם בחינת הכלים דמיתו, והם בחינת מלכיות דשם ב"ן, והתגין הם בחינת הבל דגרמי שמחייה אותם. בעת התיקון, שהוא זמן קריאת התורה, יוצאים על ידי הקורא בתורה, ט' הספירות העליונות דשם ב"ן דרך העינים, ועשר ספירות דשם מ"ה החדש דרך המצח, והם רמוזים בטעמים והנקודות, ומתחברים עם בחינת מלכיות דשם ב"ן שהם הכלים והאורות יצאו מעיקרא ונשברו שהם רמוזים באותיות והתגין. וחיבור של כל הבחינות האלה של האותיות, תגין, נקודות וטעמים הם תיקון בחינת ספר התורה. ומזה מובן מדוע לא כותבים את הטעמים והנקודות בספר תורה.

גם צריך לדעת את הקשר בן שמות עסמ"ב לטנת"א. הרב ז"ל כותב כי החלוקה לארבע בחינות)ויש את הבחינה החמישית שהיא השורש(בשם הוי"ה, בעסמ"ב, בטנת"א, אבי"ע, ועוד, הם החלוקות בכל הבריאה, גם בעולמות הרוחניים וגם בגשמיים. הנה כל פרצוף מחולק לחמש בחינות שסימנם כ"ל צמ"א, והם כלים, לבושים, צלמים, מוחין, אורות. כאשר הכלים מקבלים מוחין מוחין, המוחין האלו מלובשים בלבושים שהם בחינת נה"י דישסו"ת, והלבושים מלבישים לצלמים שהם בעצמם בחינת לבושין דקים הנמשכים מהמוחין דא"א, ובתוך הלבושין הדקים נמצאים המוחין שהם בחינת שמות עסמ"ב, ובתוך המוחין ישנם אורות הנרנח"י שהם

מ"ה. **האותיות שם ב"ן**[23]. **וכל**[24] **אזוד מאלו הד' הוי"ת** שהם עסמ"ב **כלול מכולם**[25] ר"ל לכל אחד מבחינות עסמ"ב יש עסמ"ב פרטי, הנקרא עסמ"ב דעסמ"ב[26], **ויש בכל הוי"ה**

בחינת שמות הוי"ה אהי"ה המנוקדות, והם נמשכים מחכמה דא"ק, והנקודות הם בחכמה, ובתוכם אור הטעמים, ואור הטעמים שהוא בחינת הכתר מלביש את אור הא"ס ב"ה. נמצא שיש חמש בחינות שהם שבע, והם – כלים, לבושין, צלמים, מוחין, אורות, אור הטעמים, ואור הא"ס. והתגלות מציאות זאת היא בכל הבריאה כולה, בכל פרט ופרט, וכלל. ועל המעיין לדעת באיזה בחינה הרב רז"ל מדבר בחלוקה זאת, האם בעולמות שהם א"ק ואבי"ע, בפרצופים שהם א"א או"א וזו"ן, בספירות שהם כח"ב חג"ת נהי"ם, וכו'. או החלוקה היא באורות שהם הנרנח"י, או במוחין שהם עסמ"ב, וכו'. וכל הבחינות האלו מתחלקות לחלוקת כ"ל צמ"א טעמים ואור הא"ס. גם חלוקת הטנת"א הנרמזת בספר התורה מתחלקת לשבע בחינות של כ"ל צמ"א, כאשר האותיות הם **הכלים**. והתגין הם החיות של האותיות הבאים מלובשים **בצלמים ובלבושין דקים**, ושלוש בחינות אלו נקראים צלמי מוחין. והנקודות הם בחינת **אורות** הנרנח"י, שהם שמות הוי"ה אהי"ה מנוקדות, ובתוכם **אור הטעמים**, שהוא בחינת הטעמים שבספר התורה. ובתוך אור הטעמים מתלבש **אור הא"ס ב"ה**. וזה סדר כ"ל צמ"א בטנת"א.

תרשים א – ג.

ע"ח ח"ב שמ"ב פ"א דפ"ט ע"א - הנה יש מאציל ונאצל, והנאצל יש בו ד' יסודות אש, רוח, מים, עפר, והם ד' אותיות הוי"ה, והם חכמה, בינה, תפארת, ומלכות, **והנה הם טנת"א**, והם הם אבי"ע, שהם הם ד' בחינות שבאדם, א' אדם הפנימי שהוא הרוחניות הנקרא נרנח"י, ב' הוא הגוף, ג' הוא המלבושים שעל גבי הגוף, ד' הוא הבית שיושב בתוכו האדם, וגופו, ומלבושו. וכל בחינות אלו כלולות מד' בחינות, ואלו הם - בחינה א' של הרוחניות הם נשמה לנשמה ונר"ן. בחינה הב' שהוא הגוף הוא העצמות, שבהם המוח מבפנים, והגידין, והבשר, ועור, וכמו שאומר הכתוב - עור ובשר תלבישני ועצמות וגידין תסוככני. בחינה ג' שהם הלבושים, הנה הם נודעים שהם לבושים המוכרחים אל כהן הדיוט, כתונת, ומכנסים, מצנפת, ואבנט, כי אותן הד' דכהן גדול הם לבושים היותר עליונים מאלו, כנזכר בזוהר שאלו הם לבושים שם אדנ"י, ואלו הם לבושי שם הוי"ה, אבל עיקרם אינם אלא ד' בחינות. בחינה הד' והוא הבית, יש בית, וחצר, ושדה, ומדבר. **הגהה –** ל"ע בעניין נרנח"י, מקומן בספירות היכן הס, ובכלל זה לידע ע"ב ס"ג מ"ג ב"ן הכללות היכן הס, ובכלל זה טנת"א היכן הס בכללות הספירות.

[23]

לכל שם מעסמ"ב יש כנגדו אחד מבחינות טנת"א, כאשר ע"ב הוא בחינת הטעמים, והוא בכתר. ס"ג הוא בחינת הנקודות, והוא בחכמה ובינה, מ"ה הוא בחינת התגין, והוא בחינת חג"ת נה"י. ב"ן הוא בחינת האותיות, והוא בחינת המלכות.

תרשים א – ד.

[24]

בית לחם יהודה ש"ה פ"א - וכל אחד מאלו הד' הוי"ת כלול מכולם. עיין להרב יפה שעה ז"ל, שכתב וכן כל אחד מהם הוא גם כן כלול מכולם, באופן שכל אחד מעסמ"ב יש בו ט"ו בחינות יעו"ש. ואין דבריו מוכרחים, כי רק בבחינת הס"ג דס"ג מצינו תוספת, כמו שהאריך בזה באמצע פרק ד' דשער התיקון, יעו"ש. והוא מסיבת ההכריח הנזכר בפרק ב' דהתם, ע"ש.

[25]

יפה שעה (א) - וכל אחד מאלו כלול מכולם וכו'. לאו דוקא, אלא כל אחד ואחד מהם כלול מכולם. ונמצא ע"ב דכללות כלולה מכולם. וכל אחד משם ע"ה עצמו כלול מכולם. באופן שהם י"ו בחינות בשם ע"ב הכללי. וכן בשם ס"ג הכללי. וכן במ"ה הכללי. וכן בב"ן הכללי. וראיה ממה שכתב רז"ל בפרק ב' משער התיקון, כי ס"ג דס"ג לבדו הוא כולל טנת"א שלם. ועין מה שכתב רז"ל לקמן שלהי פרק ב'.

[26]

בכללות נקראים הבחינות האלו עסמ"ב דעסמ"ב. ובפרטות נקראים עסמ"ב דע"ב (כלומר ע"ב, ס"ג, מ"ה ב"ן שבע"ב). עסמ"ב דס"ג. עסמ"ב דמ"ה. עסמ"ב דב"ן. והם ט"ז בחינות.

תרשים א – ה.

מהם מבחינות העסמ"ב **בבזינת טנת"א** ר"ל יש בחינת טנת"א בכל אחד מבחינות העסמ"ב[27]. **והנה** בבזינת קרקפתא מקום צמיחת השער **של זה הא"ק, שהוא ראש** דא"ק **עד**[28] בזינת מקום האזנים שלו, נקרא בבזינת שם ע"ב יו"ד ה"י וי"ו ה"י, **והוא** [ד"כ ע"ג 40] סוד הטעמים שבו ר"ל הטעמים שבא"ק[29] שהם ע"ב דא"ק, כנ"ל. **עם**[30] היות שגם בבזינה זו

גם העסמ"ב דעסמ"ב מתחלקים כל בחינה מהם לעסמ"ב פרטים, כך שיש עסמ"ב דעסמ"ב, והם ס"ד בחינות.
תרשים א – ו.
27

עסמ"ב בכללותם נקראים טנת"א, ובפרטות לכל אחד מהעסמ"ב יש טנת"א פרטים, הנקראים טנת"א דעסמ"ב. והם טנת"א דע"ב. טנת"א דס"ג. טנת"א דמ"ה. טנת"א דב"ן.
תרשים א – ז.
28

בית לחם יהודה ש"ה פ"א - עד בחינת מקום האזנים שלו נקרא בחינת שם ע"ב. לא דשם ע"ב נגמר כולו עד האזנים, כי שם ע"ב הוא מסתיים עד רגלי א"ק, אלא עד האזנים היא מגולה, שאין מלביש עליו ס"ג הפנימי, ומשם ולמטה הוא מתלבש תוך הס"ג.
29

השאלה היא שהרב ז"ל כותב **הטעמים שבו**, הכוונה לטעמים שבא"ק, או בטעמים שבע"ב דא"ק. הרי הטעמים הם עצמם ע"ב. ומה נפקא מינה, אם נגיד שהכוונה היא לטעמים דא"ק, שהם ע"ב דא"ק, יהיו לנו ד' בחינות עסמ"ב בכללות, המתחלקות לעסמ"ב, ונקראות עסמ"ב דעסמ"ב, ויוצא בא"ק יש בכללות ט"ז בחינות. ואם נגיד שהכוונה היא לטעמים שבע"ב, שהם בחינת ע"ב דא"ק, יוצא מזה כי בע"ב דע"ב יש עסמ"ב פרטים, ובכללות שם ע"ב יש ט"ז בחינות, ובכללות א"ק, יש ס"ד בחינות, המתחלקים לרנ"ו בחינות. בשאלה זאת יש מחלוקת בין גדולי רבותינו המקובלים. דעת ששון שהמילה **שבו** חוזר על ע"ב, ולפי זה מהגולגולתא עד האזן יצאו ט"ז בחינות. השד"ה כותב כי מה שכתב השמן ששון אינו מוכרח, ולדעתו מדובר על הטעמים דא"ק, ולפי זה מהגולגולתא עד האזן יש ד' בחינות. וגם הרב ז"ל כותב בהמשך - **עם היות שגם בבחינה זו לבדה כלולה טנת"א**, כלומר לפי זה הבחינה של **הטעמים שבו** היא בעצמה כלולה מטנת"א, אם כן לפי דעת השמן ששון יוצא שבבבחינה הנקראת **טעמים שבו** שהוא טעמים דטעמים דע"ב, שהם טנת"א דטנת"א דע"ב. וחלוקה זאת לא מצאנו עדיין בדרוש זה, כי הרב בשלב זה מחלק את העסמ"ב לעסמ"ב בלבד. ולפי דעת השד"ה יוצא כוונת הרב ז"ל **לטעמים שבו** שהוא טעמים דא"ק, ובהמשך הרב כותב **עם היות שגם בבחינה זו לבדה כלולה טנת"א**, הכוונה היא לטנת"א דע"ב, שהם ד' בחינות. עם כל זאת השד"ה לא דוחה את פרושו של השמן ששון, אלא כותב **אינו מוכרח**. יש מילת מפתח בסוגיא זאת והיא **כנ"ל** שפרושה כנזכר לעיל, והכוונה על מה שהרב ז"ל הזכיר. ועד מקום זה הרב ז"ל לא מזכיר יותר מט"ז בחינות בא"ק, ולפי זה יש בטעמים דא"ק ד' בחינות בלבד.

שמן ששון, שער טנת"א פ"א אות א' ד"ח ע"ד - וכל אם מאלו ההוי"ת כלול מכולם וכו', והנה בחינת הקרקפתא של זה הא"ק וכו' נקרא שם ע"ב, עם היות שגם בבחינה זו לבדה כלולה טנת"א אלא וכו', והנה ידוע דבחינה המגולה בגולגולתא דא"ק הוא ע"ב דע"ב, ובחינת נת"א דע"ב הוא מלובש תוך טנת"א דס"ג, ועיין בספר אמת ליעקב וקונטרס הנקרא חסדי דוד אות ט' יעו"ש כל סדר התלבשות זה. אם כן מדברים אלו שכתב כאן רבינו **שגם בחינה זו שבבקרקפתא לבדה כלול מטנת"א**, לפי זה הם ט"ז בחינות בכל שם ע"ב, וט"ז בס"ג ומ"ה וב"ן. ועיין יפה שעה ד"ב דכתב כן אלא דאצטריך להביא ממה שכתב בסוף פרקין, יע"ש. ולעניות דעתי מפשט דברי רבינו כאן משתמע ודו"ק,)עיין שער ו' ריש פרק ג' אות ב'(.

איפה שלמה לשד"ה ד"א ע"א אות ב'- ד"ה כלול מכולם וכו'. עיין שער התיקון פרק ב', ומשם באָרה שכל אחד מעסמ"ב כלול מט"ז בחינות, שכתב שם וז"ל - בקצור וס"ג דס"ג יש בו עסמ"ב, יע"ש יפה שעה אות א'. ומה שלא הביא מפרקין שכתב דשם ע"ב דבקרקפתא לבדה כלול מטנת"א אינו מוכרח שהוא על ע"ב דע"ב, כי **אם על ע"ב הכולל בכללותו**, ועיין ש"ש אות א'. וכן מפורש בהדייא במבוא שערים ש"ב ח"ג פ"ג די"ב ע"ג

של הטעמים דא"ק **לבדה כלולה טנת"א** שהם נקראים טנת"א דטעמים, **אלא שאין לנו רשות לדבר** במקום גבוה, שהוא בחינת הקרקפתא דא"ק, ובעולמות היוצאים ממקום זה[31], ואפילו בא"ק עצמו לא מבאר הרב ז"ל כלום, רק מההבלים היוצאים ממנו לחוץ, וכל זה מפני שמקום זה הוא כמעט בחינת קו א"ס ב"ה, לכן לא מדברים **בזה** המקום, ומי שרוצה ללמוד על אמיתות בחינת הקרקפתא דא"ק, יכול ללמוד בחינות אלו מהקרקפתא דא"א[32], הדרושים המתייחסים לגולגלתא דא"א הם בשער י"ג. **והנה אף על פי שאנו מכנים**

וז"ל - הטעמים חוזרים ונחלקים לד' בחינות, וכל בחינה מהם חוזרת להתחלק לד' בחינות האלו עצמם, וכן העניין בנת"א וכו' יעו"ש. ועיין עוד בהגהת מהרח"ו ז"ל בשלהי פרק א' משער טנת"א וז"ל - כי ב"ן דעסמ"ב דב"ן נעשה עגולים לעס"מ דעסמ"ב דב"ן, ועס"מ שיש בכל בחינה מעסמ"ב בחינה בייושר יעו"ש. נמצא שבב"ן עצמו יש בו ט"ז בחינות. ולפי מה שכתב הרב ז"ל בשער התיקון שהב"ן עקרו ס"ג דס"ג, ובתיקון נשתנה שמו ונקרא ב"ן, אם כן יצא לנו שס"ג הכולל דא"ק, כלול מס"ד)64(בחינות. ואפשר שכן יש לפרט בשאר השמות, ועוד לפי מה שכתב הרז"ל בחינת הרפ"ח ניצוצין שהם עסמ"ב בז' מלכים, שהם מ"ה וב"ן דב"ן של הנקודות, וע"ב ס"ג הם חכמה ובינה של הנקודות. נמצא בב"ן של הנקודים ט"ז בחינות. וידוע מה שכתב הרז"ל בפרק ב' משער ל"ד, ובכמה מקומות, כי הנקודות יצאו בבחינת מלכיות לבד, אם כן לפי זה יהיה ד' פעמים ס"ד)שהם רנ"ו בחינות)בס"ג הכולל.
גם דעת הבל"י שמדובר כאן על העי"ב דא"ק.

חסדי דוד דמ"ט ע"ב אות ט' - א"ק יש בו עסמ"ב, והם טנת"א, וכל אחד כלול מכולם. עסמ"ב דע"א הם מתפשטים מראשו ועד רגליו, דהיינו ע"ב דע"א עד האזן, ס"ג דע"א מהאזן עד הטיבור, ומ"ה וב"ן דע"ב מהטיבור עד רגליו. ועסמ"ב דס"ג מלבישים לסמ"ב דע"ב, דהיינו מהאזן ועד רגליו. ועסמ"ב דמ"ה וב"ן מלבישין לסמ"ב דס"ג, ולמ"ה וב"ן דע"ב. דהיינו מאזן דס"ג ומטיבור דע"ב זהו פנימיות דא"ק. וכולם הוציאו אורם לחוץ להלבישו. כי מע"ב דע"א המגולה יצאו שערות הראש, שבהם תלויים כמה וכמה מיני עולמות הקודמים אל אבי"ע, ואין רשות לדבר בהם, אפילו בדרך משל, רק מהאזן ולמטה, וזה סוד לשכך את האזן. ואלו הלבישו מהקרקפתא עד האזנים דא"ק. ומע"ב דס"ג המגולה יצאו אורות אח"פ, ושערות הזקן, והלבישו מהאזן עד הטיבור. וחיצוניות עסמ"ב דמ"ה וב"ן יצאו מהם נקודים וברודים, דרך עינים ומצח דא"ק, והלבישו לא"ק מטיבור עד סוף רגליו. ועם חיצוניות עסמ"ב דב"ן יצאו חיצוניות סמ"ב שהם נקודין תגין אותיות דס"ג, ולכן נקרא נקודים, יען שורשו נקודות דס"ג הנקרא נקודות דנקודות, ולכן הנקודות נקרא פעמים ב"ן ופעמים ס"ג. ועם חיצוניות עסמ"ב דמ"ה, יצאו חיצוניות סמ"ב דע"ב ברודים. וטעם קריאת המ"ה ברודים, יען ב"ן הכולל היא תולדות מלכות דא"ק, וממנו הז' מלכים דמיתו, ולכן שם ב"ן נקרא נקודות, כי נקודות היא במלכות. ושם מ"ה הכולל הוא תולדות הז"א דא"ק, שהתחלתו מהיסוד הנקרא הדר, כי הוא סוד הדרת פנים זקן, דהסריס אין לו זקן, והוא מלך הדר המחייה את המלכים, וזהו ברודים כמו הדר.

30

בית לחם יהודה ש"ה פ"א - עם היות שגם בבחינה זו. שהוא ע"ב הכללי דא"ק.

31

שהם בחינת טנת"א דטעמים דא"ק, והם נקראים עסמ"ב דע"ב דא"ק.

32

קוץ של יו"ד רומז במערכת העולמות לא"ק, במערכת הפרצופים לא"א, ובמערכת הספירות לכתר, ובנרנח"י לבחינת יחידה. לכן אפשר ללמוד על א"ק שהרב ז"ל מדבר עליו בהעלם גדול, מפרצוף א"א שהרב ז"ל מדבר עליו ביותר גלוי. והמשכיל יבין מה שיש בפרט שהוא א"א יש בכלל שהוא א"ק.
ע"ח שט"ז פ"ה דפ"א ע"ג - כי א"ק הוא מציאות א"א.
רחובות הנהר ד"ט ע"ב - ואע"פ ששם לא נזכר כי אם עד בחינת א"א כבר נודע כי בחינת א"א המוזכר בדברי הרב ז"ל הוא בחינת א"ק שהוא א"א הכולל, ודו"ק.
כלל – בחינת א"ק הוא בעולמות, ובחינת א"א הוא בפרצופים, וכל מה שיש בא"א יש בא"ק, רק מה בא"ק הרב ז"ל לא הרחיב את הדיבור, והמשכיל יבין ראשית דבר מאחריתו.
כלל – כל מקום שהרב ז"ל מדבר על א"א, באופן כללי אפשר ללמוד על א"ק, והמשכיל יבין ראשית דבר מאחריתו.

23

וְקוֹרְאִים כָּאן כִּנּוּיִים אֵלּוּ בא"ק ובאבי"ע, כְּגוֹן אָדָם, רֹאשׁ, אָזְנַיִם, וְכַיּוֹצֵא בזה בכל שאר חלקי הגוף, שוב הרב ז"ל מזכיר לנו אֵינוּ רַק לְשִׁכֶּךְ הָאֹזֶן[33], לְשִׁיּוּבוּ הַדְּבָרִים לבני האדם הגשמים, לָכֵן אָנוּ מְכַנִּים כִּנּוּיִים אֵלּוּ בַּמָּקוֹם גָּבוֹהַּ כֹּזֶה שהוא א"ק. אָמְנָם עִיקַּר כִּנּוּיִים של אדם, ראש, אזנים, ושאר חלקי הגוף הָאֵלּוּ, הֵם מֵעוֹלָם הָאֲצִילוּת וּלְמַטָּה, שֶׁהוּא מִן א"א דַּאֲצִילוּת וּלְמַטָּה, כִּי מִשָּׁם ר"ל מא"א וְאֵילָךְ יֵשׁ בְּחִינַת פַּרְצוּף[34], אֲבָל מא"א וּלְמַעְלָה אֵין שָׁם בְּחִינַת פַּרְצוּף כְּלָל[35], רַק לְשִׁכֶּךְ הָאֹזֶן אָנוּ מְכַנִּים כִּנּוּיִים אֵלּוּ. וְהִנֵּה[36] מִבְּחִינַת הָאָזְנַיִם וּלְמַטָּה, נַתְחִיל לְבָאֵר

33

זוהר פרשת נשא, אידרה רבה דקל"ג ע"א עם באור ותרגום – **תקונא חמישאה** התיקון החמישי. **נפיק אוירא אחרא מתחות פומא** יצא אורח אחר אחר מתחת הפה, והוא האורח השני פנוי בלי שערות, שעובר ונמשך מתחת לפה, באמצע הסנטר, ויורד עד שיבולת הזקן, **הדא הוא דכתיב** וזהו שכתוב בתיקון הזה - **לא החזיק לעד אפו** ר"ל לא החזיק א"א את אפו לעד את אפו של ז"ל. ואמר רבי שמעון לרבי יוסי - **קום רבי יוסי** לפרש את התיקון הזה. קם רבי יוסי, **פתח הקדים ואמר - אשרי העם שככה לו אשרי העם שהוי"ה אלהי"ו, אשרי העם שככה לו**, וקשה מהו **שככה לו**. כמה דאת אמר כמו שנאמר - **וחמת המלך שככה, שכיך מרוגזיה** נרגע מהרוגז. **דבר אחר** פרוש אחר, **שכיך ברוגזיה** נרגע והכעס, לפי שבזה יש בחינת חרון אף, ושכוך וביטול הרוגז דז"א תלוי בתפילה של האדם.

34

המוסג פרצוף הוא בחינה הכוללת גוף ונשמה, אורות וכלים, בעלי שיעור קומת אדם שלם, (ולא כמו שאנו קוראים לפנים של האדם בשם פרצוף). הרב ז"ל לא מדבר על בחינת פרצופים בא"ק, כי בחינת הכלים, שהם הגוף הם אורות זכים בתכלית הזכות, והם נקראים כלים רק ביחס לאורות שבהם, וכמעט ואי אפשר להבדיל בין אור לכלי בא"ק. לכן הרב ז"ל מבאר את בחינת הפרצופים רק מאצילות ולמטה. גם האצילות שהיא בחינת איהו וחייו וגרמוי חד בהון, והוא אלוקות גמור, עם כל זה הרב ז"ל מדבר באצילות בבחינת פרצופים וכלים, וכל זה ביחס לא"ק.

ע"ח ח"ב שכ"ו פ"א מ"ב די"ד ע"ג - כי באצילות כל האורות וכל הצלמים וכל הכלים נקרא **אלהו"ת גמור**, אחד יחיד ומיוחד כנזכר בהקדמת תקונים **איהו וחייו וגרמוי חד בהון** שהם ג' בחינות הנ"ל, אך בבי"ע אינו כן, כי אם עד בחינת הנשמה אלהות, ומן הרוח ואילך משם יפרד, ונקרא נבר"א נוצ"ר נעש"ה. **כלל** - פרצוף הוא בחינה הכוללת גוף ונשמה, אורות וכלים, בעלי שיעור קומת אדם שלם.

35

במקומות רבים כותב הרב ז"ל על עתיק יומין, שהוא פרצוף מעל לפרצוף א"א, וכאן הוא כותב כי א"א הוא הפרצוף הראשון.

ע"ח ש"א פ"ה דט"ו ע"א - והנה יש עוד להבחין בדרך פרטות אם מדבר **בפרצוף עתיק** שבכל עולם מהם. או בפרצוף א"א. או באבא, או באימא, או בז"א, או בנוקבא, או ביש"ס. או בתבונה. או ביעקב, או בלאה.

ע"ח שי"א פ"ה פ"ח מ"ת דנ"ד ע"ד - כי הנה בחינת **פרצוף עתיק** הג"ר דיליה אינו מתלבשין ומתעלמים כלל תוך א"א, ונשארו בגלוי, כי איננו יכול להשיגו ולהלבישו, ולכן זה הראש נקרא רדל"א, אמנם ז"ת שבו סוד ז' ימים, אלו הם מתלבשים תוך א"א כנודע, כי יש לו בהם קצת השגה, ולבחינות אלו הז"ת שלו הם הנקרא עתיק יומין, ר"ל עתיק של בחינת ז"ת, הנקרא ז' ימי קדם כנודע, ובהם יש קצת השגה וידיעה. **רחובות הנהר ד"ה** ע"א - וזה שביארנו כי אפילו **פרצוף עתיק**, וא"א, ואו"א, וישסו"ת, נתקנו ונעשו מבירורי הז' מלכים, מפורש בהדיא במ"ש ח"ב ש"ה פ"ב, כי עתיק וא"א ואו"ן דאציות וזו"ן דבי"ע, נבררו ונתקנו בעת התיקון מבירורי הז' מלכים.

36

הגהות וביאורים א) – הנה כל מציאות הנקודים הם נוקבא, והענין כי הם באים מכח המכה והנוצץ וחוזר מתתא לעילא, והטעמים אור פשוט, וזה נוהג בכל ענין האצילות (ועיין לקמן שער העקודים פרק ה').

בקיצור נמרץ את בחינות ההבלים היוצאים מא"ק, **דע כי מהאזנים** דא"ק ולמטה מתחיל **שם ס"ג שבו**[37], **וכבר**[38] **נתבאר כי גם הוא כלול מטנת"א**[39], **ונודע כי לעולם הטעמים והנקודות** וגם התגין והאותיות **נחלקים לג' חלקים, כי יש בחינת טעמים ונקודות למעלה, על גבי האותיות, וכן יש למטה מן האותיות, וכן**[40] **יש באמצעית האותי**ות[41]. **והנה אור פנימי שבזה הא"ק יצא לחוץ דרך הנקבים** שהם עינים, אזנים, חוטם, ופה **הנ"ל**[42], **והנה ההבל היוצא מן הראש** שהם הטעמים דע"ב הכולל[43], **יוצאים דרך נקבי שערות** ולא השערות עצמם[44], **וכבר אמרנו**

37

הגהות וביאורים)ב(– פירוש ע"ב דס"ג כנזכר במקום אחר.)ונראה דהאמת דהגם שגם הע"ב הוא נמשל גם כן עד סיומו כולו, אלא שמאזנים מתחיל הס"ג ומלבישו, ונקרא על שם ס"ג. וכן הוא על דרך זה בהמ"ה וב"ן שמהטבור ולמטה, כי משם מלבישים הם, ונקרא על שמם, והוא העולם דאצילות, ה"ר שב"ח(, א"ה עיין בחסדי דוד אות ט'.

38

בית לחם יהודה ש"ה פ"א - וכבר נתבאר כי גם הוא כלול מטנ"תא, ונודע כי לעולם הטעמים וכו'. מאי דסמך וכבר נתבאר וכו' ללשון ונודע כי לעולם וכו', אפשר לומר דקשה ליה, כי מאחר שהטעמים דס"ג אינם כי אם בחינה אחת בלבד, שהם ע"ב דס"ג, ואינם חוזרים ונפרטים לעסמ"ב, אם כן היכי יצאו מהם ג' בחינות שהם אח"פ, לזה אמר ונודע כי לעולם וכו'.

39

שם ס"ג בפרטות נפרט לארבע בחינות הנקראות טנת"א דס"ג, או עסמ"ב דס"ג, או טנת"א דנקודות, או עסמ"ב דנקודות.
תרשים א – ח.

40

בית לחם יהודה ש"ה פ"א - וכן יש באמצעית האות כגון מקף ופסק בטעמים. ושורק ודגש בנקודות.

41

יש כ"ד סוגי טעמים, הטעמים שמעל האותיות, ומתחת לאותיות, ובאמצע האותיות.
תרשים א – ט.

יש ט' סוגי ניקוד, יש רק נקודה אחת מעל האותיות שהיא חולם, והיא סוד הז"א, ונקודה אחת באמצע האותיות שהיא שורוק, והיא סוד ספירת היסוד)הדגש והרפה שבאים באמצע אותיות בג"ד כפר"ת הם לא ניקוד, כנזכר בש"ח פ"א(, ושאר הנקודות שהם קמץ, פתח, צרי, סגול, שורק, חיריק, קובוץ הם בחינת המלכות.
תרשים א – י.

תגין מחתלקים לג' בחינות, והם אותיות שעטנ"ז ג'"ץ בעלי שלש תגין. אותיות בדק חיה בעלי תג אחד, ואותיות מלאכת סופר בלי תגים כלל.
תרשים א – י"א.

בספר התורה האותיות מתחלקות לג' בחינות, לאותיות גדולות שהם בבינה, אותיות בנוניות שהם בז"א, ואותיות קטנות שהם במלכות.
תרשים א – י"ב.

42

ע"ח ש"א ענף ב' די"ב ע"ד - אמנם נתעסק ונדבר במה שנאצל ממנו, והוא כי הנה להיות אור א"ס גדול מאד, לכן לא היו יכולין לקבל אם לא באמצעות הא"ק הזה, ואפילו מזה הא"ק לא היו יכולין לקבל אם לא אחר יציאת האור חוצה לו, דרך הנקבים והחלונות שבו, שהם **אוזן, חוטם, פה, עינים**, כמ"ש בע"ה

43

והם נקראים חיצוניות דע"ב דע"ב הכולל

לעיל שאין אנו רשאין לדבר ולהתעסק בו בבחינת הקרקפתא שהיא הטעמים דע"ב הכולל. ולכן נתחיל (צ"ל לדבר מן הבל היוצא מבזינת האזנים) ולמטה,[45] (לא גורסים ההבל היוצא מהם) שהוא בזינת ס"ג שם. ונאמר[46] כי הנה דרך שתי נקבי אזנים שבו שבא"ק, יוצא אור מפנימיות הא"ק הזה,[47] ופשוט הוא שבצאתו לזווג ומתרחק משורשו, שהוא בפנימיות א"ק מתעבה קצת ונעשה פחות זך מהאור בפנימיות א"ק, ונקרא עכשיו חיצוניות, ביחס לאור שבתוך א"ק הנקרא פנימיות[48], נמצא כי אור שהוא בחינת ס"ג שנשאר בפנימיות א"ק, גדול מזה האור ס"ג היוצא לזווג ממנו וכן בכל האורות, ר"ל עסמ"ב שבפנימיות א"ק גדולים מעסמ"ב היוצאים מחוץ לא"ק, אבל ודאי שזה האור היוצא שהוא חיצוניות שם ס"ג, וכן בחיצונית שם ע"ב מ"ה וב"ן היוצאים מא"ק, הוא יותר גדול מבזינת כלים והגוף

תרשים א – י"ג.

44

השערות בעצמם הם צינורות חלולים, אשר השפע יוצא דרכם. ההבל היוצא מא"ק הוא בחינת חיצוניות בעצמו, והחיצוניות ההבל דא"ק נחלק לפנימי וחיצון, כאשר ההבל החיצוני דחיצוני הוא השערות עצמם, וההבל הפנימי דחיצוני הוא השפע היוצא מנקבי השערות.

45

יפה שעה)א(- לכן נתחיל מן האזנים ולמטה כו'. הנה יציאת אורות הב"ן וכן יציאת אורות המ"ה. לקמן כל הספר מלא, ומתבאר בדבר רז"ל על ידי מה הוכרחו לצאת אורות הב"ן על ידי הצמצום, והפרסא, ועליית מ"ן, והזווג. וכן אורות המ"ה לא יצא אלא על ידי עליית מ"ן וזווג. לא כן ביציאת אורות אח"פ, לא שמעינן מדברי רז"ל שהיה על ידי שום ענין מאלו. והוא זה לשונו בשער הנקודים פרק ב' כתב ז"ל - גם תבין כי בכל בחינת הוצאת אורות חדשים היה קודם להם ענין הצמצום יע"ש. והרי אורות אח"פ בודאי בתחילה יציאתם אורות חדשים היו. ומאן ליהיב חכמתא לחכמין יאיר לנו עינים כיר"א)ולענ"ד כבר כתבו לעיל בשער אח"פ פרק ב']עיין לעיל בהגהות[דבאורות אח"פ אין צמצום ואין פרסא ואין שייך שם כל זה. ש"ש(.

מקום בינה ד"ב אות ט"ו – טעם למה נתפשטו למטה הוא, כי מטבע האור הוא להשפיע, ועוד כי מצא שם אור החוטם ודיקנא ונתחבר עמהם, ועוד כדי שלא להתרחק מן מקורו, דהינו מגוף א"ק.

46

בית לחם יהודה ש"ה פ"א - ונאמר כי הנה דרך נקבי אזנים שבו יוצא אור מפנימיות הא"ק הזה. מה שלא הוצרך בחינת צמצום ליציאת אורות אח"פ, ודיקנא, ואורות הע"ב דשערי רישא, כדרך שהוצרך בחינת צמצום ליציאה אורות מ"ה וב"ן, הטעם הוא כי מ"ה וב"ן מקומם הוא למטה מהטבור, וכדי לעלות למעלה ממקומם, כדי לצאת מן המצח והעינים, משם הכי הוצרך להם בחינת הצמצום, משאין כן באורות הע"ב והאח"פ, שבלאו הכי הם עומדים למעלה קרוב למקום מוצאם, לכן לא הוצרך להם בחינת צמצום, ועיין עוד בפרק ב' דשער ח' ד"ה גם תבין וכו', ששם כתבנו תירוץ אחר.

47

יפה שעה)ב(- ופשוט הוא שבצאתו לחוץ מתעבה קצת ונמצא כי אור שנשאר בפנימית א"ק הוא יותר טוב וגדול מזה האור היוצא לחוץ ממנו כו'. ואף על גב שבכל מקום אור המקיף הוא יותר גדול מאור הפנימי, כמ"ש רז"ל בכמה מקומות, ולקמן שער העקודים פרק ב' יע"ש. יש לומר דהיינו דוקא כשהמקיף הוא מקיף בבחינת חיה, שנר"ן פנימים, וחיה בבחינת מקיף. אבל אורות אח"פ אינם מקיפים בבחינת חיה כנודע.

48

בערכין אור דפנימיות א"ק נקרא ג"ר, והאור היוצא החוצה נקרא ו"ק.
תרשים א – י"ד.

שֶׁל אִ"ק הֹזֶה[49], וזֶה פָּשׁוּט. וְהִנֵּה כַּאֲשֶׁר יָצָא הָאוֹר דֶּרֶךְ נִקְבֵי הָאֹזְנַיִם, מאוזן הַיְמָנִית ומאוזן הַשְׂמָאלִית, נִתְפַּשְׁטוּ הָאוֹרוֹת הָאֵלוּ מבֹזֶוַוֹץ לא"ק בִּמְקוֹם הָאָזְנַיִם הימנית והשמאלית דא"ק, עַד מְקוֹם שֵׁבוֹלֶת הַזָּקָן[50] שהוא הסנטר דא"ק, וְנִמְשַׁךְ[51] בְּהִתְפַּשְׁטוּתוֹ מִנֶּגֶד[52] הִתְפַּשְׁטוּת שֵׂעַר הַזָּקָן ר"ל שההבל היוצא מהאוזנים, חופף על בחינת

49

תמיד בחינת האור יותר גדולה מבחינת הכלי, כמו שהנשמה גדולה במעלתה מהגוף. וכל זה באותו שעור קומה, אבל הכלים של שעור קומה עליון גדולים מהאורות של שעור קומה היותר תחתון. יוצא מזה כי נשמת הרשע הכי גדול בישראל, גדולה יותר מהגוף של הצדיק הכי גדול בישראל!!!!.
הבעל שם טוב אומר - הלוואי שהייתי אוהב את הצדיק הגדול ביותר, כמו שאלוקים אוהב את הרשע הגדול ביותר.

50

שבולת הזקן היא הנקודה בה לחי ימין מתחבר עם לחי שמאל, ונקרא סנטר.
גמרא מכות ד" כ ע"ב - ומשחית פאת זקנו, ת"ר פאת זקנו סוף זקנו, ואיזהו סוף זקנו, שבולת זקנו.

51

בית לחם יהודה ש"ה פ"א - ונמשך בהתפשטותו מכנגד התפשטות שער הזקן הצומח בלחיים. כי גם בא"ק איכא בחינת דיקנא, כמבואר במ"ב שבסמוך, שכתב - ואחר כך הוציא שערות הזקן הנמשכים מן ס"ג וכו', וכן כתב בפרק ו' דשער ט' וז"ל - ושערי דיקנא הם מאח"פ וכו', ואף על פי שגם שערי דיקנא הם מס"ג כמו אורות אח"פ, מכל מקום יש ביניהם הפרש, דשערי דיקנא אינם יוצאים דרך נקבים אלא הם נוקבים ויוצאים מבחינת עור הפנים, כמבואר בריש פרק ב' דשער ח', שכתב וז"ל - ואף על פי שאמרנו שהאורות יוצאים דרך נקבי אח"פ זה עיקר האורות, אבל ודאי שגם דרך כותלי דופני של זה הא"ק בוקע ויוצא אור, יעו"ש.

52

יש מחלוקת בן רבותינו המפרשים אם ההבל היוצא דרך האזנים הוא הזקן עצמו, או הזקן הוא בחינה אחרת, וכאן אחת הראיות שיש הבדל בן שערות הזקן לבין אורות היוצאים מהאוזנים. והרב השד"ה מסכם את השיטות של רבותינו המפרשים.
איפא שלמה ד"א ע"ב אות ג' - ד"ה מכנגד התפשטות דרך שער הזקן וכו'. עיין להרב חסדי דוד אות ט', שכתב שם כי מע"ב המגולה דס"ג יצאו אורות אח"פ ושערות הזקן וכו', יעו"ש. משמע שהזבין שערי דיקנא לחוד ואורות אח"פ לחוד, וכך כתב הרב יפה שעה ז"ל בשער טנת"א פרק א' אות ג', דלא כהגהת א"מ, ודלא כהרב עטרת יוסף פרק ג' בפרישה, וגם דלא כהרב טעם עצו ז"ל, ודלא כהרב שפת אמת ד"ד ע"ג, שכתבו ששערות הדיקנא הם עצמם אורות אח"פ. ונראה לי שטעמם הוא ממה שכתב הרז"ל בשער טנת"א מ"ב, ובשער השבירה ריש פרק ו', וז"ל - ושערות הדיקנא הם מאח"פ וכו', יעו"ש. אכן נראה שאינה כן כונת רז"ל, אלא כוונתו היא לומר שהם יוצאים ועומדים במקום אח"פ, ודקדק רז"ל בלשונו בשער השבירה הנזכר, שכתב והם נכללות במזלא דדיקנא דא"א, והבן זה מאד, עד כאן לשונו. ור"ל כי כמו שדיקנא דא"א דאצילות, ואבא ואימא הם ב' בחינות, רק שאבא ואימא הם נכללים בדיקנא דא"א, הכי נמי כאן שהאח"פ שהם בחינת בינה דא"ק, נכללים בשערי דיקנא דא"א דא"ק, המסתיימת עד הטבור, על דרך שהוא באצילות, שהרי עיקר שערי דיקנא הם ממותרי מוחא נפקי, שהוא מוחא סתימאה, כמו שכתוב בשער א"א פרק ח', ואורות אח"פ הם מס"ג שהיא בינה, כמו שכתוב בשער אח"פ פרק ג' ופרק ד', יעו"ש. אלא שהדיקנא עומדת במקום אח"פ, כמו שדיקנא דא"א חפייא על או"א עד הטבור. ועוד ראיה ממה שכתוב בסמוך, שאור האוזן אינו דבוק ונוגע בפנים עצמם, ואם אורות הדיקנא הם עצמם אורות אח"פ הרי הם צומחים בפנים עצמם, ואיך כתב אינם נוגעים. ומה שכתב הרב חסדי דוד באות הנזכר, דמע"ב דס"ג יצאו שערות הדיקנא ואורות אח"פ, לאו למימרא ששערי דיקנא מעצמות אור אח"פ יצאו, אלא ר"ל שיצאו במקום שיוצאים אורות אח"פ, אבל השערות עצמם הם יצאו ממוחא סתימאה, וכך כתב הרב יפה שעה בסוף אות הנ"ל, כנלע"ד. ועיין בהגהות וביאורים שעל ע"ח בפרקין אות ג', ובהרב שמן ששון ז"ל שם אות ז', שהבינו בכוונות הרב יפה שעה ז"ל כוונה אחרת, ואינה כן כוונת הרב יפה שעה.

הזקן דא"ק, והוא לא הזקן עצמו, **הַצוֹמֵחַ בלֶחָיַיִם בְּצִדְדֵי הַפָּנִים** דא"ק, **וּכְנֶגְדוֹ** נגד הזקן **נִתְפַּשֵׁט וְנִמְשָׁךְ אוֹר הַזֶּה** של הבל האוזנים **עַד שֶׁמַגִּיעַ לְמַטָּה בְּשִׁבּוֹלֶת הַזָּקָן** שהוא הסנטר דא"ק, **וְשָׁם מִתְחַבְּרִים הָאוֹרוֹת הַיּוֹצְאִים מִבּ' נִקְבֵי הָאָזְנַיִם** רק בבחינת הארה, **אָמְנָם לֹא נִתְחַבְּרוּ** הבל האוזן הימני עם הבל האוזן השמאלי **בְּחִבּוּר גָּמוּר, אֲבָל נִשְׁאַר** [53] **בֵּינֵיהֶם חָלָל מְעַט** [54] שגרם שלא יהיו כלים באורות האוזן דא"ק, אבל שורשי כלים כן היו [55]. [56] **וְדַע כִּי הָאוֹר הַזֶּה אֵינוֹ דָבוּק וְנוֹגֵעַ בְּפָנִים** דא"ק **עַצְמָם, אֲבָל חוֹפֵף וְסוֹכֵךְ עֲלֵיהֶם** [57], **וְלֹא נִתְפַּשֵׁט הָאוֹר הַזֶּה** היוצא מנקבי האוזנים, **לֹא לַאֲחוֹרֵי הַפָּנִים** שהוא העורף, **וְלֹא**

53

בית לחם יהודה ש"ה פ"א - אבל נשאר ביניהם חלל מעט. כדי שלא יתחברו האורות ויכו זה בזה, ויתהווה מהם בחינת כלי כמבואר בסוף הדרוש.

54

תרשים א – ט"ו.

55

ע"ח ש"ד פ"א די"ח ע"א - כאשר האורות נתפשטו מאוזן וחוטם עד נגד הפה, ששם התחברות כל ההבלים, ואז במקום שמתחברים, יש לכולם בחינת נפש, לפי שאין הבל האזן יכול להתחבר להבל פה, אלא בריחוק מקום, וכן הבל החוטם. אלא שאין צריך ריחוק מקום כל כך, כמו הבל האזן, כדי להתחבר להבל הפה ועל ידי הסתכלות העינים, ובהכאה שהכה בהבל הזה **נעשה הכלים.**

56

יפה שעה)ג(– ודע כי האור הזה אינו דבק ונוגע בפנים עצמן אבל חופף וסוכך עליהם כו', ואף על פי שרז"ל לקמן במ"ב כתב ז"ל - ואחר כך הוציא שערות הזקן הנמשכין מס"ג עצמו. אלמא אורות אח"פ זקן קרי להו, שהוא סוד זקן]עיין חסדי דוד אות כ', דס"ג הפנימיים שהוא טעמים דס"ג הוציא ב' אורות לחוץ, היינו אורות הזקן, וגם כן הוציא תחילה אורות אח"פ עד טבורו. ומה שכתב בשער השבירה וז"ל - ושערות הדיקנא הם מאח"פ כו', פירוש דמשם הוא מתחיל לצמוח אבל באמת הם שני הם בחינות. ש"ש[. ואנו רואים בעינינו כי הזקן גדל וצומח בלחיים. ואין לך דבקות גדול מזו. ומכל מקום עיקר מקום הזקן אינו אלא מאורות מוחא סתימא דבגו רישא, כאשר הרחיב רז"ל ביאורה בשער א"א, יע"ש. ויש בה י"ג תיקוני דיקנא קדישא. וכנראה שגם פה בדיקנא קדישא דא"ק איתנהו לאותם התיקונים, שהרי לעיל בשער אח"פ פרק ב' כתב רז"ל שאורות החוטם נמשך ויוצא לחוץ, דרך ההיא אורחא שבשפה העליונה, שהוא תיקון הג'. ושאורות הפה נמשך ויוצא לחוץ דרך ההוא אורחא שבשפה התחתונה, שהוא תיקון ה'. מכל זאת מתבאר בהדיא, היות י"ג תיקוני דייקנא קדישא גם בא"ק. מכל מקום מקום אורות האזן הוא נמשך דרך הדיקנא עד שבולת הזקן, ואינו עצמות הדיקנא. לכך אינו דבק ונוגע בפנים עצמן. ודיקנא קדישא דא"ק אם רז"ל לא הורצה לדבר, אנן יתמי דיתמי מה נענה בתריה, אלא רחמין למבעי. ועיין מה שכתב רז"ל בשער מ"ד ומ"ן פרק א' בדיקנא קדישא דא"א, מעיקרא מאיזו בחינה נתקנה. ומהו פירוש ממותרי מוחא. ובמקום גבוה כזה באמת אמרו יפה מדבוריך שתיקותיך, ודי בזה.

57

הגהות וביאורים)ג(- הנה המדקדק בדברי רבינו יראה דמע"ב ס"ג המגולה יצאו ב' בחינות, היינו אח"פ, וגם שערות הזקן. וכן נראה ממה שכתב כאן וז"ל - כי האור הזה אינו דבק ונוגע בפנים עצמן, אבל חופף וסוכך עליהם, עד כאן. ואם תאמר דהם הם אורות אח"פ ושערות הזקן, כיצד כתב דהם חופפים, הרי הם הם עצמן שמע מינה, דתרי מילי נינהו, אורות אח"פ, ושערות הזקן. וכן כתב בהדיא הרב חסדי דוד)אות ט(וז"ל א"ק וכו', ומע"ב דס"ג המגולה יצאו אורות אח"פ, ושערות הזקן, והלבישו מאוזן עד הטבור עיין שם. נמצא דהם ב' בחינות. ומה שכתב מן ס"ג עצמו הכולל הנקרא נקודים כו', ונמשכים תחלה סוד הטעמים דס"ג, שהוא אח"פ, עד טבורו עד כאן. לאו למימרא דאורות אח"פ זקן קרי להו, וכמו שהבין הרב יפה שעה בפירקין, יע"ש. דאינו כן אלא שם ס"ג הוציא ב' בחינות, אח"פ והזקן, להכי קאמר והוציא שערות הזקן וכו', ונמשכים תחלה סוד הטעמים דס"ג, שהוא אח"פ, זה פשוט. ש"ש.

בְּכָל הַפָּנִים, [ד"כ ע"ד 40] **רַק בְּצִדְדֵי הַפָּנִים לְבַד כנ"ל** כמו הזקן המתפשט רק בצדדי הפנים. **וּבְזֶה תָּבִין הַקְדָּמָה אַזֹּאת, וְהוּא כִּי בִּבְזִינַת הָרֹאשׁ** שהיא הקרקפתא, מקום שהשערות צומחים **אֵין אָנוּ מַזְכִּירִין לְעוֹלָם בְּזִינַת אַזֹור וּבְזִינַת פָּנִים** כי כל השערות יוצאים מאותו גודל של נקבוביות, לכן כל האור היוצא משם הוא שווה, ובאור שהוא שווה לא שייך פנים ואחור, **לְפִי שֶׁבַּמָקוֹם שֶׁאֵין שָׁם נְקָבִים וְחַלּוֹנוֹת** כמו בחלק הפנים מהאוזנים ולמטה, שיש במקום זה חלונות ונקבים גדולים וקטנים, כמו האוזנים, העינים, חוטם, פה, ומנקבים אלו יוצא שפע אור במידה גדולה ושונה, לכן בנקבי הפנים יש בחינת פנים ואחור, לכן **אָז יוֹצֵא** מהקרקפתא **הָאוֹר שָׁוֶה מִכָּל צְדָדָיו, וּמֵאִיר בְּשָׁוֶה** לכן אין בקרקפתא בחינת פנים ואחור. **אָמְנָם כְּשֶׁמִּתְחַזֵּיל בְּזִינַת הַנְּקָבִים כְּגוֹן** מהעינים שהם בחינת חיה ולמטה נשמה **וּמֵהָאָזְנַיִם** שהם בחינת נשמה **וּלְמַטָה**[58]**, אָז יֵשׁ בְּזִינַת פָּנִים וְאַזֹור** בנקבי הפנים, הרב ז"ל עולה למדרגה יותר גבוהה ממדרגת העינים והאוזנים, **כִּי הַמֵּצַח**[59] **נִקְרָא פָּנִים** והוא שורש לאורות עסמ"ב דע"ב דס"ג, והוא בחינת היחידה, **וְהָעוֹרֶף נִקְרָא אַזֹור** בערך המצח[60], **לְפִי שֶׁכָּל הַנְּקָבִים הֵם מַמְשִׁיכִים** עצמות **הָאוֹר לַזֹור** מתוך פנימיות א"ק **דֶּרֶך** נקבי הפנים, **וּמַה שֶׁאֵין בּוֹ נְקָבִים** כמו העורף **יִקָּרֵא אַזֹור, אֲבָל עִם כָּל זֶה מִן הָאָרַת**[61] שהיא מלכות **הָאוֹר הַזֶּה** שיוצא דרך נקבי הפנים, **מִתְפַּשֵׁט וּמֵאִיר בְּכָל סְבִיבוֹת**

58

אורות העינים הם יותר גדולים מאורות האוזנים, אורות העינים הם ע"ב דע"ב דס"ג, ואורות האוזנים הם ס"ג דע"ב דס"ג.
תרשים א – ט"ז.

59

יש כאן קושיה גדולה, ומבשרי אחזה אלו"ה, כי במצח אין נקבים וחלונות, אפשר לתרץ כי במצח יש נקבוביות, שיוצא מהם זיעה, אבל גם בעורף יש נקבוביות. עד עכשיו דיברנו על ארבע בחינות שהם עסמ"ב, והם נרנ"ח, והם טנת"א, אבל ידוע כי כל שעור קומה כולל חמש בחינות, שהם נרנח"י, כאשר אור היחידה הוא נעלם והוא **שורש** לשאר הבחינות. גם בבחינת אורות היוצאים דרך נקבי הפנים שהם נקראים עסמ"ב דע"ב דס"ג, יש שורש והוא בחינת המצח, והמצח הוא בחינת **שורש לאורות היוצאים מהפנים**, והוא שורש לאורות עסמ"ב דע"ב דס"ג.
תרשים א – י"ז.
מקום בינה ד"ב אות ט"ז – אף על פי שהמצח אין בו נקב, ונחשב לראש, עם כל זה כשנתחיל מנקבי האזנים נראה שיש גם כן מהמצח למטה מנקבי האזנים, ושם יצדק בו פנים ואחור. ועוד כי סוד ע"ב שבראש הם השערות לבד, אך מהמצח ולמטה הוא **שורש ס"ג מהפנימיות**, ולכן יצדק בחינת פנים ואחור, וטעם היות מצח למטה מהאזנים נתבאר במבוא שערים פרק ז'.
כלל – בחינת כתר שהוא בחינת היחידה, הוא שורש בכל מקום.

60

בגוף האדם נראה כי העורף עומד מתחת למצח בצד האחור, אבל לאו דווקא, העורף הוא לא רק המקום המגולה משערות, אלא כל החלק האחורי של הראש. גם במקום השערות.
גמרא חולין די"ט ע"ב - מאי עורף אילימא עורף ממש מאי אריא שוחט אפילו מולק נמי, ממול עורף אמר רחמנא, ולא עורף אלא מאי עורף ממול עורף כדקתני סיפא **כל העורף כשר למליקה** מנהני מילי דתנו רבנן ממול ערפו מול הרואה את העורף וכן הוא אומר והוא יושב ממולי, ואומר כי פנו אלי עורף ולא פנים.

61

הארה היא בחינת עשירית האור, והיא נקראת מלכות.

א"ק הזה,[62] **אבל עיקר** עצמות **האור** שיוצא מנקבי האוזנים **אינו רק** מה שכנגד האוזן, כנגד דרך הפנים, עד שבולת הזקן. והנה בזה האור יש בבזיונת י' ספירות שלימות באופן[63] זה. כי[64] מאוזן ימין נמשכת י' ספירות מבזיונת אור מקיף, ומאוזן שמאל י' ספירות מבזיונת אור פנימי,[65] וב' בזיונות אלו הם י' ספירות שלימות.[66] **והנה אוזן** גימטריא נ"ז,[67] שהוא שם ס"ג זוסר ה' אזרונה והוא יו"ד

כלל – מלכות נקראת הארה.
62

הגהות וביאורים)ד(- ובודאי שגם דרך כותלי ודופני הגוף בוקע ויוצא האור המאיר בהם תמיד, כנזכר לקמן שער ח' פרק ב' בתחילתו, מהרא"ש.
63

יפה שעה)ד(– בזה האופן. כי מאוזן ימין נמשכו י' ספירות מבחינת אור מקיף, ומאוזן שמאל י' ספירות מבחינת אור פנימי כו'. לדעתי היא לשון מושאל, כי מקיף ופנימי שייך להקרא כשמקצת האור תוך הכלי, ומקצתה חוץ לכלי, אז שייך להקרא לאור שבתוך הכלי אור פנימי, והאור שחוץ לכלי אור מקיף, מה שאין כן כאן, כי תרייהו ממקום אחד חוצבו, וייצאים מאור פנימי שבתוך גוף א"ק, ומקיפים לו בשני צדדי הפנים, ואם כן במה התעלה חד מחברתה להקרא זאת בחינת פנימי, וזאת בחינת מקיף. אלא מחמת שיש לחדא עדיפות על חברתה, כי זאת מצד ימין, וזאת מצד שמאל, ולעולם הימין עדיף, כנודע בפרקין הבאים. ואורות לא תואר אחר, אלא פנימי ומקיף. לכך קורא לזאת פנימי]ולזאת מקיף[.
64

בית לחם יהודה ש"ה פ"א - כי מאוזן ימין נמשכת מבחינת אור מקיף. עיין להרב יפה שעה שכתב כי פנימי ומקיף שייך להקרא כשמקצת האור הוא תוך הכלי, ומקצתו תוך לכלי, מה שאין כן כאן כי שניהם ממקום אחד חוצבו מאור הפנימי דא"ק, ומקיפין לו בב' צדדי הפנים, ואם כן במה תתעלה אחת מחברתה, להקרא זאת פנימי וזאת מקיף, אלא משום שיש עדיפות לימין על השמאל, ולא שייך באורות תואר אחר אלא פנימי ומקיף, לכך קורא לזאת פנימי, ולזאת מקיף, יעו"ש. וכן כתב בהגהות ע"ח שבסוף מבוא שערים אות י"ז, וז"ל - אלא שלהיות אורות לימין במעלה יותר נקראים מקיף, והשמאל נקראים פנימי, יעו"ש. ובתירוצם ז"ל יתיישב נמי מה שיש לומר כי בפרק א' דאח"ף כתב רז"ל, כי הבל אזן ימין שורש הבינה, והבל אזן שמאל שורש התבונה, יעו"ש. והיכי כתב הכא שהם אור פנימי ואור מקיף, והא אין בינה נעשת אור מקיף לתבונה, ולפי דבריהם ז"ל ניחא, כי הוא לשון מושאל לעדיפות הימין מהשמאל. ובעיקר קשייתם ז"ל נראה לי לתרץ, כי באמת אלמלא היו יוצאים קרובים אורות האזן זה זה לזה, אז היו מכין זה בזה ונולד מהם בחינת כלי, כדמשמע מלשון רז"ל שבסמוך, ואז היו אורות האזן בחינת אור פנימי, ואור מקיף לאותו כלי, ולכן אף על פי שעתה יצאו רחוקים זה מזה, לא יעקר שם אור פנימי ואור מקיף הראוי אליהם, שאם אינם אור פנימי ואור מקיף אם כן היכי הוה מתייליד מהם כלי, בקרבתם זה לזה.
65

ידוע כי אין למעלה ימין ושמאל, וכדי לשכך את האוזן הרב ז"ל משתמש במוסגים אלה כדי להראות ההבדל בשפע שהוא אור מקיף, לשפע שהוא אור פנימי, לאור המקיף הוא קורא אוזן ימין, ולאור הפנימי הוא קורא אוזן שמאל. גם ידוע כי יש ג' בחינות שהם, כלי, אור פנימי שבתוך הכלי, ואור המקיף את הכלי, **ולעולם האור המקיף גדול מהאור הפנימי.**
ע"ח ח"ב שמ"ד פ"ו ד"ק ע"ג - גם דע כי לעולם אור המקיף גדול מאור המוקף שהוא הנקרא אור פנימי מאד מאד, והוא נשמה לו.
66

אורות האוזן מתפשטים מהאוזן עד שיבולת הזקן בשיעור קומה של י' ספירות, כאשר מהאוזן עד החוטם חב"ד דאור האוזן, מהחוטם עד הפה חג"ת דאור האוזן, מהפה עד שיבולת הזקן נה"י דאור האוזן. וכן בחוטם, מהחוטם עד הפה חב"ד דאור החוטם, מהפה עד שיבולת הזקן חג"ת דאור החוטם, ומשבולת הזקן עד החזה נהי דאור

ה"י וא"ו ה"ה, **כי מכאן מתוזיל השם ס"ג** מהאוזן[68] כנ"ל, וענין זה יתבאר בע"ה. **והנה האורות** האוזנים דא"ק האלו הם בבזיגת טעמים של שם ס"ג עליונים[69], **אשר הם למעלה** מעל האותיות כנ"ל. והנה עדיין באלו האורות של האזנים דא"ק **לא**[70] **נתגלה בהם בבזיגת** אלא רק בחינת שורש הכלים **כלי כלל וכלל**[71] מפני שאור אוזן הימנית, שהוא אור מקיף, לא בטש באור אוזן שמאל, שהוא האור הפנימי[72]. **גם דע כי י' ספירות אלו** דאוזן **יצאו מקושרים בתכלית התקשרות, ולא ניכר** ההנהגה **בהן** מפני שהם בבחינת שורש **רק שיכולן בבזיגת ה' אזנת**[73] ובעולם האצילות, שהוא בחינת ענפים לאורות אח"פ דא"ק, תתגלה

החוטם. וכן בפה, מהפה עד שיבולת הזקן חב"ד דאור הפה, משבולת הזקן עד החזה חג"ת דאור הפה, ומחזה עד הטבור נה"י דאור הפה.
תרשים א – י"ח
67

כמו שלמדנו בע"ח כל שער ד'.
68

באמת שם ס"ג מתחיל יותר גבוה מהאוזניים, כי האוזניים הם בחינת ס"ג דע"ב דס"ג, והם בחינת נשמה. לעומתם העיניים הם ע"ב דע"ב דס"ג, והם בחינת חיה, מעלתם יותר גבוהה מבחינת האוזניים, ויש את בחינת השורש דס"ג שהוא במצח, והוא בחינת היחידה. והסיבה שהרב ז"ל כותב כי שם ס"ג מתחיל מהאוזניים היא, כי רק מבחינת האוזן ולמטה הרב ז"ל מבאר, ואת אורות העין והמצח הוא מעלים. יש כלל חשוב ביותר שבספר אוצרות חיים, אף פעם הרב ז"ל לא מדבר על אורות המצח והעיניים, ומעלים אותם, ודרוש זה הוא מ"ב שהוא מאוצרות חיים.
תרשים א – י"ט.
כלל – בספר אוצרות חיים לא מבוארים אורות המצח והעינים.
69

למדנו כי שם ס"ג מתחלק לטנת"א, ועוד למדנו כי הטעמים מתחלקים לטעמים עליונים, אמצעיים, ותחתונים. הטעם העליון של שם ס"ג הוא יוצא דרך האוזניים. ונקרא טעם עליון דס"ג, או ס"ג דע"ב דס"ג.
תרשים א – כ.
70

בית לחם יהודה ש"ה פ"א - לא נתגלה בהם בחינת כלי כלל וכלל. ומה שכתב בפרק ג' דאח"ף כי היו עשרה כלים להבל האזן ונזכר, כבר כתבנו שם שהיא לסברת רבינו גדליה הלוי ז"ל.
71

כמו שבעולם הגשמי, כדי שהוציא ולד לאויר העולם, צריך חיבור של שני שפעים, שהם זכר ונקבה, כך נולדים כלים בכל א"ק ואבי"ע, כאשר האור המקיף הוא בחינת חיה, שהיא בחינת הזכר, מכה באור הפנימי שהוא בחינת נר"ן, ונר"ן הם נקבה ביחס לחיה.
ע"ח שי"ב פ"ד דמ"ח ע"ג - שום כלי כלל, שכאשר לא יש אור פנימי ואור מקיף **להכות זה בזה**, אינו נולד ומתהווה בחינת כלי כלל.
כלל – כחי נולד מהכאת אור מקיף באור פנימי.
72

יש קושיה, איך הרב ז"ל קורא לאור אחד מקיף ולשני פנימי, הרי מה שעושה את האור פנימי או מקיף הוא הכלי עצמו, כאשר מה שבתוך הכלי נקרא פנימי, ומה שמקיף את הכלי נקרא מקיף. אפשר לתרץ כי באמת אין כלים, אבל שורשי כלים יש, ומה שמבדיל בין האור המקיף לאור הפנימי הם שורשי הכלים. או אפשר לתרץ שהלשון כאן היא מושאלת על שם העתיד.
73

31

הנהגת עשר הספירות, והפרצופים, **כי אות ה' כשתתחבר עם אוֹן** שהיא גמטריא נ"ח, הכל ביחד אות ה' עם אוֹן **גימטריא ס"ג, ומציאת ה' זו היא בבזינת העשר ספירות שנכללין בה'** כי ה' צורתה היא ד"ו, **ושרשם המה ה' פרצופים א"א, או"א, זו"ן, ועדיין לא ניכר בהם בבזינת עשר** ספירות, **רק היותם בבזינת ה' פרצופים האלו לבד** כי מה שנראה היא אות ה', אבל בתוכה כמוסים עשר ספירות, **ואפילו אלו הה'** פרצופים **לא היו ניכרות ונפרדות זו מזו, אלא כולם היו קשורים באות שהיא ה', כי צורת ה' זו היא צורת ד"ו גימטריא עשר, להורות על היותם י' ספירות כלולים בה'** הנ"ל, **ועדיין כולם** כל עשר הספירות, וחמשה הפרצופים **נקרא** צ"ל נקראים **אות ה' לבד. ואלו העשר ספירות** דאוזנים **באו מרוזקים אור פנימי מן אור מקיף שלו, הרוזק גדול** ממקור יציאתם, כי המרחק בין אוזן אחת לשניה גדול מהמרחק של עין אחת לשניה, ומנקב חוטם אחד לשני, **והטעם לפי שאם היו** אורות האוזנים **קרובים יותר** והיו נפגשים, היה מכה האור הפנימי באור המקיף, **לא** היו יכולים[74] התחתונים **לקבל האור כלל**[75] צ"ל)והיא הנוסחה באוצרות חיים(**והסיבה הוא כי אם היו מתקרבים יותר, לא היו יכולין התחתונים לקבל האורות האלו כלל, ומזה נמשך ענין אחר והוא כי הנה עיקר הוית הכלים הוא על ידי הכאת ובטישת ב' אורות האלו, שהם המקיף והפנימי יחד זה בזה, ומבין ב' בולד הוית הכלים, ולפי שכאן באו מרוחקים זה מזה כנזכר, ולא עוד אלא שאפילו בסיום התפשטותם בשבולת הזקן לא נתחברו יחד לגמרי כנ"ל, לכן נשארו האורות האלו בלתי כלים כלל, ולהיות כי בא אור פנימי ואור מקיף מרוזק זה מזה, לכן**[76] **לא היה בהם מציאת כלי כלל** אלא רק שורש כלי, **כמו שהיה למטה בבבזינת הפה.**

דרוש זה מקורו מספר אדם ישר וצריך לכתוב מ"ב בראש הדרוש.

יציאת אור האוזן היה בעל שעור קומה שלם, שהוא הוי"ה, והוא עשר ספירות. במונחים של פרצופים עשר ספירות הם ה' פרצופים. אות ה' עצמה רומזת במספרה לחמשה פרצופים שהם א"א, או"א, וזו"ן. וצורת אות ה' היא ד"ו, שרומזים לעשר הספירות שבה.
תרשים א – כ"א.

74

בית לחם יהודה ש"ה פ"א - לא היו יכולים **התחתונים** לקבל האור. כך צריך לגרוס, וכן הוא באוצרות חיים, ובשער הקדמות די"א ע"ד.

75

הגהות וביאורים)ה(- בשער ההקדמות מצאתי כתוב כזה, והסיבה הוא כי אם היו מתקרבים יותר, לא היו יכולין התחתונים לקבל האורות האלו כלל, ומזה נמשך ענין אחר והוא כי הנה עיקר הוית הכלים הוא על ידי הכאת ובטישת ב' אורות האלו, שהם המקיף והפנימי יחד זה בזה, ומבין ב' בולד הוית הכלים, ולפי שכאן באו מרוחקים זה מזה כנזכר, ולא עוד אלא שאפילו בסיום התפשטותם בשבולת הזקן לא נתחברו יחד לגמרי כנ"ל, לכן נשארו האורות האלו בלתי כלים כלל, עכ"ל.

76

בית לחם יהודה ש"ה פ"א - לכן לא היה בהם מציאות כלי כלל. לפי זה צריך לומר שלא היו התחתונים יכולים לקבל האור אפילו על ידי מציאות כלי, שאם לא כן הוה להו לצאת קרובים ויהיה להם בחינת כלי, ועל ידי זה יהיו יכולים התחתונים לקבל האור.

דרוש זה כולל הקדמות וכללים חשובים לרוב הסוגיות ולהמשך הלימוד בספר הקדוש עץ חיים ושאר הכתבים של האר"י ז"ל, דרוש זה הוא רב התועלת ותכלית מסקנתו של הרב חיים ויטאל ז"ל בענין יציאת העולמות מא"ק, מקרה המלכים, ועולם התיקון, קבלת מוחין, סוגית המקיפין, ועוד. דרוש זה הוא קיצור של כל ע"ח, וכל ע"ח כלול בו.

מ"ב [77] **ודע** כי ד' **בחינות כוללים כל ד' עולמות** אבי"ע, **והם ע"ב** שם **יו"ד ה"י וי"ו** ה"י, שם **ס"ג** יו"ד ה"י וא"ו ה"י, שם **מ"ה** יו"ד ה"א וא"ו ה"א, ושם **ב"ן** יו"ד ה"ה ו"ו ה"ה, **והם** שמות עסמ"ב **עצמם נקראו טנת"א** [78], [דכ"א ע"א 41] **וכל אחד** משמות עסמ"ב בפרטות והטנת"א **כולל** בתוכו **ארבעתן** ר"ל כל אחד מהעסמ"ב הכוללים, יש בו עסמ"ב וטנת"א פרטים [79]. שם **ע"ב** הכולל **יש בו** בפרטות שם **ע"ב וטעמים**, ויש בו שם **ס"ג ונקודות**, ויש בו שם **מ"ה ותגין**, ויש בו שם **ב"ן ואותיות. וכולם** כל הבחינות האלו של עסמ"ב דע"ב, או טנת"א דע"ב, או עסמ"ב דטעמים, או טנת"א דטעמים **נקרא** צ"ל נקראים **ע"ב, וטעמים. וכן בשם ס"ג** יש לו עסמ"ב דס"ג, שהם טנת"א דס"ג. **וכן בשם מ"ה** יש לו עסמ"ב דמ"ה, שהם טנת"א דמ"ה. **וכן בשם ב"ן** יש לו עסמ"ב דב"ן, שהם טנת"א דב"ן. **גם** [80] [81] **דע** [82] הרב ז"ל מחדש, **כי ע"ב הוא כתר** [83] **וטעמים** כי עד עכשיו למדנו

---

[77]

הגהות וביאורים)ז(– זו המ"ב שייך לקמן פרק ב' משער הנקודים, ד"ה והנה אחר שצמצם.
[78]

עסמ"ב וטנת"א הם אותם מוסגים בערכים שונים.
[79]

תרשים א – כ"ב.
[80]

יוצא שיש ט"ז בחינות שהם עסמ"ב דעסמ"ב, שהם טנת"א דעסמ"ב, והם עסמ"ב דטנת"א, והם טנת"א דטנת"א.
[81]

יפה שעה)א(– גם דע כי ע"ב הוא כתר וטעמים, וס"ג הוא חכמה ונקודות, ובינה תגין ומ"ה, וז"ת ב"ן ואותיות. מזל"ן להכא איירי במדרגת מעלת העצמות המתפשט בפרצופים, כי של כתר הוא ע"ב, והחכמה הוא ס"ג, כו'. ודוקא בא"ק ס"ג הוא חכמה, כדאמר כאן, אבל לרהטן סוגיין בכל מקום יע"ש. לא ידעתי איך פה קדוש יאמר כדבר הזה, שהרי בפרקין עצמו לקמן כתב ז"ל כי עתיק לקח ה' ראשונות מטעמים דב"ן, וג"ר מנקודות ב"ן, וד"ר מתגין דב"ן, וכתרים לאותיות דב"ן וכו'. ואמנם משם מ"ה, עתיק לקח טעמים מ"ה, ואו"א נקודות מ"ה, ואו"א תגין מ"ה, וז"א ז"ת אותיות מ"ה. יע"ש הרי שכשבא לחלק שם מ"ה הכולל ושם ב"ן הכולל בין ה' פרצופים הכוללים כל האצילות, עשה לכתר טעמים, ולחכמה נקודות, ולבינה תגין, ולז"א אותיות. וכזאת כתב רז"ל בשער העקודים פרק ה' ז"ל – ונאמר כי הנה הם טעמים בכתר ע"ב, וס"ג נקודות בחכמה, ומ"ה תגין בבינה, וב"ן אותיות בז"ת, יע"ש. ועיין בשער בריאת העולמות ענף ה' שכתב רז"ל שע"ב הוא באבא, והוא חכמה. וס"ג באימא, והוא בינה. מ"ה בז"א, והוא ו"ק. ב"ן במלכות, וכו'. וכבר רז"ל עצמו כתב בריש שער עתיק, ז"ל – דע כי זה ההסתלקות הוא בענין העשר ספירות עצמם של שם מ"ה, שהם מתחלקים כסדר הזה. אמנם כאשר בחינות אלו מתחלקים בעתיק ואריך אנפין כו', אין הסדר כן. אלא באופן אחר, וזכור הקדמה זו, עכ"ל. באופן שרז"ל עצמו כבר תרץ ליה לקושייתיה.)ולענ"ד עדיין יש לגמגם דמפשט דברי רבינו נראה לכל זה מדבר קודם התיקון, ועדיין לא יצא שם מ"ה החדש. ש"ש(.
[82]

בית לחם יהודה ש"ה פ"א – גם דע כי ע"ב הוא כתר וטעמים. ס"ג הוא חכמה ונקודות. מ"ה הוא בינה ותגין. ב"ן ז"ת ואותיות . כלל זה שכתב רז"ל פשוט הוא, דאיהו שייך בכל עסמ"ב שבכל הפרצופים דאבי"ע, ולא

בא"ק בלבד, כי עדיין לא הזכיר בחינת א"ק רק קאמר סתמא, וכמבואר נמי במ"ב דפרק ב' דשער העקודים, ובפ"א דשער עתיק יעו"ש. והנה עיקר התחלקות הנזכר דע"ב בכתר וטעמים, וס"ג בחכמה ונקודות, וכו'. הוא בתיקונים בתיקון ס"ט דק"ה ריש ע"א, וז"ל - וטעמי אינון מסטרא דכתר, ונקודין מסטרא דחכמה, ואתוון מסטרא דבינה, יעו"ש, ומה שלא נזכרו התגין בתיקונים, כבר כתב רז"ל בפרק ה' דלקמן, יען כי הם והאותיות משתתפין יחד וכו', יעו"ש. אמנם בענף ה' דשער א' כתב היפך מכלל זה, שכתב שם דע"ב הוא באבא, והוא חכמה, וס"ג באימא, והיא בינה, מ"ה בז"א, והוא ו"ק, ב"ן במלכות יעו"ש. ובקושיא זו נתקשה הרמ"ז ז"ל נ"ב מז"ל) (נכתב בציֵדו משה זכות לי נראה(דהכא איירי במדרגת מעלת העצמות המתפשט בפרצוף. (ענין העצמות הוא בחינת אור פנימי של הפרצוף הניתן בו בזמן אצילותו, כמבואר בסוף ענף ב' דשער א', ובראש ענף א' דשער א' ובריש פרק ג' דשער ג' ובריש פרק י' דשער מ' ובכל מקום(, כי של הכתר הוא ע"ב, ובחכמה הוא ס"ג, וכו', ורק בא"ק)מהרש"ך נר"ו(בספרו איפה שלימה שעל אוצרות חיים ד"א ע"ב הגיה ולכן בא"ק יעו"ש. יען כי לא בא"ק בלבד הסדר הוא כן, אלא הוא בכל הפרצופים כולם, כמו שכתוב בתחלת הדיבור. ואני הכותב זוכרני כי בשנת תרמ"ד הובא לידי ספר שו"ת הרמ"ז, וראיתי שהגרסא שם ורק בא"ה וכו', ונראה שהוא ראשי תבות באור העצמות. והוא כמו שכתב בתחלת לשונו והיא גירסא נכונה, רק שהמעתיק שלא הבין מהו בא"ה כתב בא"ק), ס"ג הוא חכמה כדאחר כאן בסמוך. אבל במאי דנקטינן סוגיין בכל מקום כי עסמ"ב הם בחכמה ובינה, וזו"ן או בחכמה ובינה וחו"ג, איירי במוחין המושפעים להזדווג וכו', ופירש מהרש"ך נר"ו שם באש"ל, וז"ל - שאבא שלוקה מכתר נקרא ע"ב על שם המוחין שמקבל מהכתר, שהם ע"ב וכן ישסו"ת שבכללותם נקראים בינה שמקבלים מאו"א עלאין שהם ס"ג גם הם נקראים ס"ג על שם שמקבלים מאו"א וכן זו"ן הגדולים שמקבלים מוחין מישסו"ת נקראים מ"ה על שם המוחין שמקבלים מהם שהם מ"ה, ויעקב ורחל שמקבלים מזו"ן נקראים ב"ן יעו"ש. ועיין להרב יפה שעה ז"ל, מה שהרבה להקשות על דברי מזל"ן, וזהו מסיבת דהוה גריס במזל"ן ודוקא **בא"ק שהוא כמו גירסא ורק וכו'**, וכתב שאין זה בא"ק דווקא, אלא גם בשאר הפרצופים, כן הוא סדרם יעו"ש. אמנם לפי מה שהגיה מהרש"ך נר"ו **ולכן בא"ק וכו'**, נחה שקטה קושיית הרב יפה שעה, והקולות יחדלון וכמבואר שם בדבריו יעו"ש. והנה מה שתירץ הרב יפה שעה ז"ל כי רז"ל עצמו חרץ לקושיא זו בפרק א' דשער עתיק יעו"ש. אחרי נשיקת עפר רגליו, אגב חורפיה לא דק דהתם קושיא אחריתי קא קשיא ליה, והוא כי בזאת אמר שהטעמים הם בכתר, ואיך אנן אמרינן שנקודות דמ"ה הם בכתר שהוא א"א, ועם זה בא לתרץ וכמבואר היטב במבוא שערים די"ב ריש ע"ב יעו"ש. ואינה קושיית מזל"ן כלל. ועוד קשה לדבריו והלא באופן אחר, דפרק א' דעתיק, שלפי דעתו הוא תירוץ לקושיית המזל"ן ז"ל. הרואה יראה שאותו אופן האחר, דהתם הוא ממש כסדר האמור בסוף פרקין דהכא, אשר ממנו הקשה הרב יפה שעה ז"ל למזל"ן, ואם כן היכי הוי הכא קושיא למזל"ן, והתם תירוץ לקושיית המזל"ן, והלא תיסוב קושייתו גם על דברי רז"ל דהתם דאמאי קתני התם הוא באופן אחר, והלא אינם באופן אחר, שהרי כשבא לחלק שם מ"ה ושם ב"ן בכלל עשה לכתר טעמים וכו'. ודברי הרב יפה שעה צריך עיון גדול.

83

הגהות וביאורים)א(- הקושיא מפורסמת וכבר עמדו בזה כל המפרשים. ויש לי בזה דברים ארוכים, ואין כאן מקומו אך העיקר הוא בקיצור נמרץ)על דרך שכתב הגר"א בספירא דצניעותא רפ"א(, כי התחלת האצילות בהעלם הוא מכתר. ובגלוי הוא מחכמה אבא. ולכן בהעלם הוי שם א' ע"ב בכתר, ובשורש יש גם בכתר התחלה ושם, והוא השם ע"ב. והס"ג הוא בחכמה א' אבא, משום ששורשו הוא בהעלם בהרישא תנינא דא"א, אשר שם הוא השם ס"ג, כמו בשער א"א פרק ד'. והשם מ"ה הוא בבינה, משום ששורשה בהעלם הוא בהרישא תליתאה דא"א, אשר שם הוא השם מ"ה, כמו שבשער בא"א פרק ד' שם. והזו"ן הוי שניהם בשם ב"ן, משום שכן הוא שורש שניהם ביחד בהשם ב"ן שבאמא, וכמו שכתוב בדרושי מ"ן)דרוש ח'(. דלכך הוי השם ב"ן ב' הוי"ת כפולות, אחד נגד ז"א, ואחד נגד מלכות. ואמר שם כי עיקר השם ב"ן נוטל ז"א, דלכך נקרא ב"ן, עיין שם בארוכה. אך כל זה הוא רק בשורשם שבהעלם. אבל גילויים הוא אינו כן. כי הכתר אין לו בגלוי שם כלל, כי הוא אינו נרמז רק בקוצו של יו"ד. והגילוי הראשון דע"ב הוא רק בחכמה אבא, כי כן ממנו הוא ההתחלה והגילוי, דבחינת דוכרא. וגילוי הס"ג הוא רק באימא, כי ממנה הוא התחלת הגילוי דבחינת נוקבא. וכן הגילוי דמ"ה וב"ן הוא בזו"ן, כי בגילוי הם ב' פרצופים בפני עצמם. והוי ז"א השם מ"ה, שהוא עיקר הגילוי דהשמות והאצילות. והנוקבא השם ב"ן, שהוא עיקר המ"ן וכח דהולדה כנודע. כלל הדברים הוא כי בבחינת העלם ותליית הפרצופים בשרשם, הוי ע"ב כ ת ר. וס"ג חכמה. ומ"ה בינה. והב"ן

שהטעמים הם בכתר, ולמדנו כי שם ע"ב רומז לספירת החכמה, כאן הרב ז"ל מודיע כי ע"ב שהוא הטעמים, והוא בכתר[84]. עוד חידוש[85], שם **ס"ג**[86] **הוא** ספירת ה**זזכמה**[87] ו**נ̇קודות**. מ"ה **הוא בי̇נה ותג̇ין**. וב̇ן ז̇"ת שהם חג"ת נהי"ם ו**אותיות**. והנ̇ה[88] **מתזולה** לפני יציאת אורות אח"פ כל העסמ"ב דא"ק [צ"ל ב**תוך א"ק**]. כאן נכנס הרב ז"ל לסוגית שלא קשורה לדרוש הזה[89], סוגיה זאת נקראת חלוקת מ"ה וב"ן לפרצופי האצילות בזמן התיקון, הנזכרת בהמשך הדרוש הזה[90] וסוגיה זאת לא שייכת לחלוקת שעור קומה, **כך,**

זו"נ. אבל בגילוים הוא אינו כן, שהכתר אינו נגלה כלל, וההתחלה הוא רק מחכמה והוי ע"ב חכמה. ס"ג בינה. מ"ה ז"א. ב"ן נוקבא. וכאן הרי מדבר הרב ז"ל בשרשם שבא"ק לכך אמר כי ע"ב כתר כו'.)ה"ר שב"ח(.
84

אות יו"ד דהוי"ה רומזת לספירת החכמה, לפרצוף אבא, ועולם האצילות. קוץ של י' דהוי"ה רומז לספירת הכתר, לפרצוף א"א, וא"ק. יוצא שיש כאן קושיה, איך הרב ז"ל רומז לשם ע"ב שהוא גם חכמה וכתר. התרוץ הוא פשוט, והוא כי אות י' דהוי"ה כוללת בתוכה את הקוץ של י' דהוי"ה, לכן ב' בחינות של כתר וחכמה רמוזות בשם ע"ב ובטעמים. צריך לדעת כי לפעמים הרב ז"ל מדרג את ע"ב והטעמים בכתר, ולפעמים בחכמה, והכל תלוי בסוגיה שהרב ז"ל מבאר.
תרשים א – כ"ג.
ע"ח ח"ב שמ"ב פ"א דפ"ט ע"א - הנה יש מאציל ונאצל, והנאצל יש בו ד' יסודות אש, רוח, מים, עפר, והם ד' אותיות הוי"ה, והם חו"ב תו"מ. והנה הם טנת"א, והם הם אבי"ע.
נהר שלום די"א ע"א - וב' נצוצות אלו נקראים בחינת כתר הכולל, והם הנקראים בחינת עתיק ואריך שבכתר, והם קוץ היו"ד דהוי' דהוי"ה, הכולל ובו שורש כל הארבע אותיות דהוי"ה, וממנו נאצלו ד' אותיות הוי"ה, שהם חכמה בינה תפארת מלכות, והם טנת"א, והם הם אבי"ע, והם הם ד' יסודות אש רוח מים עפר.
85

אפשר לפרש סוגיה זאת לפי דרוש הדעת, כאשר הטעמים הם שרשי המוחין והם חב"ד והם בחינת הכתר. הנקודות הם או"א, והם בחינת חכמה. התגין הם ישסו"ת, והם בחינת הבינה. והאותיות הם זו"ן הגדולים והקטנים. כמו שמביא הבית לחם יהודה.
תרשים א – כ"ד.
86

בית לחם יהודה ש"ה פ"א - ס"ג הוא חכמה ונקודות, מ"ה הוא בינה ותגין. חכמה הנזכרת הם או"א עלאין, ובינה הם ישסו"ת, כמבואר בפרק ד' דעקודים.
87

עד עכשיו למדנו כי ס"ג הוא ספירת הבינה.
ע"ח ש"ד פ"ג די"ט ע"א - והענין כי כבר בארנו כי יש בינה ותבונה, בינה אהי"ה דיודין אל"ף ה"י יו"ד ה"י, ותבונה היא שם ס"ג אך עם כל זה, ודאי כי גבוה מעל גבוה שומר, כי יש ס"ג הכולל בינה ותבונה למעלה מאהיה דידי"ן הנ"ל. אשר משם ס"ג זה ולמטה)נ"א ימשכו למטה(בינה אחרת של אהי"ה דידי"ן, ותבונה בשם ס"ג. וכל זה למטה)נ"א למעלה(משם ס"ג העליון כנ"ל.
ע"ח שי"ד פ"י דע"ד ע"ד - הנה בארנו היות ע"ב דיודין בחכמה, וס"ג בבינה, ומ"ה בז"א, וב"ן בנוקבא.
88

בית לחם יהודה ש"ה פ"א - והנה מתחילה היה בא"ק כך. תיבה מתחלה קאי על מאי דמסיים שהיה הס"ג מלובש תוך מ"ה וב"ן וכו', וכאלו הנוסח הוא והנה מתחלה קודם עליית האורות מטבורא דא"ק ולמעלה היה הס"ג מלובש וכו'.
89

ידוע ומפורסם כי הרב חיים ויטאל ז"ל מערבב בין הסוגיות, ובמספר שורות הוא מביא מספר של סוגיות שלא קשורות אחת לשניה, וסותר את דבריו מבלי להתיחס ללמוד. וכל זה כדי להקשות על הלומד, כדי שלא כל אחד יבוא ויבין את עומק הסוד, כי כבוד אלהי"ם הסתר דבר, ורק מי שראוי יוכל לרדת לעומק הסוגיה.
90

ג"ר[91] **כח"ב שבו שהם** בדרך זאת **ע"ב** הוא ב**כתר** דא"ק. וס"ג הוא בזזו"ב דא"ק, עד כאן סוגית חלוקת מ"ה וב"ן[92].

בתחילה יצא חיצוניות שם ב"ן **דרך העינים,** והוא עולם הנקודים שנשבר. אחרי עולם הנקודים יצא חיצוניות מ"ה החדש **דרך המצח,** לתקן את עולם הנקודים. צריך לדעת כי שם מ"ה ושם ב"ן כל אחד מהם הוא בעל שעור קומה של י' ספירות, שכל ספירה נפרטת לי' ספירות פרטיות, כך שלשם מ"ה יש מאה ספירות פרטיות, ולשם ב"ן יש מאה ספירות פרטיות. בעולם התיקון כל פרצוף מפרצופי האצילות)ולא רק בפרצופי האצילות, אלא כל נאצל ונאצל(הוא חיבור של חלקים משם מ"ה , עם חלקים משם ב"ן, כאשר כל פרצוף ופרצוף לוקח חלקים אחרים מפרצוף אחר. חכמה ובינה חלקו את בחינת הבינה דב"ן. לפי חלוקה זאת, הכתר מקבל את בחינת ע"ב)שהוא הטעמים(ועוד בחינות, חכמה ובינה מקבלים את בחינת ס"ג שהם נקודות. זו"ן מקבלים בחינות אחרות, כמו הרב ז"ל יבאר בהמשך הדרוש.

תרשים א – כ"ה.

עוד צריך לדעת כי כאשר הרב ז"ל מדבר על עתיק, הכוונה לעתיק ונוק', אריך הוא אריך ונוק', חכמה היא או"א עילאין, בינה היא ישסו"ת, ז"א הוא ישראל ולאה, מלכות היא יעקב ורחל הקטנים. כאשר צד הזכר נבנה משם מ"ה, והנקבה משם ב"ן.

ע"ח ש"ט פ"ו דמ"ה ע"ב - א"ק כולל ע"ב ס"ג מ"ה ב"ן בעצמותו, וכל אחד מאלו הד' נכללו מארבעתן, ויוצאין ממנו כן אורות לחוץ שהם ענפיו, והע"ב הוא במוחין דיליה נגד א"א, ואבא דאצילות ולעילא מגלגלתא דיליה, יש בו דוגמא בחינת עתיק דאצילות, וס"ג דיליה מאוזן ולמטה עד טבורו, והוא כנגד בינה דאצילות, ומ"ה וב"ן דיליה מטבורא ולמטה, כנגד זו"ן דאצילות. והנה על דרך זה שבפנימיותו כן הוא באורות שיוצאין ממנו, שהם ענפיו כנזכר, כי שערות ראשו כנגד ענפי ע"ב ושערות דיקנא, הם מאח"פ. **כנגד ענפי ס"ג שבהם כלולים או"א, שבין שניהם לקחו בינה דמ"ה אחר התיקון, שהוא שם ס"ג הכולל שניהן.**

בשי"ב פ"א הרב ז"ל מאריך את הבינה שהיא ס"ג בערך של תגין, ושם מ"ה, ומחלק את הבינה לאבא ואימא עילאין.

תרשים א – כ"ו.

ע"ח שי"ב פ"א דנ"ו ע"א - והנה העתיק לקח משם מ"ה בחינת כתר כולו, שהם הטעמים. ומב"ן לקח ה"ר של כתר שלו, שהם גם כן בחינת הטעמים)כי כבר ידעת כי כל א' מהי"ס כלול מי'(, ועוד לקח ג"ר דחכמה דב"ן, וד"ר דבינה דב"ן, וז' כתרים דז"ת דב"ן, כנז"ל. וא"א לקח משם מ"ה בחינת חכמה שהם הנקודות, ומשם ב"ן לקח ה' תחתונות דכתר שלו ב"ן, שהוא מן הת"ת שלו ולמטה. והנה גם מבחינות האחרות שהם חכמה בינה של ס"ג הוברררו מהם קצתם לעשות מהם עתיק, כי מבחינת הכתר לא לקח רק חציו כנז"ל. והנה מה שלוקחה מחכמה הם ג"ר נמצא כי נשארו לחכמה עצמה ז"ת, ומהם נעשה אבא, וזה שאמר בזוהר אבא אחיד ותליא בחסד, כי מחסד ולמטה של חכמה משם מתחיל אבא. ומבינה לקח ד"ר, באופן כי אמא אין לה רק מגבורה ולמטה של הבינה, וזה סוד אמא אחיד ותליא בגבורה. הרי ביארנו בחינת עתיק שיש לו מכל הכתר דמ"ה, וממנו סוד הדכורא, וגם לקח ה"ר דכתר דב"ן,]נ"א דס"ג[וג"ר דחכמה דס"ג, וד"ר דבינה דס"ג, ומאלו ג' בחינות של ס"ג נעשים נוקבא דעתיק. וא"א לקח חכמה ממ"ה כולו, וה"ת דכתר דב"ן, כי ה"ר דכתר דב"ן לקח עתיק. **ואבא הוא חכמה דאצילות ולוקח משם מ"ה חצי בינה שהם תגין, ומשם ב"ן לוקח ז"ת של חכמה דב"ן, כי הג"ר לקחה עתיק, כנז"ל. ואמא היא בינה שבאצילות ולוקחת משם מ"ה חצי בינה, שהם תגין,** ומשם ב"ן לוקחת ו"ת של בינה דב"ן, כי ד"ר לקחה עתיק. וזו"ן לקחו אותיות משם מ"ה, שהם הזו"ת דמ"ה, ומשם ב"ן לקחו ז"ת שבו, חוץ מן הכתרים של אלו הז"ת דב"ן, שגם הם לוקחם עתיק דב"ן. ואל תטעה בדברינו לומר שהם בחינה אחת, ומה שלוקחים הם דבר אחר. אבל כוונתינו הוא כי עתיק יומין כל עצמותו דאצילות נעשה מב' בחינות אלו שהם מ"ה וב"ן, ובחינת המ"ה שבו הוא הנקרא עתיק דכורא, ובחינת הב"ן שבו הוא הנקרא נוקבא דעתיק, וזכור ואל תשכח. כלל העולה כי בעולם אצילות יש בו י"ס, והכתר הוא עתיק וא"א, וחכמה הוא אבא, ובינה היא אמא, וו"ק הם חג"ת נה"י, הוא ז"א, ומלכות הוא נוקבא דז"א, וכל בחינות אלו נעשה עצמותן מב' בחינות מ"ה וב"ן, וכל בחינת הדכורים הם ממ"ה, והנוקבא מב"ן, כנז"ל. עוד יתבאר כל זה לקמן בע"ה.

הגהה[93] נ"ב מזל"ן[94] דהכא מיירי במדרגת מעלת העולמות המתפשט בפרטוף כי של
הכתר הוא ע"ב ובחכמה הוא ס"ג וכו', ורק בא"ק ס"ג הוא חכמה, כדלאמר כאן בסמוך
אבל במאי דנקטינן סוגיין, בכל מקום כי ע"ב ס"ג מ"ה ב"ן הס בחו"ב וז"ן, לו חו"ב
חו"ג, מיירי במוחין המושפעים להס להזדווג. ואלו מרבעתן בסוד ע"ב סמ"ב, דהיינו
חנר"ן ,הנערכים להולדת הבנים כידוע.[95]

וזה הס"ג המחולק באופן פרטי לטנת"א היה מזוזיו דא"ק ולמטה, שהם הנקודות שבו
והם ס"ג דס"ג מלובש מטיבור ולמטה דא"ק בחינת ס"ג דס"ג שהם הנקודות דס"ג)וגם מ"ה וב"ן
דס"ג (מלבישים את א"ק מהטבור ולמטה, ובחינת ע"ב דס"ג שהם טעמים דס"ג, הם מתחילים מהאוזנים עד הטבור
דא"ק, ונקודות דס"ג מתלבשים בתוך שם מ"ה וב"ן הכוללים דא"ק בפנימיותו, וגם הם נפרטים לעסמ"ב
דמ"ה ועסמ"ב דב"ן, וכל זה הוא פנימיות א"ק עצמו[96], אורות וכלים ר"ל בתוך א"ק
בפנימיותו, ולא האורות היוצאים מחוץ לא"ק. ואזור כך שהאציל המאציל ד' בחינות בפנימיות א"ק, שהם עסמ"ב
דעסמ"ב הוציא א"ק בבחינת הזיצוניות שלו, על ידי אורות אח"פ להלבישו, ותזולה הוציא

בית לחם יהודה ש"ה פ"א - ג"ר שבו שהם ע"ב כתר, וס"ג חו"ב זה הס"ג, וכו'. כך צריך לגרוס, וכך הוא
בע"ה דפוס קארעץ, והכי פירושו ג"ר שבו וחוזר ומפרש דבריו מה הם הג"ר שבו, וקאמר שהם ע"ב כתר,
וס"ג חו"ב וכו', כך הוא המשך הלשון. אמנם קשה לי, והא עיקר המוחין דא"ק אינם נעשים כי אם מע"ב דע"ב
בלבד, ולא מבחינת הס"ג כלל, כמבואר באמצע וכסוף פרק ב' שבסמוך, ובריש פרק א' דנקודים, ובריש פרק
ו' דשער ט', וריש פרק ב' דשער התיקון יעו"ש. ומוכרח להיות כן, שהרי הס"ג שהוא בחינת החכמה, אינו
מתלבש כי אם מבחינת האזן דא"ק ולמטה, כמו שכתוב בריש פרקין, ופשוט שאין שום מקום מאזן ולמטה, כי
אם בגולגולת, ומה גם מוח הבינה שהיא מ"ה שמקומו הוא מטבור ולמטה, ואם כן מוכרח לומר שבבחינת
המוחין דא"ק הם נעשים מע"ב לחוד. ויותר בביאור כתב רז"ל בפרק ב' דשער התיקון, וז"ל - ושם נזדווגו
המוחין שם ע"ב עם בחינת הס"ג שהם למטה מן המוחין, בסוף הראש וכו', יעו"ש. הרי מבואר להדיא שהס"ג
הוא למטה מן המוחין. ואם כן היכי קאמר הכא ג"ר שבו וכו'. וכמו שהקשה הרב שעה יפה ז"ל בסמוך, ותו
קשה והא לעיל מזה כתב כי מ"ה הוא בינה וכו', והיכי קאמר השתא דס"ג הוא חו"ב וכו', וצ"ע.
92

הגהות וביאורים)ד(- נוסח כבוד מלך ע"ב כתר, ס"ג חכמה, מ"ה בינה.
93

הגהות וביאורים)ב(- עיין לקמן בשער עתיק פרק א', ועיין מבוא שערים בדף ל"ג ע"ב, ודף ל"ד ע"א.
94

נ"ב מזל"ן – נכתב בצידו משה זכותא לי נראה.
95

הגהות וביאורים)ג(- א"ה, עיין בספר מקום בינה דכ"א ע"א וע"ב, שכתב עוד ב' תירוצים על זה, יעש"ב.
96

עסמ"ב דע"ב הם בתוך א"ק מראשו עד סוף רגליו, כאשר ע"ב דע"ב הוא מגולה עד מקום האוזנים, ס"ג דע"ב
מהאוזנים עד הטבור, ומ"ה וב"ן דע"ב מהטבור ולמטה. ע"ב דס"ג מתחיל ממקום האוזנים עד הטבור, ומלביש
על ס"ג דע"ב, ומהטבור ולמטה נמצא סמ"ב דס"ג. כל עסמ"ב דע"ב, וכאשר כל סמ"ב דס"ג מלביש על מ"ה דע"ב. כל
עסמ"ב דמ"ה ועסמ"ב דב"ן דא"ק נמצאים מהטבור דא"ק ולמטה, והם מלבישים על סמ"ב דס"ג, ועל מ"ה
וב"ן דא"ק, בפנימיותו דא"ק, כמו שמובא בחסדי דוד כ"ג. יוצא שיש בשלב זה ט"ז בחינות בפנימיות א"ק.
תרשים א – כ"ז.
חסדי דוד ד"נ ע"א אות כ"ג - אחר כך חזרו לעלות טנת"א דמ"ה וב"ן הכוללים, עם תגין אותיות דע"ב,
ונקודות תגין אותיות דס"ג, למ"ן לטעמים דס"ג שרשי אח"פ......

אורות מן ע"ב **הכולל הפנימי** ולאו דווקא מכל ע"ב הכולל, אלא האורות הנקראים ע"ב דע"ב, ונקראים טעמים דע"ב, **שהוא השערות של הכתר**[97] והם יוצאים מפנימיות א"ק להיות חיצוניות לו, והם נקראים חיצוניות ע"ב דע"ב דא"ק[98], **ומקיפים ראשו** דא"ק **מבחוץ, עד המצח** דא"ק, **ועד האזנים** דא"ק **כנודע.** [דכ"א ע"ב 41] **ואחזר כך הוציא שערות הזקן**[99] הנמצאים מחוץ לא"ק ממקום האוזנים דא"ק עד טבור דא"ק **הנמשכין מן** ע"ב דס"ג[100] (לא גורסים **עצמו**)[101] הכולל[102], **הנקרא נקודים** צ"ל נקודות[103], עוד חידוש **שבהם** מע"ב דס"ג **נעשו כללות ג' מוחין שבו** ר"ל ע"ב דא"ק הם חב"ד דא"ק[104], **ונמשכין תזלה סוד הטעמים דס"ג** שהם

97

כאן טומן הרב ז"ל סוד גדול. יש הבדל בין ע"ב דא"ק, שהוא בחינת חכמה דא"ק, לבין כתר דא"ק. לפי פשט דברי הרב ז"ל ע"ב דע"ב, הוא כתר דא"ק. אבל בעומק מרן הרש"ש מלמד שהם ב' בחינות נפרדות, ומדרגת כתר דא"ק היא יותר גבוהה מע"ב דא"ק. ורואים זאת בזמן עליית העולמות כאשר אח"פ שהם בחינת ע"ב דס"ג, עולים למדרגת ע"ב דע"ב, שהם ע"ב דחכמה דא"ק, וע"ב דע"ב עולים למדרגת כתר דא"ק.

רחובות הנהר ד"ח ע"ב - באופן כי כשלקח ז"א כל גדלות ראשון, שהם נרנח"י דנשמה, אז כבר הוא גדול כשיעור ישסו"ת, ונקרא בשם ישסו"ת, שהם נרנח"י דנשמה דאצילות. ויש"סו"ת נקראים עתה בשם או"א עילאין, כי כפי עליית הז"א בישסו"ת ולקיחתו המוחין דנשמה מהם, כך עליית ישסו"ת באו"א עילאין ולקיחתם המוחין דחיה מהם, וזה בערך האצילות. אמנם בערכם גם אלו נקראים מוחין דנשמה. וגם או"א עלו וקבלו מוחין מא"א, ונקרא בשם א"א, על דרך זה. וא"א בשם אח"פ, שהם אורות דס"ג דא"ק. ואח"פ בשם אורות דע"ב דחכמה דא"ק, ואורות דע"ב בשם אורות שערות גולגלתא, כתר דא"ק.

98

ע"ב דע"ב דא"ק הם סוד מקיף דחיה דא"ק.

99

בית לחם יהודה ש"ה פ"א - ואחר כך הוציא שערות הזקן. עיין לעיל בד"ה ונמשך.

100

יפה שעה)ב(- הנמשכים מס"ג עצמו הכולל הנקרא נקודות שמהן נעשה כללות ג' מוחין שבו כו'. כבר כתבתי לעיל כי זה סותר מה שכתב בכל מקום. חדא סמוך ונראה שלהי פרקין דלעיל ז"ל - אך המשכיל יבין כי אור של המוחין נקרא ע"ב וזה נקרא ס"ג ודי בזה, עכ"ל. ובריש שער הנקודים כתב רז"ל ז"ל - והנה המוחין של א"ק הם הוי"ה דע"ב, ומן בחינת האזנים ולמטה מתחיל שם ס"ג. אמנם בשער התיקון מבואר שכדי להוציא שם מ"ה החדש היה זווג על ידי ע"ב הכולל, וע"ב דס"ג הכולל בפנימיות א"ק, והוא זווג המוחין. אלא ששם כתב בפרק ב', וז"ל - והנה לפי שבחינת הע"ב הוא בראש א"ק, שהם בחינת המוחין, ומקומם הוא בפנים כנגד מקום המצח, ושם נזדווגו המוחין שהם בחינת הע"ב עם בחינת הס"ג שהם אח"פ, הטעמים של ס"ג שהם למטה מן המוחין בסוף הראש, יע"ש. הרי בהדיא כי הטעמים דס"ג הפנימים הם למטה מן המוחין, ואינם מוחין וצריך להתיישב.)עיין בספר חסדי דוד אות ט' כי נקודין תגין אותיות דע"ב הוא מלובש בתוך טנת"א לס"ג ובזה צדקו ב' המאמרים דיש במוחין ב' בחינות חלק מע"ב ומס"ג. ש"ש(.

101

הגהות וביאורים)ה(- ליתא בכתב יד.

102

בפרטות הם סמ"ב דע"ב דס"ג.

103

יש הבדל בין נקודים לנקודות, נקודים הוא עולם האצילות לפני התיקון, ונקודות הם הבחינה השניה מבחינות טנת"א.

104

ע"ב דס"ג, **שֶׁהוּא אֵזֹ"פ עַד טִיבּוּרוֹ**[105] ומהטבור ולמטה בחינות סמ"ב דס"ג שהם נת"א דס"+

[106]**וְאַחַר כָּךְ**[107] ר"ל אחרי שהוציא את ע"ב דס"ג לחוץ **לֹא הוֹצִיא שְׁאָר בְּחִינוֹתָיו** שהם סמ"ב דס"ג **לַחוּץ, יַעַן כִּי הֵם מְלוּבָּשִׁים** מתחת לטבור בתוך מ"ה וב"ן הכוללים **כַּנַּ"ל**,[108] **כְּדֶרֶךְ אוֹרוֹת עֹ"ב הַכּוֹלֵל** אשר סמ"ב דע"ב שלו בתוך עסמ"ב דס"ג, **שֶׁלֹּא נִתְגַּלָּה מִמֶּנּוּ** מהע"ב הכולל **רַק הַשְּׂעָרוֹת, הַנִּמְשָׁכִים מֵעֹ"ב שֶׁל עֹ"ב הַכּוֹלֵל** ובחינות סמ"ב דע"ב לא יצאו, כי הם מלובשים תוך עסמ"ב דס"ג, **וּשְׁאָר זוּלָקָם** שהם סמ"ב דע"ב **טָמִיר** ר"ל גנוז[109] **בְּתוֹךְ ס"ג**

לפי פשט דברי הרב ז"ל בחינות ע"ב דס"ג הם מוחין דא"ק. במקומות אחרים מיחס הרב ז"ל את ע"ב דע"ב למוחין, וכמובן שזה לא סותר סוגיה זאת. וגם ידוע כי הדיקנא שהיא הזקן, נעשה ממותרות המוח, וכל בחינת שערות בין בראש בין בגוף הם בחינת אור מקיף, הנקרא חיה, וחיה היא בחינת החכמה, שם ע"ב. גם יש את המוחין הנקראים חב"ד והם תוך הגולגולת, ויש בחינה גבוהה יותר הנקראת שורשי המוחין, והם הכתר עצמו, ונקראים "קדרת המוח". יכול להיות שהרב ז"ל מחלק בסוגיה זאת את המוחין משורשי המוחין.

ע"ח ש"י פ"א מ"ת דמ"ח ע"א - והנה על ידי עליית מ"ן הנ"ל, (ב"א ששם) האורות הנ"ל, נזדווגו בחינת **הוי"ה דע"ב דיודי"ן, אשר הם כללות בחינת המוחין דא"ק**, עם בחינת **הטעמים דס"ג שהם אח"פ**, כנ"ל. כי אלו הטעמים דס"ג לא היה בהם שום שבירה, ולכן הם נזדווגו יחד עם בחינת הע"ב דא"ק, ואין הכוונה על האורות היוצאין מן הבל אח"פ, רק על בחינת עצמן ופנימיותן ממש, וכאשר נזדווגו יחד נולד מהם אור חדש על ידי הזווג הזה.
105

כמו שאורות האח"פ היוצאים מאוזן חוטם פה דא"ק, ומגיעים בכללותם עד הטבור דא"ק, כך גם השערות היוצאים מהמוחין דא"ק, שהם ע"ב דס"ג מגיעים עד הטבור דא"ק.
106

יפה שעה)ג(- ואחר כך לא הוציא שאר בחינות לחוץ יען הם מלובשין תוך מ"ה וב"ן כו'. פירוש הענין כי הנה א"ק כולל עסמ"ב, וכל אחד כלול מעסמ"ב, באופן שהם י' בחינות בפנימיותו. והם מלובשים אלו בתוך אלו, בזה הסדר, **ע"ב הכולל** - ע"ב דע"ב הוציא לחוץ שערות הראש, והוא בפנימיות עומד כראש עד האזנים. וס"ג דע"ב זה נתפשט מן האזן על הטבור. ומ"ה וב"ן נתפשטו מן הטבור עד סוף רגלים. ואחר כך **ס"ג הכולל** - ע"ב דס"ג, מתפשט מן האזן עד הטבור, ומלביש על ס"ג דע"ב. וס"ג מ"ה ב"ן, שהם ג' בחינות דס"ג הכולל, נתפשטו מן הטבור על למטה, מלבישים על מ"ה וב"ן דע"ב הכולל. ואחר כך ד' בחינות ד**מ"ה הכולל**, שהם עסמ"ב דמ"ה נתפשטו מן הטבור על למטה, מלבישים על ג' בחינות שהם סמ"ב דס"ג הכולל. ואחר כך ד' בחינות ל**ב"ן הכולל** שהם עסמ"ב דב"ן, גם הם נתפשטו מן הטבור ולמטה, מלבישים על כל ד' בחינות דמ"ה הכולל. ונמצא סדרן הוא כך ממטה למעלה, ב"ן בכללות מלביש על מ"ה דכללות בכל ד' בחינותיו. ומ"ה בכללות מלביש על ג' בחינות דס"ג הכולל, שהם סמ"ב. וב' בחינות דס"ג האמורים מלבישים על שני בחינות דע"ב הכולל, שהם מ"ה ב"ן, וכל זאת מן הטבור ולמטה. ומן הטבור ולמעלה עד אזנים ע"ב דס"ג הכולל, מלביש על ס"ג דע"ב הכולל, ומן האזן ולמעלה אין שם כי אם ע"ב דע"ב הכולל.
107

בית לחם יהודה ש"ה פ"א - ואחר כך לא הוציא שאר בחינות לחוץ. ר"ל שלא הוציא שאר בחינות של ס"ג, שהם סמ"ב דס"ג לחוץ, יען כי הסמ"ב דס"ג הם טמונים תוך מה וב"ן הכוללים, כמבואר סדר התלבשותם בהרב יפה שעה, ועו"ש.
108

בחינות ע"ב דס"ג יצאו לחוץ, והם מהטבור ולמעלה דא"ק, כי לא היו מלובשים בשום לבוש, לעומת זה סמ"ב דס"ג מלובשים תוך מ"ה וב"ן הכוללים, וכדי שהם יצאו לחוץ, צריך להוציא גם את מ"ה וב"ן הכוללים. כי רק בחינה מגולה יכולה להוציא את האורות שלה לחוץ.
תרשים א – כ"ח.
109

הַכּוֹלֵל.[110] וְהִנֵּה[111] רָצָה הַמַּאֲצִיל לְהוֹצִיא גַּם מֵן מ"ה וב"ן הכוללים הנמצאים מהמבור ולמטה, והם מלבישים את סמ"ב דס"ג, ומ"ה וב"ן דע"ן ר"ל של א"ק שֶׁלוֹ הַפְּנִימִים שהם בפנימיות א"ק, את זִיצוֹנִיּוֹתָם לַזִּווּג כי כל בחינה פנימית חיצוניותה צריכה לצאת לחוץ, כדי שתתגלה, בסוד התפשטות ההנהגה, וְאָז[112] עָלוּ בסוד כד סליק ברעותיה[113] כדי לגרום זיווג בעליונים כל בַּזִּוָוֹנוֹת סמ"ב דס"ג[114] הַפְּנִימִים

סמ"ב דע"ב גנוז תוך עסמ"ב דס"ג, כאשר ע"ב דע"ב הוא בחינה מגולה, והיא בחינת קרקפתא דא"ק, ומבחינה זאת יצאו השערות דא"ק. ס"ג דע"ב גנוז תוך ע"ב דס"ג מהאוזנים דא"ק עד הטבור. ובחינות מ"ה וב"ן דע"ב גנוזים תוך סמ"ב דס"ג מהטבור ולמטה.
110

הגהות וביאורים (ו) – עיין לקמן בשער התיקון פרק ד ובמה שכתב השמ"ש שם, ועיין עוד בשער הנקודים פרק ב', ובשער השבירה פרק ו' מ"ב בסוף הפרק, ועיין דב"ש דף ל"ב סוף ע"ג וד', ע"ד ע"ד, ד"ה שם
111

בית לחם יהודה ש"ה פ"א - והנה רצה להוציא גם ממ"ה וב"ן שלו. והטעם כדי שיהיו כל העסמ"ב דא"ק מוציאין הארתן לחוץ. והנה ב"ן הכולל הוא יכול להוציא חיצוניותו לחוץ, לפי שאין בחינה אחרת בפנימיות הא"ק מלבשת על הב"ן. אך המ"ה אינו יכול להוציא חיצוניותו לחוץ, יען שמלביש עליו ב"ן הכללי, ואם כן צריך לעשות איזה אופן כדי שיתגלה המ"ה מתוך הב"ן, ולא עוד אלא שצריך להוציא חיצוניותו לגמרי מחוץ לא"ק, ולא די שתהיה חיצוניותו בפנים ומאירה לחוץ, כי מאיזה מקום תהיה מאירה לחוץ, כי למעלה מהטבור יוצאים שערי רישא ודיקנא, ואורות אח"פ הנמשכין עד הטבור, ומלמטה מהטבור הלא שם מלבישים עליו אורות הב"ן, ומעכבים יציאתו.
112

בית לחם יהודה ש"ה פ"א - ואז עלו כל בחינות ס"ג הפנימיים. היינו שעלו כל הסמ"ב דס"ג, והוא הדין שעלו גם מ"ה וב"ן דע"ב שמן הטבור ולמטה, עד שנתרוקן האור מטבור דא"ק ולמטה לגמרי, כמבואר בריש פרק ב' דשער ח', ז"ל - והוא שכל האור שהיה מתפשט בתוך הא"ק הזה, מטבורו עד סיום רגליו, העלהו בחצי גוף העליון מהטבור ולמעלה, ונשאר המקום שמן הטבור ולמטה ריקם בלתי אור, יעו"ש. וכל עיקר העליה אינה כי אם כדי להעלות אור המ"ה למעלה מהטבור, אלא שעל ידי עליה זו גרם זווג בע"ב וס"ג, שהרי להוצאת אורות שערי רישא, ודיקנא, ואח"פ לא הוצרכו להזדווג הע"ב והס"ג, ומאי שניא הכא, ומה שיש להתעורר בזה עיין בפרק א' דנקודים, בסוף ד"ה והוא בחינת ס"ג וכו'.
113

כל בחינת העלאת מ"ן צריכה להיעשות על ידי התחתונים, אבל כאן - ואדם אין לעבוד את האדמה, לכן העלאת מ"ן נעשתה על ידי המאציל בסוד כד סליק ברעותיה. ובסוד למעני למעני אעשה. ע"ח ח"ח ש"ל"ט דרוש ב' דס"ז ע"ב - והנה הזווג הראשון שהיה בעת בריאת העולם היה ע"י נס בבחירתו יתברך, וברצונו הפשוט, כמו שכתוב בזוהר פעמים רבות כד סליק ברעותיה למברי עלמא כו', וצריך להבין על מה בכל פעם שמדבר בבריאת העולם או בתחלת האצילות מדבר בלשון זה כד סליק ברעותיה. אך הענין הוא באחד מב' פנים, והם ענין אחד. והוא - כי אי אפשר לאו"א שיזדווגו אם לא ע"י מ"ן שהם הזו"ן, שהם הבנים ראשונים שלהם, כי זהו ענין ואדם אין לעבוד את האדמה, כי אין עבודה וזריעת האדמה שהיא נקבה העליונה, נעשית אלא ע"י האדם המעלה מ"ן, ואם כן בפעם ראשון שנברא העולם לא היה אפשר להבראות, כי הרי עדיין לא היו זו"ן נבררין ועולין בבחינת מ"ן, ואם כן גם הזווג עליון לברא את העולם לא היה יכול להזדווג. לכן עלה ברצונו הפשוט ובבחירתו יתברך שאפילו בלתי העלאת מ"ן נזדווגו, והאציל את עולמו. אמנם אחר שכבר נולדו זו"ן, אז משם ואילך אין עוד שום זווג למעלה רק ע"י העלאת מ"ן. גם פירוש כד סליק ברעותיה כו' הוא יותר נעלם והוא - כי הנה אין הזכר העליון נתעורר לזווג רק עד אחר שהנוקבא עליונה תתקשט, ותכין עצמה לזווג, ותמצא חן בעיניו, ואז הוא מתעורר להזדווג עמה, שאם לא כן הנה הוא עסוק תמיד למעלה לקבל שפע ולינק מאמו, ואינו רוצה לתת מהשפעתו לזולתו, עד אשר הכלה העליונה תעדה כליה ותתקשט עצמה, ואז יזדווג עמה ומשפיע בה. ונודע כי קשוטי כלה העליונה הם הנשמות הצדיקים העולין בה, בבחינת מ"ן והם גורמין לזווג עליון. ואמנם בפעם ראשון ובזווג הראשון נתעורר הזכר מעצמו בלתי

מהטבור ולמטה, מעל לטבור דא"ק, **הטמונים תוך** עסמ"ב ד**מ"ה** ועסמ"ב ד**ב"ן הפנימים, ועלו עמהם** עסמ"ב ד**מ"ה** ועסמ"ב ד**ב"ן הפנימיים** והחיצוניים[115], **ואז**[116] **אלו מ"ה וב"ן** הכללים, שהם עסמ"ב דמ"ה ועסמ"ב דב"ן, והם זו"ן דא"ק[117] **הם** עלו ושמשו לצורך **מ"ן שלהם** כדי לעורר את הזיווג העליון של או"א עלאין דא"ק שהם דא"ק דע"ב וע"ב דס"ג[118] **אל**[119] **הטעמים עצמן דס"ג** שהם ע"ב

___

התעוררות הנקבה, ועלה בו רצון ותאוה להזדווג, אפילו שלא היה עדיין בחינת מ"נ, ועל כן הזווג הזה הוא נעלם מאד, ולא היה בבחינת זווג יסוד דילה, כי לא היה עדיין אז נקבה נבראת בעולם. ואם עם מי יהיה הזווג בעת שנברא העולם, לכן הזווג ראשון ההוא **היה ברצון העליון**, מחשבה, מוחא עלאה, בסוד הרצון העליון שכולה דכורא, ואין שם היכר נקבה, והבן זה. ואחר כך מאז ואילך תמיד היה הזווג ע"י זו"ן. **בראשית ב' ה'** – וכל שיח השדה טרם יהיה בארץ וכל עשב השדה טרם יצמח כי לא המטיר הוי"ה אלוהי"ם על הארץ ואדם אין לעבד את האדמה.
ישעיהו מ"ח י"א – למעני למעני אעשה כי איך יחל וכבודי לאחר לא אתן.
זהר חדש, שיר השירים דפ"ו ע"ב תרגום והסבר – **כד סליק ברעותא דקדשא בריך הוא** כשעלה ברצון הקדוש ברוך הוא, שהוא החכמה המיוחדת עם הכתר שהוא הרצון , **למברא ארעה** לברא את העולם.....
114

הגהות וביאורים)ז(- עיין בשער הקדמות די"א, בדרושי א"ק. ועיין תו"ח דף צ"ז ע"ב, ד"ה וזהו וכו', עד דצ"ח ע"ב.
115

הרב ז"ל מבאר את עליית סמ"ב דס"ג, עסמ"ב דמ"ה, ועסמ"ב דב"ן, אבל על בחינת מ"ה וב"ן דע"ב הנמצאים גם כן מתחת לטבור דא"ק ומלובשים תוך סמ"ב דס"ג ועסמ"ב דמ"ה וב"ן הרב ז"ל לא מזכיר במקום זה. ופשוט הוא שגם הם עולים.
116

בית לחם יהודה ש"ה פ"א - ואז אלו המ"ה והב"ן הם מ"ן שלהם)וחוזר ומבאר(אל הטעמים עצמן דס"ג. ודע כי עליית המ"ן היא ד' בחינות, כי יש בחינת מ"ן העולים מן הבירורים דז' מלכים דקליפות, כמבואר בפרק א' דשער ט"ל, או הנשמות שעולים בעת השינה בסוד פקדון. ויש עליית מ"ן בחינת ב' והיא עליית האורות עצמם ממטה למעלה, כמו שכתוב הכא וכמבואר בפרק א' דשער התיקון, וז"ל - ואמנם בחינת הנזכרת שאמרנו לעיל שעלו לצורך זווג העליון הוא עצמו עליית האורות למעלה, וזכור הקדמה זאת, מה ענין עליית מ"ן. ויש עליית מ"ן ג' והוא מה שעולה טפת הנובקא בשעת הזווג עצמו כנגד טפת המ"ד היורדת מהזכר, כמבואר בפרק ח', ובפרק י"ב דשער ט"ל, ובשער הפסוקים פרשת וירא דכ"ה ע"ב, ובכמה מקומות. ויש בחינה ד' הנקראת בחינת מ"ן, אלא שאינה נקראת עלייה כנזכר בפרק ד' דשער הנקודות, וז"ל - וכאשר היו הז"ת כלולים במעיי אמם, היו שם בבחינת מ"ן המעוררים זווג העליון וכו', יעו"ש.
117

בחינת עסמ"ב מתחלקות לאו"א וזו"ן, כאשר ע"ב הוא אבא, ס"ג אימא, מ"ה ז"א, ב"ן נוקבא.
תרשים א – כ"ט.
בזמן עלית מ"ן זו"ן מעלין מ"ן לאו"א. ואו"א לא"א וא"א לעתיק, ממדרגה למדרגה עד רום המעלות.
נהר שלום דכ"ג ע"ג - גם נודע כי ישראל נקראים בנים דזו"ן, וכל מה שאנו מבררים ע"י התפילות והמצות הוא מבחינת בירור המלכים דזו"ן, ומבחינת הנשמות להעלותם לאו"א להתקן, ואז ניתן כח לזו"ן ומבררים גם הם מבחינת האחוריים דאו"א ויש"ס ותבונה, ומעלים אותם ועולים עם הבירורים דזו"ן לאו"א, והבירורים דזו"ן נשארים באו"א להתקן, ובירורים דאו"א עולים לא"א, וכן על דרך זה או"א מבררים מחלקים א"א, וא"א מעלה אותם לעתיק להתתקן, וכן על דרך זה מפרצוף לפרצוף, כי כל פרצוף תחתון הוא נקרא ז"א שהוא בן בערך הפרצוף שעליו, והוא מברר חלקי בירורי הפרצוף שעליו, ומעלה אותם לפרצוף העליון שעל גבי פרצוף שעליו להתתקן, כמבואר בע"ח, ובספר מבוא שערים ש"ב ח"ב פ"ו, ע"ש. וכן עולים עד רום המעלות.
תרשים א – ל.
118

41

דס"ג120 **שֵׁאֵינָם מְלוּבְּשִׁין תּוֹך מ"ה וב"ן** הכוללים, כי רק סמ"ב דס"ג מלובש בתוך מ"ה וב"ן הכוללים, והטעמים דס"ג שהם ע"ב דס"ג מקומם מהעינים דא"ק עד הטבור דא"ק, **וְהֵם**121 ע"ב דס"ג שלא מלובשים בתוך מ"ה וב"ן הכוללים **בְּעֵרֶך אוֹ"א**122 **אֵל יִשְׂסוּ"ת** שהם סמ"ב דס"ג בערך ע"ב דס"ג123. **כִּי**124

רחובות הנהר ד"ה ע"ה - דכל פרט שהוא אלהות גמור המלביש ליחידה הנקרא א"ק, דכל פרט שבו מלובש אור הא"ס. ותכלית בירורם ותיקונם הוא עד עלומת בירורים **לטעמים העליונים שהם ע"ב דע"ב וע"ב דס"ג דא"ק, שהם חכמות דחו"ב דא"ק, שהם נקראים או"א עילאין, הנקרא בכללות אבא לבד.**
119

יפה שעה)ד(- ואז הטעמים עצמם לס"ג שאינם מלובשים תוך מ"ה וב"ן והם בערך או"א אל ישראל סבא ותבונה. פירוש שמ"ה וב"ן הכוללים בכל כללות שבהם, שהיו מתפשטים מן הטיבור ולמטה, עלו מן העיבור ולמעלה, והם סוד הבנים. ובעלייתה עלו מ"ן, וס"ג מ"ה ב"ן שהם שלשה בחינות דס"ג הכולל, שגם הם היה התפשטותם מן הטיבור ולמטה, עלו גם הם, והיו בסוד וערך ישראל סבא ותבונה, אל אבא ואימא עלאין, שהם ע"ב לס"ג הכולל, עם כללות כל ארבע בחינות דע"ב הכולל. ובהם, ועל ידם נעשה הזיווג הקדוש ההוא.
120

בעומק הענין עסמ"ב דמ"ה שהם בחינת הזכר עולה לע"ב עם הסמ"ב דע"ב, ועסמ"ב דב"ן שהם בחינת נוקבא עולים עם סמ"ב לע"ג דס"ג לע"ב דס"ג. הסיבה שהרב ז"ל מזכיר רק את צד הס"ג היא פשוטה, כי לאורך כל ע"ח, כאשר הרב ז"ל מזכיר את בחינת אימא, המעיין צריך לדעת שהוא כולל את כל בחינות אבא.
121

בית לחם יהודה ש"ה פ"א - והם בערך או"א אל ישסו"ת. ר"ל והטעמים דס"ג הם בערך או"א אל ישסו"ת, שהם הסמ"ב שבס"ג עצמו. וכוונתו ליתן טעם על מה שכתב דמ"ה וב"ן הם היו בחינת מ"ן אל הטעמים דס"ג, דאמאי לא אמרינן שהיו בחינת מ"ן אל כל הטנת"א דס"ג, והא כל הטנת"א דס"ג הם מזדווגין עם כל הטנת"א דע"ב. לכן אמר כי באמת הם היו בחינת מ"ן אל כל הטנת"א דס"ג אמנם לפי שהסמ"ב דס"ג הם נכללים עם הטעמים דס"ג ואינם עולים בשם משום הכי אמרנו שנעשו בחינת מ"ן אל הטעמים וכדמפרש ואזיל. ואפשר שבחינת המ"ה עלה בסוד מ"ד לע"ב דא"ק, והב"ן עלה בסוד מ"ד לס"ג דא"ק, כמו שמצינו בעליית הבירורים דז"מ, שבירור הששה מלכים עולים בסוד מ"ד לז"א, ובירור מלך הז' עולה מ"ן לנוקבא דז"א כמבואר בסוף פרק ב' דשער כ"ט יעו"ש. ורז"ל קיצר במקום עליון כזה כי כמו שלצורך עיבור זיון מזדווגין א"וא עלאין וישסו"ת.

ע"ח ח"ב שכ"ט פ"ב דכ"א ע"ב - וכיון שנמשך מהבירור והוא שורש המובחר מכל חלקי הבירורים של המלכים שהוא בחינת מלכות עצמה, שהוא המלך הז', כל שארית הבירורין מחלק המלך הז' הם שעדיין לא הובררו, יען אינם חלקי המלכות דאצילות עצמה, אלא שהם בחינת נשמות, ומלאכים, וכל הנבראים, כי לא הובררו רק בחינת י' ספירות שבכל עולם מאבי"ע, אך כל שאר הנבראים עדיין לא הובררו, והם נבררים מדרגה אחר מדרגה, עד שיושלמו ואז יבא משיח ב"ב. ולהיות כי שם ב"ן שבמלכות הוא נקרא נפש שבה עצמה, ודאי שהוא גדול מכולם, כי הוא אצילות עצמה, מלך ז', לכן כל המ"ן של המלך הז' **אינן נתקנים אלא ע"י שם ב"ן**, הזה שהוברר מהם. והרי הבנת מה הוא ב"ן ומה הוא מ"נ, נמצא כי שם ב"ן קיים לעולם שם, כי הוא עצמות המלכות נפש שלה, אך מ"ן מתחדשים בכל זיווג וזיווג ומתבררין, ואין מ"ן של זיווג זו הוא עצמו של זיווג ב' והבן זה מאד. אמנם כיון שאותו הב"ן הוא הנפש של המלכות, הוא שורש לכולם ואם לכולם נתקנו על ידיו כנ"ל, לכן הוא נותן חלק ממנה בכל נפש ונפש לשמרה, בסוד כיבוד אב, ואם, ואח הגדול. ועכ"ז)נ"א ועד"ז(יש בז"א אחר, שהוא מה שבירר משה מלכים לעצמו, ונקרא נפש שלו ,והוא אב לכל שארית ו' מלכים שלא הובררו, ועל ידיו מתבררין, ונקרא מ"ד, וגם הוא נותן חלק מהאיא רוחא דיליה לכל הרוחות, ואמנם בירורי מלכים שלו הם ע"ב ס"ג מ"ה זכרים, אלא שהם כולם שם ב"ן הכולל, ונמצאו כולם בחינת ב"ן, אלו גבורות ב"ן זכרים, ונקרא חסדים, ואלו גבורות ב"ן נקבות, ונקרא גבורות, וכל אלו נתקנו ע"י טפת ה' וה"ה משם מ"ה החדש, ואלו יורדין מלמעלה מהמוחין דז"ן, עד יסודותיהן, וה"ח וה"ג של ב"ן הם העולין לקבלם, וכל ד' בחינות אלו מתחברות בנוקבא, ומצטייר בסוד זכר ונקבה כל אחד מ"ה וב"ן.
122

כמו שלצורך עיבור זו"ן בתוך אימא מזדווגין או"א עלאין [125] שהם ע"ב דע"ב עם ע"ב דס"ג, וישסו"ת שהם סמ"ב דע"ב וסמ"ב דס"ג נכללין עמהם ובטלים בערכם [126], כן הכא [127] הטעמים דס"ג שהם ע"ב דס"ג מזדווגים עם כל ע"ב צ"ל ע"ב דע"ב [128], ומכל שכן שהנקודים תגין ואותיות דס"ג שהם סמ"ב דס"ג, מתחברים עמהם עם ע"ב דס"ג, וטפלים להם, ולכן אינם עולין בשם. דוגמא [129] צ"ל דוגמת ישסו"ת הטפלים באו"א

כאן הרב ז"ל רומז את בחינת ע"ב דע"ב עם ע"ב דס"ג שאליהם מעלים מ"ן, ונרמזים הם בבחינות או"א. וסמ"ב דע"ב גם סמ"ב דס"ג נרמזים בישסו"ת.
123

הרב ז"ל מעריך את ע"ב דס"ג בערך או"א, ואת סמ"ב דס"ג בערך ישסו"ת. למדנו כי אימא עילאה מתחלקת לבינה ותבונה, והתבונה עצמה מתחלקת לג' תבונות. אם נחלק את פרצוף אימא בחלוקת עסמ"ב דס"ג, ע"ב דס"ג יהיה פרצוף הבינה, ס"ג דס"ג פרצוף התבונה הראשונה, מ"ה דס"ג פרצוף התבונה השניה, ב"ן דס"ג פרצוף הבינה השלישית. ידוע כי הרב ז"ל לא מדבר על בחינת ע"ב הכללי, אבל פשוט הוא שתמיד מעריכים את פרצוף אבא שהוא ע"ב הכללי, בערך פרצוף אימא שהוא ס"ג הכללי. לכן גם לפרצוף אבא יש את אותה חלוקה, כאשר אבא עילאה מתחלק לחכמה וישראל סבא. וישראל סבא מתחלק לג' בחינות. אם נחלק את את פרצוף אבא בחלוקת עסמ"ב דע"ב, ע"ב דע"ב הוא פרצוף החכמה, ס"ג דע"ב יש"ס הראשון, מ"ה דע"ב יש"ס השני, ב"ן דע"ב יש"ס השלישי.

תרשים א – ל"א.
את אותה מערכת אפשר לחלק לטנת"א דע"ב וטנת"א דס"ג.

תרשים א – ל"ב.
124

בית לחם יהודה ש"ה פ"א - כי כמו שלצורך עיבור זו"ן מזדווגין או"א, וישסו"ת נכללין עמהם. ענין ההתכללות של ישסו"ת עם או"א הוא, לפי שהישסו"ת תמיד הם פרצופים חלוקים בפני עצמם, עומדים למטה מאו"א, כמבואר בפרק ב' דשער י'. ואינם מלבישין על או"א, כי אם בזמן הזווג בלבד, שאז נכללים אבא ויש"ס לפרצוף אחד, ואימא ותבונה לפרצוף אחד, וזהו ענין ההכללות הנזכר הכא. כי אז מלבישין הישסו"ת מחזה דאו"א ולמטה, כמבואר בסוף פרק ב' דשער י"ז, ובריש פרק ד' דשער כ"ה, יעו"ש. ויש בזה ההתכללות ב' בחינות, כי לפעמים עולים הישסו"ת ומלבישין על או"א מחזה ולמטה, ואז הישסו"ת בטלים בערך או"א, לפי שעלו למעלה במקום או"א, ונעשו באו"א ממש, וכאלו אין עוד ישסו"ת. ולפעמים או"א עלאין עצמם הם יורדים למטה במקום ישסו"ת, ומתלבשין מחזה שלהם ולמטה תוך הישסו"ת, ואז הישסו"ת הם עיקר, ואו"א טפלים להם, כמבואר במ"ב דפרק א' דשער ט"ו, יעו"ש. ולפי שהכא כוונתו על זווג לעיבור א' דזו"ן, ולא על עיבור ב' דמוחין, משום הכי קאמר דישסו"ת הם נכללים באו"א, ואינם עולים בשם, כמבואר בפרק ח' דשער או"א, יעו"ש.
125

הגהות וביאורים)ח(- עיין שער י"ד פרק ח', ושער י"ט פרק ד'.
126

ע"ח שי"ט פ"ד מ"ב דצ"ב ע"א - ענין אורות והניצוצין והכלים, שהם ביסוד בינה ובמקום החתך וביסוד תבונה, נלע"ד ששמעתי ממורי זלה"ה, שהחו"ב עלאין נתלבשו ממש תוך יש"ס ותבונה, ובמעי תבונה הזאת היה עיבור ז"א.
127

בית לחם יהודה ש"ה פ"א - כן הכא הטעמים דס"ג מזדווגין עם כל ע"ב . עיין בדברינו בפרק ב' דשער ג' ד"ה והיא תולדת היסוד וכו'.
128

אפשר גם לגרוס **כל ע"ב**, כי סמ"ב דע"ב נכללים בע"ב דע"ב.
129

כנ"ל. ואז[130] אחרי עליית כל הבחינות הנמצאות מתחת לטבור דא"ק, להיות מ"ן לע"ב וע"ב דס"ג **מולידין** או"א עילאין דא"ק, שהם ע"ב דע"ב עם ע"ב דס"ג **בזווגת ב"ן דחיצוניות ולבושים לזווג**[131] ר"ל א"ק לובש את בחינת ב"ן דחיצוניות, וייצאים עם דא"ק גם ב"ן חיצוניות גם סמ"ב דס"ג[131] וכל הבחינות האלה יוצאים דרך העינים דא"ק, [132] **הרי**[133] **נולדה**[134] **הנקבה עתה תזלה**[135]. [136]**ואמנם**[137]

130

בית לחם יהודה ש"ה פ"א - ואז מולידין בחינת ב"ן דחיצוניות. לאו הולדה ממש היא, אלא לפי דנקט לשון זווג סיים בלשון הולדה, השייכת אחר הזווג. או הוא מלשון כי לא תדע מה ילד יום.

131

הרב ז"ל כותב כאן כי חיצוניות ב"ן יצאו והלבישו את א"ק, צריך לדעת כי גם חיצוניות סמ"ב דס"ג יצאו, וגם בהם היתה השבירה. ועוד בכל ספר אוצרות חיים לא מוזכר ענין יצאת חיצוניות ב"ן, אלא רק בחינת ס"ג דס"ג. יוצא מב' השמועות כי גם חיצוניות ב"ן יצא, כמו שמובא בדרוש זה, וגם חיצוניות סמ"ב דס"ג יצאו, כמו שמובא באוצרות חיים. ואת ב' השמועות מסכם הרב חסדי דוד.

ע"ח ש"ח פ"א מ"ת דל"ה ע"א - והנה כבר נתבאר כי כל בחינות האלו הם בשם ס"ג, ושם זה רומז לבינה שהוא גבורה עלאה, דבה תליין הדינין, לכן בזו הבחינה של ס"ג היה ענין ביטול המלכים, גם בפרטות ס"ג עצמו יש בו בחינת הטעמים שגם הם נקראים ע"ב עם היותם בס"ג, אבל הנקודות דס"ג הם עיקריות דס"ג עצמו, **שהם ס"ג דס"ג, ושם היה ביטול ומיתה.** וזה שכתוב הכל ס"ג יחדיו, כי בשם ס"ג היה כל הביטול, וס"ג עצמו מורה על זה שהוא מלשון נסוגו אחור, שהוא ביטול המלכים.

ע"ח ש"י פ"ב מ"ת דמ"ח ע"ג - והנה כאשר יצא זה האור החדש שם מ"ה דאלפין, בירר **מהנקודות דס"ג** שבהם היתה השבירה, מה שיוכל לברר מהם.

חסדי דוד דמ"ט ד"ב אות ט' - ...**ועם חיצוניות עסמ"ב דב"ן יצאו חיצוניות סמ"ב שהם נקודין תגין אותיות דס"ג**, ולכן נקרא נקודים, יען שורשו נקודות דס"ג הנקרא נקודות דנקודות, ולכן הנקודות נקרא פעמים ב"ן ופעמים ס"ג.

132

יפה שעה)ה(- והרי נולדה הנקבה עתה תחילה כו'. בכל מקום הוא אומר שהנולד, הוא ס"ג דס"ג. והוא הוא היוצא דרך העינים. ובו היה השבירה, בסוד כלי ס"ג, כמו שכתב רז"ל בשער הנקודים. וכאן הוא אומר שהנוקבא הנולדת היא חיצוניות שם ב"ן, האמת שהכל היה בדבר, ונולד ויצא לחוץ בדרך העינים, חיצוניות ס"ג דס"ג, מלובש בחיצוניות ב"ן הכולל, ועיין.

133

בית לחם יהודה ש"ה פ"א - הרי נולדה הנקבה עתה תחלה. לפי שעיקר עליית האורות היתה כדי להוציא חלקי שם מ"ה לחוץ, כמו שכתב לעיל בד"ה והנה רצה וכו', ולא היה כן, אלא הקדימה הנקבה תחלה.

134

ע"ח ש"ט פ"ו מ"ב דמ"ה ע"ב – א"ק כולל ע"ב ס"ג מ"ה ב"ן בעצמותו, וכל אחד מאלו הארבעה נכללו מארבעתן. ויוצאין ממנו גם כן אורות לחוץ, שהם ענפיו, והע"ב הוא במוחין דיליה, נגד א"א ואבא דאצילות, ולעילא מגלגלתא דיליה, יש בו דוגמא בחינת עתיק דאצילות. וס"ג דיליה מאוזן ולמטה, עד טבורו, והוא כנגד בינה דאצילות. ומ"ה וב"ן דיליה מטבורא ולמטה, כנגד זו"ן דאצילות, והנה על דרך זה שבפנימותו, כן הוא באורות שיוצאין ממנו, שהם ענפיו כנזכר. כי שערות ראשו כנגד ענפי ע"ב, ושערות דיקנא הם מאח"פ, כנגד ענפי ס"ג, שבהם כלולים או"א, שבין שניהם לקחו בינה דמ"ה, אחר התיקון שהוא שם ס"ג הכולל שניהן, והם נכללות במזלא דדיקנא דא"א, **והבן זה מאוד**, כי הן הוא כאן, ואז עדיין היה מתפשט ס"ג עד רגלי א"ק. ואחר כך כשרצה להוציא מ"ה וב"ן, שהם ענפי זו"ן, אז נזדווגו ע"ב ס"ג הפנימיים, שהם חו"ב ממש. ואז נברא העולם במדת הדין, **ויצאה בת מתחלה, שהיא שם ב"ן**, בפנים דא"ק. ואחר כך יצאו ענפיו לחוץ דרך העין, מטבורו דא"ק ולמטה, ולא נתקיימו הענפים שבחוץ. עד שחזרו להזדווג והולידו בן, שהוא שם מ"ה בפנים ובחוץ, והוא מדת הרחמים, ונתקיים העולם, כמשארז"ל על פי ביום עשות הוי"ה אלהי"ם ארץ ושמים, והבן

בזיוונות מ"ה וב"ן הַפְּנִימִית וחיצוניות דמ"ה[138] **שֶׁל א"ק, זָזרו לירד ולהתפשט בתוכו למטה מהטיבור.**[139] [דכ"א ע"ג 42] **אזור שנתגלה שם ההיא פרסה**

אמרם העולם, כי מציאת העולם הם השבעה תחתונות לבד, שהם זו"ן, **אלא בראשונה היו זו"ן, נקבות מצד דין, שהוא שם ב"ן.** ואחר כך היו זו"ן זכרים משם מ"ה, כי כל מ"ה וב"ן נקרא בשם עולם.

ע"ח שי"ג פ"א מ"ת דפ"ה ע"ג – ותחילה נבאר ענין הרפ"ח ניצוצין הנזכרים לעיל מה ענינם, ואחר כך נחזור אל הדרוש הנזכר לעיל. ובכל מקום שאנו מזכירין בחבורינו זה ענין רפ"ח ניצוצין, הם אלו שנבאר עתה בע"ה. הנה נתבאר כי שבעה נקודות תחתונים, הנקראים שבעה מלכים, **שהם בחינת זו"ן דשם ב"ן הנזכר לעיל,** שיצאו מנקבי עינים דא"ק.

ע"ח שי"ט פ"ב מ"ב דצ"ב ע"ב – והנה המלכים שמלכו בארץ אדום **הם עשרה ספירות דב"ן הכולל** הנזכר לעיל, ונקודה ראשונה היא כתר דב"ן, והיא נוקבא דעתיק ודא"א. ונקודה שניה היא אבא, צד ב"ן שבו. ונקודה שלישית אימא, צד ב"ן שבה. וכל אחד משלוש נקודות אלו היו כלולים מעשרה נקודות שלימות. אך אחר כך יצאה נקודה הרביעית, ולא יצאה כלולה מעשרה נקודות, רק בשש נקודות התחתונות שבה לבד, ולכן נקרא בשם ו' נקודות, ועם ג"ר הרי תשעה נקודות. אחר כך יצאה נקודה חמישית, ולא יצאה כלולה מעשרה נקודות שלה, רק נקודה אחת לבד, חלק עשירית שבנקודה ההיא. הרי נמצא ששרשם אינם רק חמשה נקודות, **ונקרא עשרה נקודות דב"ן,** ואלו יצאו ראשונה, ונשברו ומתו.
135

גמרא בבא בתרא דקמ"א ע"א – דאמר רב חסדא בת תחילה סימן יפה לבנים.
136

יפה שעה)ו(- ואמנם מ"ה וב"ן הפנימים של א"ק, חזרו לירד וכו'. לאו דוקא שוין, אלא המ"ה ירד כולו בכללות חיצוניות שבו, והב"ן ירד פנימיות שבו לבד, כי החיצוניות כבר יצא לחוץ דרך העינים, ולא פורש בדברי רז"ל ג' בחינות דס"ג שעלו, ס"ג מ"ה ב"ן דס"ג הכולל, והיו בבחינת וערך ישסו"ת אל אבא ואימא עלאין, אם ירדו אחר כך, כמו המ"ה והב"ן דכללות, או נשארו שם))עיין בשער הקדמות דף י"א, דכתב מפורש דמ"ה וב"ן דס"ג לא ירדו עיי"ש, ולא ראה הרב המחבר את שער הקדמות הנ"ל(.
137

בית לחם יהודה ש"ה פ"א - ואמנם בחינת מ"ה וב"ן הפנימית של א"ק חזרו לירד. לאו דוקא הפנימית אלא גם החיצונית דמ"ה חזרו לירד, רק הב"ן הפנימיות שלו לבד, כי החיצוניות שלו יצא דרך העינים)יפה שעה(, וכן כתב השמ"ש ז"ל בפרק ב' דשער הנקודים ד"ה עיין לעיל וכו'. דהתם כתב כל כללות הדברים הנזכרים פה, יעו"ש.
138

לא רק פנימיות מ"ה וב"ן ירדו בחזרה מתחת לטבור, אלא גם חיצוניות שם מ"ה ירד, כמו שכותב היפ"ש **אלא המ"ה ירד כולו.**

ע"ח ש"ח פ"ב דל"ו ע"א, הגהה לרש"ש]ב[- נ"ב עיין לעיל בפרק א' דשער טנת"א מ"ב, ותקרא כל פרק המתחיל דע כי ד' בחינות כו'. ותראה מה בחינה עלה למעלה מן הפרסא, ומה בחינה ירד ובקע הפרסא, ומה בחינה יצא מן העינים. וכללות דבריו שם הוא כי ב' בחינות מ"ה וב"ן הכוללים דא"ק, הם שעלו למעלה בבחינת פנימיות וחיצוניות ועלו למ"ן לע"ב וס"ג הכוללים, כדי להזדווג כדרך זו"ן שעולים למ"ן לאו"א. ואחר כך יצא חיצוניות ב"ן מן העינים, שהוא הנקודות. **ופנימיות ב"ן ופנימיות וחיצוניות מ"ה** בקעו הפרסא וירדו למקומם ואחר כך חיצוניות מ"ה יצא מהחיצוניות כו', והוא כו', ובכאן הכתיבה חתוכה.
139

יש ד' מצבים של האורות הנמצאים בתוך א"ק.

א. האורות לפני עלית המ"ן.

תרשים א – ל"ג.

ב. עליית כל האורות הנמצאים מתחת לטבור מעל לטבור.

תרשים א – ל"ד.

ג. חיצוניות עסמ"ב דב"ן יוצאים **דרך העינים.**

בָּאֶמְצַע מִבִּפְנִים[140], **וּמִשָּׁם הָיְתָה מְאִירָה**[141] **בְּחִינַת בַּ"ן פְּנִימִית** שחזר וירד מתחת לטבור **לַבַּ"ן שֶׁיָּצָא לַחוּץ** דרך העינים דא"ק, ועומד מטבור דא"ק ולמטה, **הַנִּקְרָא**[142] **עוֹלָם**

תרשים א – ל"ה.

ד. חזרת פנימיות וחיצוניות עסמ"ב דמ"ה, ופנימיות עסמ"ב דב"ן מתחת לטבור.

תרשים א – ל"ו.

140

מבשרי אחזה אלו"ה, בתוך גוף האדם יש מחיצה המבדילה בין חלקי הנשימה, כמו הלב והריאות, לבין חלקי מערכת האכילה, כמו הכבד והקיבה. מחיצה זאת נקראת סרעפת, יותרת הכבד, חצר הכבד, וטרפש הכבד, ובלשון הרב ז"ל היא נקראת פרסא. מחיצה זאת מתחילה מהחזה מצד הפנים, ונמשכת עד הטבור מצד אחור. גם בכל הפרצופים העליונים יש את בחינת הפרסא הזאת, והיא נוצרה כתוצאה של עליית האורות אשר היו מתחת לטבור למעלה.

תרשים א – ל"ז.

ע"ח ש"ח פ"ב מ"ת דל"ו ע"א - ולכן מה עשה טרם שהוציא האורות האלו דרך העינים, צמצם עצמו צמצום אחד. והוא שכל האור שהיה מתפשט בתוך הא"ק הזה, מטבורו עד סיום רגליו, העלהו בחצי גוף העליון מהטבור ולמעלה, ונשאר המקום שמן הטבור ולמטה ריקן בלתי אור. והמשכיל יבין וידמה למלתא איך בכל אצילות בחינת חצי ת"ת ונה"י תמיד, המאירין בעולם שלמטה, כי נה"י דז"א מאיר אל הנוקבא, ונה"י דאו"א מאיר אל הז"א, ונה"י דא"א לאו"א, ונה"י דעתיק לא"א, ונה"י דא"ק לעתיק, ולכל בחינות האצילות כמ"ש בע"ה. גם תבין כי בכל בחינת הוצאות האורות חדשים, היה קודם להם ענין הצמצום, כי כן מצינו בא"א שצמצם נה"י שלו כדי לאפקא לזו"ן, כנזכר במקומו. וכן היה בזה הא"ק, ואין להאריך בזה. והנה אחר שצמצם עצמו **הניח חד פרסא באמצע גופו במקום טבורו מבפנים**, כדי שיפסיק בנתיים. וזה סוד יהי רקיע בתוך המים, ויהי מבדיל בין מים למים, כנזכר בזוהר בראשית דל"ב, אית קרומא חדא באמצעית מעוי דבני נשא, דאיהו פסיק מעילא לתתא, ושאיב מעילא ויהיב לתתא. ואז נשאר כל האור לעילא מהאי פרסא, והיה שם דחוק ומהודק, ואז בוקע בהאי פרסא ויורד והאיר בשאר הגוף מהטבור ולמטה. וזהו בחינת פרסא הנזכר בריש אדרא, בדרוש ואלה המלכים, וזהו מה שכתוב בזוהר - דאית חד פרסא בין המאציל לכתר, ואמנם אמת הוא כי כמה גולגלתין אית דלית להון חושבנא, כנזכר ריש אדרא, והכתר דז"א יהיה פרסא דאמא מפסיק אליו, וכיוצא בזה. אבל הכתר של כל האצילות הוא נפסק על ידי ההוא פרסא של הא"ק.

ע"ח שי"ד פ"ג מ"ת דע"א ע"ב - וצריך שתתדע ענין אחד, **והוא כולל בכל בחינת הפרצופים**. והענין כי בא"א באמצע גופו יש חד פרסא, ומסך מבדיל בין חצי העליונה לחצי התחתונה, כנראה בחוש הראות ומבשרי אחזה אלו"ה, איך יש קרום אחד מחיצה המפסקת בין איברי הנשמה)הנשימה(שהם הריאה והלב, ובין איברים התחתונים שהם כבד ובני מעיים כנודע, והנה זה הפרסא אינו ביושר, רק כי כאשר מתחלת מצד הפנים היא מתחלת מתחת החזה ממש, וכשמתרחבת ומתפשטת עד האחור, היא עומדת)נמוכה עד(כנגד מקום הטבור, כנראה בחוש הראות, בחוש הטבע. וזהו נקרא יותרת הכבד, כנזכר בזוהר פרשת בראשית על פסוק יהי רקיע בתוך המים, והנה או"א עומדין בב' הצדדין דא"א, זה בימין, וזה בשמאל, ועומדין פניהם איש אל אחיו פנים בפנים, והנה בחוש הראות אנו רואין שמקום חיבור ב' בחינות הבטן והכרס של שניהן בולט ויוצא לחוץ משאר הגוף, ושם במקום סיום הכרס שלהם של או"א, שם כנגד מקום זה בא"א, מתחיל הקרום הנ"ל, להתפשט עד אחוריו, וכאשר הולך ומתפשט ונמשך זה לאחורי א"א.

ויקרא ג' ד' - ואת שתי הכליות ואת החלב אשר עלהן אשר על הכסלים ואת **היתרת על הכבד** על הכליות יסירנה.

גמרא חולין דל"ח ע"ב - השוחט לעובד כוכבים שחיטתו כשרה, ור"א פוסל, אמר ר"א אפילו שחטה לאכול לעובד כוכבים **מחצר כבד** שלה, פסולה. שסתם מחשבת עובד כוכבים, לעבודת כוכבים.

היד החזקה לרמב"ם, קדושה, הילכות שחיטה פ"ו הלכה י' - קיבה שניקבה וחלב טהור סותם את הנקב מותרת, וכן כל נקב שהבשר או החלב המותר באכילה סותם אותו הרי זה מותר, חוץ מחלב הלב והקרום שעל הלב כולו, **והמחיצה שבאמצע הבטן המבדלת בין איברי המאכל ואיברי הנשימה, והיא שקורעין אותה ואחר כך תראה הריאה, והיא הנקראת טרפש הכבד**, והמקום הלבן שבאמצעה, והלב המעי האחרון

הַנְּקוּדוֹת [143] ועולם זה, הנקרא עולם הנקודים מקבל תוספת הארה מפנימיות שם ב"ן דא"ק, הנמצא מהטבור ולמטה, לצורך חיזוק הכלים שלו. **נִמְצָא כִּי י' סְפִירוֹת שֶׁל עוֹלָם הַנְּקוּדוֹת** צ"ל הנקודים, שהם שעור קומה דחיצוניות שם ב"ן **הַיּוֹשֵׁב בַּזָּוִית** א"ק, **מִסַּבֵב לָא"ק מִטִּיבּוּרוֹ וּלְמַטָּה, וְיֵשׁ לוֹ ב' מִינֵי אוֹרוֹת, אֶזֹזֹר** חיצוניות שם ב"ן שעלה **מִלְּמַטָּה לְמַעְלָה, בְּפְנִימִיּוּת** א"ק **מִן הַטִּיבּוּר עַד הָעֵינַיִם** דא"ק, **וּמִשָּׁם** [144] ר"ל דרך העינים [145] **יוֹצֵא עִיקָר הָאָרָה לְצוֹרֶךְ הַנְּקוּדִים** שהם חיצוניות ב"ן הכללי דא"ק, **שֶׁהוּא שֵׁם ב"ן נוּקְבָא, אֲבָל נַעֲשֶׂה מֵאוֹר חוֹזֵר** [146], וכל אור חוזר הוא בחינת נוקבא כנ"ל. **וְגַם יֵשׁ לוֹ אוֹר יָשָׁר** שהוא ההארה היוצאת מפנימיות ב"ן דא"ק, הנמצא מהטבור ולמטה, **שֶׁהוּא נוֹקֵב וְעוֹבֵר דֶּרֶךְ הָעוֹר** דא"ק המלא נקבוביות, **מִן הַטִּיבּוּר וּלְמַטָּה, וּמֵאִיר** פנימיות שם ב"ן **בַּנְּקוּדִים** שהם חיצוניות שם ב"ן שיצא דרך העינים,

---

שבאיברים אלו, אין מגינין לפי שהן קשין, ונקב שנסתם באחד מהן אינו כסתום, וחלב חיה שכנגדו בבהמה אסור אינו סותם אע"פ שהוא מותר באכילה.
141

פנימיות שם ב"ן שירדה מתחת לטבור האירה דרך נקבוביות העור וציפורני הרגלים של הנה"י דא"ק, לחיצוניות שם ב"ן העומד מהטבור דא"ק ולמטה.

ע"ח ש"ח פ"ח ג מ"ת דל"ו ע"ד - והנה כאשר נתפשטו אלו הנקודים מבחוץ, מכנגד הטבור של א"ק עד סיום רגליו כנ"ל, היה בוקע אותו האור שבא מחדש בפנימית, דרך הפרסא כנ"ל, ויוצא לחוץ ומאיר אל הנקודים, ונמצא כי אור החדש הזה עובר תחלה, ויורד דרך הפרסא למטה בחצי התחתון, למטה מטיבור, ואחר כך חוזר ובוקע דופנות הגוף, ויצא לחוץ ומאיר בנקודים, וזה שכתוב בתיקונים דשוי חד פרסא בין כתר לעלת העלות, כי כל בחינת המאציל לזולתו, נקרא עלת העלות, וכתר זה הוא כתר דנקודים כנ"ל.
142

בית לחם יהודה ש"ה פ"א - הנקרא עולם הנקודות. אף על פי דהב"ן הוא אותיות, עם כל זה נקרא נקודות, לפי שלא היו הז"ת שלו כי אם ז' נקודות פרטיים בלבד, כמבואר בפרק ה' דשער התיקון.
143

תרשים א – ל"ח.
144

בית לחם יהודה ש"ה פ"א - ומשם יוצא עיקר הארה לצורך הנקודים. מדקאמר "יוצא" שהוא לשון הווה, ולא קאמר יצא שהוא לשון עבר, משמע שר"ל שלאחר יציאת הנקודים והונחו במקומם, היה יוצא עוד אור מהעינים לצורך הנקודים. ויותר נראה לשון דיוצא לאי דוקא, אלא ר"ל ומשם יצא עיקר הארה לנקודים, וכמבואר בפרק ב' דנקודים.
145

לאפוקי אור העינים הנקרא ע"ב דע"ב דס"ג. חיצוניות ב"ן הכללי הנקרא חיצוניות עסמ"ב דב"ו דא"ק יוצא דרך העינים, והוא רק עובר אורה.

ע"ח ש"ח פ"א מ"ב דל"ה ע"ג - והוא כי הלא בארנו במקום אחר ענין צמצום ב' של א"ק, כי כדי להאציל נקודים אלו, הוצרך לצמצם אורות נה"י וחצי ת"ת שלו למעלה, ושם פריס פריסה אחת במקום הטבור, ואותו אור שהיה שם תחלה **יצא דרך העינים**, ומשם יצא לחוץ, וירד למטה כנגד נה"י של א"ק מבחוץ, ושם נתהוו הנקודים.
146

חיצוניות עסמ"ב דב"ן עלו מתחת הטבור ולמעלה, ויצאו דרך העינים, עליה זאת נעשית תוך א"ק היא בחינת אור חוזר, אפילו שאור זה יוצא דרך העינים באור ישר, עם כל זה הוא נקרא אור חוזר.

דרך נִקְבֵי הָעוֹר, וְדֶרֶךְ פִּי הַיְסוֹד דא"ק, וְדֶרֶךְ טַבּוּר דא"ק[147] שהוא סתום[148] ולא מפולש, ויוצא ממנו רק הארה[149], וְדֶרֶךְ נֶקֶב הָאֵזוֹר הרב ז"ל לא יבאר בדרוש נקב הזה[150]. וְהִנֵּה עִיקָר

---

[147]

ע"ח ש"ח פ"ג מ"ת דל"ז ע"א - והנה ב' מיני אורות יוצאין מתוך הגוף דא"ק, והם א' מן הטבור, והב' מפי היסוד, ויוצאין דרך שם ב' הבלים.

[148]

גמרא נידה ד"ל ע"ב - דרש רבי שמלאי, למה הולד דומה במעי אמו, לפנקס שמקופל ומונח ידיו על שתי צדעיו, שתי אציליו על ב' ארכובותיו, וב' עקביו על ב' עגבותיו, וראשו מונח לו בין ברכיו, ופיו סתום וטבורו פתוח, ואוכל ממה שאמו אוכלת, ושותה ממה שאמו שותה, ואינו מוציא רעי שמא יהרוג את אמו. וכיון שיצא לאויר העולם **נפתח הסתום ונסתם הפתוח** שאלמלא כן אינו יכול לחיות אפילו שעה אחת.

[149]

לפי המסורת הרפואה היהודית, גם לאחר הלידה ובמשך כל חיי האדם הטבור אינו סתום לגמרי, כפי שהוא נראה, אלא משמש כשער לשאיבת זיהומים מסויימים והוצאתם מהגוף.
ע"ח ח"ב של"ב פ"ה דל"ז ע"א – ואף על פי שנקודת הטבור סתומה, בהכרח הוא שמשם יוצא קצת הבל, כי היותו התינוק בסוד העיבור, טבורו פתוח כנודע.
ספר טעמי המנהגים ומקורי הדינים - לירקון שקוראים געבל זאכט (צהבת) ייקח יונה זכר לזכר (לחולה זכר), ונקבה לנקבה, ויושיבנה על טבורו, ותשאב היונה כל הירקות (זיהום הצהבת) עד גמירה, והיונה תמות. בדוק.

[150]

הרב ז"ל מערבב את סוגית חיזוק הכלים דנקודים, שהם על ידי פנימיות שם ב"ן שמאיר לעולם הנקודים דרך הטבור, פי היסוד ונקבוביות העור. נקודת האחור לא קשורה לחיזור הכלים דנקודים, אלא לענין השפע שמקבלת הסט"א. צריך לדעת כי החיצונים לא יכולים להסתכל בפנים דקדושה, רק באחור, בסוד לא התיצבו הוללים לנגד עיניך. בדרוש זה הרב ז"ל לא מבאר בחינה זאת.
ע"ח ח"ב של"ב פ"ה דל"ז ע"א - וקודם שנבאר אותן נבאר מאמר אחד הובא בזוהר פרשה תצוה קפ"ד עמוד ב', בתרין נקודין אתפרשת מלכו דשמיא סטרא דקדושא, חד דילה וחד דעלמא דאתי, כו'. אשתכחו תלת נקודין בעלמא. קיצור הדברים הוא כי ג' נקודות הם, אחד נקודה עלאה טמירא בגן עדן, ואחד נקודה בירושלים אצעית דישובא לחוד, ולא לכולי עלמא כמו נקודת גן עדן. ג' נקודה דסטרא אחרא דחרובא, וזהו ביאור המאמר זה, והוא דרוש נעלם וראוי להעלימו, כי כבוד אלקים הסתר דבר. דע כי הנה בראש יש כמה מיני נקבים וחלונות באותן הכלים, לצאת מתוכן הבלים להאיר בחוץ, והם אזנים, עינים, נחירים, ופה, ז' חלונות. אבל הגוף הוא סתום, ומוכרח הוא שיהיה בו חלונות לצאת לחוץ האור הגנוז תוך הכלים, ולהאיר אל העומדין שם, הם הנבראין כולם. והנה מצינו ראינו ג' נקבים בגוף, ב' מהם דרך פנים, והם נקודת פי הטבור ונקודת פי האמה, ונקב אחד באחור שדרך בו יוצאין השרים אל החצונים, ואלו הם ג' נקודות הנזכר כאן.
ע"ח ח"ב שמ"ג פ"א בעולם העשיה דצ"ה ע"ב – וזה סוד כי ערות הארץ באתם לראות, ולכן גלותם הקודם היה למצרים (קדם גלות מצרים), ומשם נכנסו לארץ ישראל אחר כך, והבן זה. (וז"ס) (ומשם) (בבואם דרך מדבר בין מצרים ובין ארץ ישראל, הלכו במדבר אחורי ארץ ישראל כנגד נקודת **האחור** שמשם נשפעים החצונים, ושם יסוד דסט"א, נקודה האמצעית של החורבה, וזה סוד נזורו אחור, וגם זה סוד ענין פעור, אשר הוכרח משה להקבר כנגדה להטרידה כמארז"ל, וזה סוד הסט"א המלביש את העשיה בבחינת לבושים, כי הארץ הם לבושים החיצונים דמלכות דעשיה, ועליה מקיף סט"א. ועיקר סוד דבר הענין, שעיקר סוד הארץ הזו היא בינה של מלכות דעשיה, הנקרא גם היא ארץ, בערך החכמה, והמלכות שבה היא ארץ ישראל, וכנגדו הוא נקודת סט"א, כנזכר זוהר פרשת תצוה דקפ"ד ע"ב. וכנגד נקודת הטבור שהוא ממש אמצע כל העולם, ולא של הישוב לבדו כמו כן ארץ ישראל היא הבינה שבבינה דמלכות דעשיה, והיא גן עדן הארץ, והעדן הוא חכמה שבה, והנהר הוא הדעת.
תהילים ה' ו' - לא יתיצבו הוללים לנגד עיניך שנאת כל פועלי און.

הַנְּקוּדִים הֵם מְאוֹרוֹת שיצא דרך **הָעֵינַיִם** שהם חיצוניות עסמ"ב דב"ן[151], **וְכֶתֶר**[152] [153](צ"ל **שֶׁבָּהֶם** ר"ל בנקודים) **לוֹקֵחַ הָאוֹרוֹת וְהַכֵּלִים** צ"ל הארה לכלי **מִבְּחִינַת** עצמות אור **אֹזֶן**

151

כאשר יצא אור חיצוניות עסמ"ב דב"ן דרך העינים, הוא הסתכל באורות אח"פ ושאב מהם הארה לבנין הכלים של עולם הנקודים. חיצוניות עסמ"ב דב"ן כולל שעור קומה של י' ספירות, והם נקראים עולם הנקודים. הכתר דנקודים לקח הארה מכל בחינות אח"פ דא"ק, שהם מוחין דגדלות, בחינת נשמה. חכמה ובינה דנקודים לוקחים מחוטם ופה דא"ק, ומעט מאוזן דא"ק, שהם מוחין דיניקה, בחינת רוח. ז"ת מעט מחוטם ופה, שהם מוחין דעיבור, בחינת נפש.

תרשים א – ל"ט.

ע"ח ש"ח פ"ב דל"ו ע"ב - אמנם האור הראשון שהיה בתחלה למטה ועלה למעלה, שוב לא ירד ונשאר שם מהטבור ולמעלה, ושם הניח שורשו תמיד, ומשם נתפשט ויצא דרך העינים, והם הם הנקודים, ונמשך ונתפשט בחוץ עד סיום רגליו דאדם קדמון כנ"ל. והנה כל האור הנמשך עד הטבור אפילו שהוא מבחינת העינים, הכל הוא נבלע ונכלל בעקודים, ולכן איננו ניכר, אבל האור הנמשך מתחת הטבור עד רגליו זהו לבדו נקרא בשם נקודות, לפי שהוא עומד עתה כך לבדו, וכן אותו אור שיורד דרך הפרסא מחדש ע"י זווג הנ"ל, גם הוא בוקע הגוף והכלי דאדם קדמון, ויוצא לחוץ ומאיר באלו הנקודים, הרי ב' מיני אור לצורך הנקודים. ועוד יש ג' והוא בהכרח כי כאשר יורד ומתפשט אור העין למטה דרך העקודים,)נ"א ועוד אור ג' הוא לקח כי בהכרח כשירד אור העין הוא עובר דרך אזן חטם פה(הנה הוא מסתכל באורות אח"פ ההם, והוא שואב ולוקח מהם אור לצורך עשיית הכלים של הנקודות, ולוקח מג' בחינות שהם אורות אח"פ. והענין הוא באופן זה כי הנה נתבאר שאורות האזן נתפשטו עד שבולת הזקן, ואורות חוטם ופה עוברים גם כן דרך שם, ואם כן מוכרח הוא שכאשר נמשך אור העינים דא"ק דרך שם יתערב עמהם ויקח אור שלהם. והנה י' נקודות הם, והג' ראשונים שבהם הם לוקחים אור ממה שנמשך מהסתכלות העין באח"פ, ממקומם עד מקום התחברות בשבולת הזקן כנודע, ואינם מקבלים אותם רק בשבולת הזקן, כי משם מתחילין הן, ולא ממה שבשבולת הזקן ולמעלה)נ"א בשבולת הזקן ולא ממה שבשבולת הזקן ולמעלה ואינם מקבלין רק בשבולת הזקן כי משם מתחילים הן ולא ממה שכנגד העין עד שבולת הזקן(. אבל ז' נקודות התחתונים אין לוקחין רק ממה שנמשך מהסתכלות באורות החוטם והפה משבולת הזקן ולמטה כנודע, כי החוטם מגיע עד החזה, והפה עד הטבור, ולא משבולת הזקן ולמעלה. ונמצא כי לפי זה ג' נקודות לוקחין הארה לצורך הכלים שלהם מן ג' האורות שהם אח"פ בשבולת דוקא, אבל ז"ת אינן לוקחין רק מב' אורות לבד, שהם חוטם ופה משבולת ולמטה עד הטבור, כי אור אזן העליונה כבר נגמרה ונסתמה בשבולת הזקן, ולכן גדולה היא הארה ג' נקודות עליונים מן הז"ת. ולסבה זו ג' מלכים הראשונים לא מתו, לפי שיש להם הארה גדולה והכלי שלהם מעולה מאד, לפי שנעשה מבחינת אזן העליונה, ומהחוטם, ופה, כי בהסתכלות העין באורות האזן חוטם פה, נעשו הכלים שלהם כנ"ל, כי לקחו כליהם ממקום שעדיין אורות האזן שהם בחינת נשמה נמשכים שם, שהוא עד שבולת הזקן כנ"ל. אמנם הז' מלכים תתאין מתו לפי שכליהם נעשו מהסתכלות עין בחוטם פה לבד, והיה חסר מהם אור האזן העליונה. והנה גם בג"ר עצמם יש בהם חילוק בין זו לזו, והוא)נ"א והנה)כי מן הכתר לא ירד ממנו אפילו האחוריים אלא האחוריים של נה"י בלבד, אבל באו"א של הנקודים ירדו האחוריים שלהם לבד, ונשארו הפנים במקומם. וטעם הדבר הוא כי אלו האורות שנמשכים עד שבולת הזקן נחלקו לג', כי הכתר לקח מבחינת האזן ממה שהראייה שואבת בהסתכלות באור האזן, ומכל שכן שנכללים בו ב' אורות אחרים, ומזה נעשה כלי לכתר נקודים, ואבא לקח ממה שהראייה שואבת מאורות החוטם וגם אור הפה נכלל בו, והנה הכתר שלקח מן האזן הארתו גדולה מאד לא נשבר כלי שלו, אבל או"א שאין לוקחין רק מן החוטם ופה, נשברו האחוריים של כליהם. והנה או"א אם היו מקבלים אור זה של חוטם ופה של א"ק, אף על פי שלא היו מקבלין מאורות האזן עצמה, רק קצת הארה היו מתקיימין האחוריים של כליהם, אבל כיון שאין מקבלין רק מסיום האזן, שהוא מקום שבולת הזקן, לכן אף על פי שלוקחין קצת הארה אינו מועיל להם, ולכן נשברו האחוריים של כליהם. אבל הכתר כיון שלוקח אור האזן ממש אף על פי שלקחו סיומו, כיון שהוא לוקח עצמותו די בזה, ולא נשבר אפילו האחוריים של כלים דידיה. מה שאין כן באו"א שאינן לוקחין רק

שהם חב"ד חג"ת נה"י דאוזן, בריחוק מקום, **הנכללת גם שם** בשבולת הזקן עם עצמות אורות החוטם והפה

כנודע, וזחכמה ובינה דנקודים **לוקזים** עצמות האור **במזוטם ופה** דא"ק, שהם חב"ד חג"ת

נה"י דחוטם פה, **ושיעור מועט** שהם ו"ק **מאזן** דא"ק, **אך ז"ת** שהם חג"ת נהי"ם דנקודים **לוקזים**

מועט כלומר ו"ק **במזוטם ופה** דא"ק, **ואינם לוקזים כלל מאזן** דא"ק, וזאת אחת הסיבות

העקריות מדוע נשברו הכלים דז"ת[154]. הרב ז"ל חוזר לבאר את האורות היוצאים מפנימיות א"ק, מהטבור ולמטה

המאירים לעולם הנקודים **ומה'הארת** **היוצא**[155] צ"ל היוצאת **דרך פי הטבור והאמה** שהוא

היסוד דא"ק. **הנה מהטבור** דא"ק יוצא הארה הכי גדולה, ואת ההארה הזאת **לקזו כתר**[156] מפני שיש

כלים גדולים ביחס לשאר הספירות, מפני שהכתר שאב מאורות האוזן. **ומהיסוד**[157] שבו הארה יותר קטנה

מהארת הטבור **לוקזים אבא ואימא**[158] שגם להם יש כלים חזקים, מפני שהם שאבו מעצמות אורות החוטם

הארה בעלמא, וגם שהוא ברחוק מקום. והרי נתבאר ג' בחינות אלו, והם כי הכתר נתקיים כולו. ואו"א נשברו
ונפלו האחוריים שלהם. וזו"ן נפלו פנים והאחוריים שלהם.

152

בית לחם יהודה ש"ה פ"א - והכתר שבהם לוקח האורות והכלים מבחינת אזן הנכללת גם שם. הלשון
מוטעה, וצ"ל לוקח הארה לכלי וכו'. כי אור הכתר לוקח הארה לצורך עשיית הכלי שלו, מבחינת האזן בעברו
דרך שם, ונמצא שבחינת האזן נכללת גם שם באור הנקודים, והוא אור ג' שבנקודים, כמבואר בפרק ג'
דנקודים.

153

הגהות וביאורים)א(- נ"א שמהם, ר"ל כתר של הנקודים, כתב יד.

154

רחובות הנהר ג"ב ע"ב - ונודע כי סיבה אחת מסיבות מיתת הז"ת היה על מיעוט קבלתם מאור האוזן דא"ק,
ואו"א שקיבלו הארת אור האוזן לבד נתקיימו הפנים שלהם, והכתר שקבל עצמות אור האזן נתקיים כולו, ועל
שקיבלה מרחוק נפגמו אחורי נה"י שלו. ועל כן הכתר שיש בו כח הלביש לחצי התחתון דת"ת דא"ק, ומקבל
לבדו את אור הטיבור, שהוא נקודת החולם. אבל או"א שלא קבלו כי אם הארת האוזן, הלבישו את התרין
פרקין עילאין דנה"י דא"ק, ושניהן מקבלין את אור היסוד שהוא ניקוד שורק, ואין להם כח לקבל משני נקבים.
וז"ת שלא קבלו אפילו הארתה, אינם מקבלים אלא מצפורני א"ק.

155

בית לחם יהודה ש"ה פ"א - ומהארה היוצאה דרך פי הטבור. לשון זה היא קאי אסיפא, ולא קאי על לשון
ואינם לוקחים וכו' דרישא.

156

כל כתר של עולם או פרצוף תחתון, עומד בטבור או הפרצוף של העולם שמעליו. שהוא שליש
התחתון דתפארת של העולם או הפרצוף העליון.
תרשים א - מ.
גם פרצופי או"א, אשר עומדים מהגרון דא"א ולמטה, עם כל זה בעומק הענין גם הם עומדים משליש התחתון
ולמטה, רק כאן מדובר בפנימיות א"א, אשר פנימיתו הוא עתיק יומין, ואשר תפארת דעתיק יומין מתלבשת
בבינה דא"א, ובינה דא"א ירדה לגרון.
כלל – כל שעור קומה תחתון, שהוא עולם או פרצוף, עומד מהטבור של שעור הקומה שמעליו.

157

מדובר בהארה שיוצאת כאשר היסוד סתום, כי בשעה שנקב היסוד נפתח יוצא עצמות האור.

158

כאן הרב ז"ל מערבב את המערכת הספירות עם מערכת הפרצופים, ומכניס בחינת פרצופים, שהם או"א
במקום ספירות שהם חכמה ובינה. גם צריך לדעת כי בחינת פרצופים הם אחרי התיקון עולם הנקודים, ובחינת

פה, אבל לא כלים חזקים כמו כלי הכתר. **וו"ת** שהם חג"ת נהי"ם דנקודים **עם** כאן נכנס הרב ז"ל לסוגית המוחין[159]

שמקבל ז"א **ד' אזזורים דאו"א ויש"סו"ת** שהם בחינות מוחין שהתלבשו תוך ז"א ונפלו לבי"ע, לאפוקי

הספירות הם לפני ואחרי התיקון. ביציאת עולם הנקודים יצאו רק מלכויות של כל ספירה, כלומר עשירית הספירה, ובתיקון נשלמו לעשר ספירות שלמות לכל ספירה.

כלל – בחינת פרצוף היא בחינה של אחר תיקון עולם הנקודים.
159

כאשר יצאו ז"א ונוקבא יצאו חסרים, ז"א יצא בעל ו', והנוקבא בעלת ספירה אחת, ואלו נקראים **שורש ועיקר,** בזמן נתינת מוחין ז"א מקבל ג"ר, ונוקבא את כל תשלום הספירות החסרות שלה. תשלום חסרון ז"א נעשה כאשר נה"י דיש"סו"ת מתלבשים תוכו, עם המוחין השייכים לו, והופכים להיות עצם מעצמו ובשר מבשרו, כך ז"א מקבל בחינת נשמה לעצמו. באותו זמן גם יש"סו"ת מקבלים מוחין דחיה מא"א, כאשר מתלבשים נה"י דאו"א בתוכם, וגם או"א מקבלים מוחין דיחידה מא"א, על ידי נה"י דא"א, וא"א מעתיק יומין, ועתיק יומין מהפרצוף שמעליו, פרצוף מעל פרצוף עד מקום שהפה לא יוכל לדבר. יוצא שז"א מלביש את בחינת נה"י דיש"סו"ת, שמלבישים את נה"י דאו"א, שמלבישים את נה"י דא"א, שמלבישים את נה"י דעתיק יומין, נה"י של הפרצוף העליון תוך כל הפרצוף התחתון, עד רום המעלות. וכאשר נשברו הכלים דפנים ואחור דז"א ונוקבא, נפלו איתם חלקים מכל העולמות שמעליהם, אחור דיש"סו"ת, אחורים דאו"א, אחור דאחור דא"א, וכו'. כך שלעולמות בי"ע נפלו חלקים המלובשים תוך זו"ן **מכל הפרצופים העליונים.** מפני שז"ת דנקודים קיבלו מוחין גם לפני מקרה המלכים.

תרשים א – מ"א.

ע"ח שכ"ג פ"א מ"ת דק"ו ע"א – ונדבר עתה באלו של התבונה, ונאמר כי יש בה ג' בחינות, אחד הוא נה"י שלה הראשונים שנתלבשו בז"א, להיות לו בסוד מוחין, הב' הוא בחינת חצי ת"ת ונה"י שלה החדשים, שנתפשטו בה מחדש כדי שתהיה שלימה בעשר ספירות גמורות להזדווג עם אבא, כנ"ל. הג' הוא בחינת שאר קומתה שהוא מן מחצית העליון דתפארת שלה, עד למעלה עד מעלה עד ראשה. וג' בחינות אלו מכוונות עם ג' בחינות אחרות באופן זה. והענין כי הנה נתבאר לעיל כי בעת לידתו, עלו אלו האורות של הכלים של נה"י דתבונה, למעלה בחצי תחתון של התפארת שלה, ונתרוקנו אלו הכלים מן האורות שלהם עצמן, ולא נשאר בהם שום חיות כלל ועיקר, בסוד אין התורה מתקיימת אלא במי שממית עצמו עליה. ואז בהיותן כלים ריקים נכנסו לתוכן המוחין דז"א, שהם מן החכמה שבו עד למטה, שהם תשעה ספירות, ונתלבשו בתשעה פרקין שיש בנה"י של התבונה, ואחר כך נתלבשו כולם תוך ז"א, מחכמה שבו ולמטה, כמו שנתבאר בע"ה. ונמצא כי הכלים והגוף של אלו המוחין, הם בחינה אחת, שהם הכלים וגופניות התבונה עצמה, אבל האורות והרוחניות והנשמה שבהם, הם המוחין של הז"א עצמו, אמנם לפי שכבר נסתלקו אורות שלהם, ונכנסו אורות הז"א במקומם, לכן אלו הנה"י דאמא מתחלפין מטבעם הראשון, **ונהפכים להיות עצם מעצמו ובשר מבשרו של הז"א עצמו וכגוף עצמו** דמיין ממש, ואינן נקראין אלא בשם גופא דז"א ממש. ובזה תבין מה שכתוב בדרוש גדלות דז"א, איך הוא שמן וו"ק שיש בו בלבד כנודע, שכל עצמותו אינו רק ו"ק, איך הגדיל אחר כך ונעשה בן עשרה ספירות גמורות. ושם ביארנו כי הנה הענין היה שהיה בו ששה ספירות הנקרא ו"ק, ונכנס בו עוד שלשה ספירות שהם נה"י דתבונה, ומתחברין יחד ונעשין תשעה ספירות גמורות, באופן זה כי כל פרק עליון דנצח תבונה מתערב ומתחבר עם ב' פרקי עליונים דכלי החסד דז"א, ונעשין חכמה שבו, ופרק ב' דכלי נצח דתבונה מתערב עם פרק התחתון דחסד, ופרק עליון דכלי דנצח דז"א, ונעשין חסד דז"א, ופרק ג' דכלי נצח דתבונה מתערב עם ב' פרקי תחתונים דנצח ז"א, ונעשים נצח דז"א. ועל דרך זה בקו שמאלי. ועל דרך זה בקו אמצעי. כמבואר אצלינו במקומו. נמצא כי הנה"י עצמן דתבונה מתערבים עם הכלים וגופא של ז"א, והכל נעשה כלי וגוף אחד, בהשוואה אחד, וכגוף דז"א הוי ממש, ולכן נקרא בחינה זו בחינת הגדלה ממש של הז"א עצמו, כי להיותן כלים ריקנים ונכנסו אורות דמוחין דז"א לתוכן נעשו כגוף דז"א ממש, והרי נתבאר בחינת המוחין דז"א מחכמה שלו ולמטה, איך נעשו על ידי נה"י הראשונים של התבונה, שהם הכלים בלתי אור.

ע"ח ש"ח פ"ג דל"ז ע"ג - והנה הבלים הראוין למלכים אלו ז' יצאו דרך צפורני רגלים, ואף על פי שהצפורנים הם י', והנקודות שנשברו אינו אלא ז"ת לבד כנ"ל. הענין הוא כי גם יש ב' מיני אחוריים דאו"א שנשברו הרי הם ט', בחינת והעשירית הוא כי גם מן הכתר, היה בו קצת פגם, כמו שנבאר לקמן בע"ה, והוא

אחורי או"א וישסו"ת עצמם שנשארו בעולם האצילות אחרי שבירת הכלים[160], והם **לוקזזים** הבל ב**י'**
אצבעות הרגלים[161], בסוד[162] **נעץ צפורניו בקרקע**[163] בסוד י' טיפות הזרע שיצאו מיוסף
הצדיק[164]♦ הרב ז"ל מדלג על סוגית מקרה המלכים, מיתתם, ונפילתם לעולמות בי"ע, ומבאר את דרך תיקון עולם

בחינת נה"י שלו שנכנסו והיו בסוד מוחין לאו"א, וגם הם נשברו, הרי הם י' בחינות כנגד י' הבלים שיצאו
מצפורני רגליו.
160

נמצא כי יש ב' בחינות של פגם באו"א וישסו"ת, אחת - המוחין שז"א מקבל דרך אחורי או"א וישסו"ת,
שיורדים עם ז"ת לבי"ע במקרה במלכים, השניה - אחורי או"א שנופלים לקרקע האצילות במקרה המלכים.
161

מתוך עשרה אצבעות הרגלים יוצאים עשרה הבלים לאחוריים דאו"א, וישסו"ת, ושבעה תחתונות. הבעיה היא
כי בחינות אלו הם ביחד י"א בחינות, לכן איך עשרה הבלים מאירים לי"א בחינות. את הסוגיא הזאת אפשר
להבין לפי דרוש הדעת, לפי דרוש הדעת חסד הוא אבא, גבורה היא אימא, תפארת הוא ישסו"ת, והנה"י הם
שבעה תחתונות. יוצא עשרה הבלים מאירים בי"א בחינות.
נהר שלום, דרוש הדעת דמ"א ע"ב – ונתחיל מן הראשון, הנה ספירת הכתר היא נשמת האצילות, ונחלק
לג' מוחין חב"ד, שהם נר"ן, ג' חלקי הנשמה. כיצד עתיק ונוקבא חו"ב, והם נשמה ורוח, ואריך ונוקבא הם
זו"ן שבכתר, ונקרא דעת, ונפש, ושלשתם ג' חלקי הנשמה. אחר כך ספירת חו"ב הם רוח דאצילות, ונחלקים
לג' מוחין חב"ד, שהם נר"ן, ג' חלקי הרוח. כיצד או"א חו"ב, והם נשמה ורוח, **והדעת שהוא זו"ן שהם**
ישסו"ת, נקרא נפש, ושלשתם שלשה חלקי הרוח. ואחר כך ספירת הדעת היא נפש דאצילות, ונחלק לשלשה
מוחין חב"ד, שהם נר"ן, ג' חלקי הנפש. כיצד זו"ן חו"ב, והם נשמה ורוח, והדעת של הדעת שהוא זו"ן שבהם,
הם יעקב ולאה, ונקראים נפש, ושלשתם הם ג' חלקי הנפש.
תרשים א – מ"ב.
162

בית לחם יהודה ש"ה פ"א - בסוד ינעוץ צפרניו בקרקע. כלומר נמצא שיש דרך לצאת חמימות הזרע משם,
ולכן אל תתמה אם משם יוצאת הארה לז"ת דנקודים, וכמבואר בפרק ג' דשער ח'.
163

ע"ח פ"ח ש"ג מ"ת דל"ז ע"א - אבל אור הז"ת שלא לקחו רק מן הגוף ולמטה, שהוא מסיום שבולת זקן
ולמטה כנ"ל, לכן גם כן לא יש להם הבלים להאיר להם, אבל נרמזו בסוד ויפוזו זרועי ידיו, שהוא סוד י' טפין
דאזדריקו מבין הצפרנים, כנזכר בתיקון ס"ט. כנודע כי הם עצמם בחינת המלכים, כי הנה ביטול המלכים היה
לפי שלא נתקן עדיין כחדא אדם דכר ונוקבא. וזהו עצמו סוד טיפי הזרע של יוסף, שיצאו בלתי נקבה, אלא
מזכר לחוד, והם הם י' הרוגי מלוכה והבן מלת מלוכה, כי הם ממש אלו הז' מלכים שנשברו כליהם וגופם.
והסיבה היה גם כן לפי שהיו בלתי תיקון דוכרא ונוקבא, עד שבא הדר מלך ח' ואז נתקנו. וזהו גם כן סוד מה
שכתוב במסכת שבועות בפרק ג', מי שאמרה לו אשתו בשעת תשמיש נטמאתי, ינעוץ צפרניו בקרקע, והזרע
יוצא דרך צפורני רגלים, ויפרוש באבר מת.
גמרא שבועות די"ח ע"א – היה משמש עם הטהורה, ואמרה לו נטמאתי, ופירש מיד חייב, זו היא מצות עשה
שבנידה כו'. אמר מר פירש מיד חייב. היכי עביד. אמר רב הונא משמיא דרבא **נועץ עשר צפרניו בקרקע** עד
שימות.
164

טיפת הזרע יוצאת ממוח הדעת ויורדת דרך עמוד השדרה ליסוד, ומהיסוד טיפה זאת ניתנת לנקבה. במקרה
אונס, כמו באמצע תשמיש, או במקרה של יוסף עם אשת פוטיפרע, כבר נעקרה הטיפה ממוח הדעת וירדה
ליסוד, הטיפה לא יוצאת מהיסוד, אלא הבל הטיפה יוצא דרך צפורני הרגלים או דרך מי הרגלים, כדי להקטין
עוון זה. יש מחלוקת בין הראשונים אם נעקרה הטיפה או לא, ואם נעשה פגם על ידי יציאת ההבל הזה. לפי
דברי קודשו של הרב ז"ל בשער הגלגולים, נעשה פגם ובטיפות אלו נאחזים החיצונים.
שער הגלגולים, הקדמה כ"ו - דע, כי אין שום נשמה בעולם, שתהיה ח"ו ערומה מבלי לבוש אחד, שבו
מתלבשת בעולם הזה. וענין הלבוש הזה נרמז בזוהר, בפרשת משפטים בדברי רבי ייבא סבא, על פסוק שארה

הנקודים, הנקרא ברודים, או עולם האצילות אחרי התיקון. הרב ז"ל מבאר באופן כללי ביותר את תיקון עולם הנקודים

ואזזר כך[165] ר"ל אחרי יציאת עולם הנקודים, מקרה המלכים, ונפילת הכלים אחור דז"ת לבי"ע, היתה בחינת עליית מ"ן לתיקון עולם הנקודים, וזה נעשה על ידי **שזזזרו**[166] **להזדווג ע"ב הכולל** שהוא ע"ב דע"ב, הכולל את כל הבחינות עסמ"ב דע"ב **עם טעמים דס"ג** שהם ע"ב דס"ג [צ"ל **הכולל** את כל בחינות עסמ"ב דס"ג] **בסוד פנימיות** דא"ק, ר"ל הזיווג הוא בין ע"ב דא"ק וע"ב דס"ג דא"ק[167] ▪ וזיווג הזה של ע"ב דע"ב עם ע"ב דס"ג הוא במוחין דא"ק **וכל**[168] **שאר הבחינות** שהם סמ"ב דע"ב וסמ"ב דס"ג **טפלים להם** ר"ל לע"ב דע"ב וע"ב דס"ג, **ואז הולידו הזכר** שהוא חיצוניות שם מ"ה, ר"ל ששם מ"ה, הנקרא **מ"ה החדש**, הוא לא בריאה חדשה, אלא פנימיות וחיצוניות שם מ"ה, הנקראים עסמ"ב דמ"ה הם בתוך פנימיות א"ק **בכח**, ובזיווג זה יצא חיצוניות שם מ"ה **בפועל**, כדי לתקן את עולם הנקודים שנשבר, **והוא** זה שנולד

כסותה ועונתה. ועל פסוק לא ימשול למכרה בבגדו בה. ונבאר עתה מה ענין הלבוש הזה שיש אל הנשמה, הנה כל מה שאירע ליוסף הצדיק בעולם הזה, עם אדונתו אשת פוטיפרע, שיצאו י' טפות זרע מבין צפרני רגליו, כמש"ה - ויפוזו זרועי ידיו. כמו כן אירע למעלה ביוסף הצדיק העליון, שהוא ספירת היסוד. וכאשר יצאו אותם עשר טפות ונצוצות נשמות קדושות מן היסוד העליון הזכר לבטלה, ולא נתקבלו ברחם הנקבה העליונה, נאחזו הקליפות באותם הנשמות. וכבר הודעתיך כמה בחינות פרצופים יש למעלה תלויים בזו"ן, ובכל הפרצופים ההם יש בהם בחינת היסוד שבהם. ונמצא כי מכל בחינות יסוד שיש למעלה, יצאו ממנו נצוצות נשמות לבטלה, ונאחזו בהם הקליפות, כי כל היסודות נרמזים ביוסף הצדיק.

קרנות צדיק לרבי אליהו מני פרק ב' כ"ח - ואל יאמר אדם בראות ואזהרות אלו. הן אני עובר מקצתן או כולן ואין אני בא לידי קרי. דע להשיב כי נעקרה הטיפה ממקומה ויוצאת דרך מימי הרגלים . או אפשר דכל זה נאמר ברוצה להיפרד ואינו נדבק בסט"א. אבל אם כבר החזיקה בו הסט"א בעונות גדולות. אז אינה חוששת לזה וקים ליה בר רבה מיניה. ודברי רז"ל קדושים ונאמנים ולא יחטיאו השערה.
165

יפה שעה)א(- חזרו להזדווג ע"ב הכולל עם טעמי ס"ג הכולל, בסוד פנימיות, וכל שאר הבחינות טפלים להם, ואז הולידו הזכר כו', מה שכתב וכל שאר הבחינות טפלים להם, מספקא לי על על מה קאי, אם נאמר שקאי על שלשה בחינות דס"ג הכולל, שאמר לעיל שבזווג ראשון כדי להוליד הבת עלו, והיו בערך ישסו"ת טפלים לאו"א עלאין, שהם ע"ב דכללות עם ע"ב דס"ג, והוא מה שכתב רז"ל וכל הבחינות טפלים להם. או אפשר דקאי גם על מ"ה הכולל וב"ן הכולל, שבפנימיות א"ק, שגם הם עלו גם זאת הפעם בזווג שני והיו טפלים, אע"פ שבזווג שני אין צורך למ"ה וב"ן שבפנימיות א"ק שיעלו בסוד מ"ן, כי כבר יש בחוץ עליית מ"ן, כמו שכתב רז"ל בשער התיקון יע"ש)עיין שער הקדמות דף ט' ד"ה עוד נלען"ד(.
166

הגהות וביאורים)ב(- לכן נשברו, ואחר שנשברו חזרו כו', נוסח כתב יד.
167

רחובות הנהר ד"ה ע"ב - צריכים לעלות לשורשם העליון שבא"ק, וכמו שנתבאר לעיל. ואז מתעוררים חלקי טנת"א דמ"ה וב"ן דעתיק דאבי"ע דאצילות דפנימיות דא"ק, ועולים עם נת"א דע"ב דעתיק דאבי"ע דאצילות דפנימיות, למ"ן לטעמים דע"ב וס"ג דעתיק דאבי"ע דאצילות דפנימיות, כמו שכתוב בפרק א' מ"ב משער טנת"א, ואז נזדווגו ע"ב וס"ג דעתיק דאבי"ע דאצילות דא"ק, זיווג דרעותא שהוא זיווג דמוחין, שהם הג' פרצופי הפנימים דחב"ד דעתיק דאבי"ע דאצילות דא"ק.
168

בית לחם יהודה ש"ה פ"א - וכל שאר הבחינות טפלים להם. הם ג' בחינות דס"ג הכולל שאמר לעיל, שבזווג ראשון כדי להוליד את הבת, עלו והיו בערך ישסו"ת טפלים לאו"א עלאין, שהם ע"ב דכללות עם ע"ב דס"ג, גם זאת הפעם בזיווג ב' עלו והיו טפלים לאו"א,)עיין יפה שעה, וחסדי דוד אות כ"ג.(ועתה לא הוצרך גם הב"ן לעלות בסוד מ"ן, כי אורות הז' מלכים של הנקודים שנשברו, הם היו עולים בסוד מ"ן, כמבואר בדברינו בפרק א' דשער התיקון, ד"ה ולכן בחינת מ"ן וכו', יע"ש.

נקרא **שם מ"ה** החדש[169]. **ואז נתחברו** מחוץ לא"ק חיצוניות שם **מ"ה** הנקרא מ"ה החדש **וב"ן** שהוא חיצוניות שם ב"ן שיצא דרך העינים דא"ק, ונשבר ונקרא עולם הנקודים, **ונעשה משניהן עולם אצילות** באותו מקום שעמד לפני השבירה עולם הנקודים[170]. **באופן זה** כאן נכנס הרב ז"ל לסוגיה מאוד עמוקה של חלוקת מ"ה וב"ן בפרצופים שבאצילות[171] ומבאר איך מתחלק צד הנקבה שהוא שם ב"ן, בין פרצופי

169

ע"ח ש"י פ"ב מ"ת דמ"ח ע"א - והנה ע"י עליית מ"ן הנ"ל, שהם)נ"א ששם(האורות הנ"ל, נזדווגו בחינת הוי"ה דע"ב דיודי"ן, אשר הם כללות בחינת המוחין דא"ק, עם בחינת הטעמים דס"ג, שהם אח"פ, כנ"ל. כי אלו הטעמים דס"ג לא היה בהם שום שבירה, ולכן הם נזדווגו יחד עם בחינת הע"ב דא"ק, ואין הכוונה על האורות היוצאין מן הבל אח"פ, רק על **בחינת עצמן ופנימיותן ממש**. וכאשר נזדווגו יחד נולד מהם אור חדש על ידי הזווג הזה, וזה אור חדש הוא בחינת מ"ה דאלפין, וגם הוא נחלק לד' בחינות טנת"א, הכוללים כל האצילות, והוא כזה - כי הטעמים דמ"ה הוא בחינת עתיק יומין, והנקודות דמ"ה הוא א"א, והתגין דמ"ה הם בחינת או"א, ואותיות דמ"ה הם הם זו"ן, וכמו שנבאר היטב כל זה לקמן. וזה מציאות שם מ"ה דאלפין הזה, יוצא מן המצח דא"ק, וכבר ביארנו לעיל כי הדברים הולכין במדרגות, כי הבל האזן אינו נרגש, ומועט מן הבל היוצא מן החוטם. והבל החוטם מועט מהבל הפה, אמנם בזה נשתוו שלשתן שמעלין הבל, אך העין אין לו הבל אלא הסתכלות בלבד, וטעם השינוי זה לפי שהג' הם בחינת טעמים, אך העין הוא בחינת נקודות ס"ג, שהוא למטה ממדרגות הטעמים. והנה אור שם מ"ה החדש היוצא מן המצח דא"ק, הוא אחרון מכולם, לכן אין בו לא בחינת הבל כמו הג', ולא בחינת הסתכלות כמו נקודת העין, ואין בו רק בחינת הארה לבד. וזו שנזכר תמיד בזוהר באדר"ז במצחי אתגלי כו', כי אין בה רק גילוי הארה לחוד, גם זה מה שכתוב בזוהר במקומות רבים, כד סליק ברעותיה למברי עלמא דאצילות, פירוש כי מצח הרצון דא"ק ברעותיה למברי עולם האצילות על ידי אור מ"ה חדש היוצא ממנו, אשר על ידו נתקן כל האצילות, כמו שנכתוב בע"ה. ונמצא כי פירוש רעותא הוא סוד מצח הרצון, הנזכר, כי תרגום רצון רעותא, והנה לפי שבחינת ע"ב הוא בראש א"ק, המוחין, ומקומם הנזכר הוא מבפנים כנגד מקום המצח, ושם נזדווגו המוחין שהם בחינת ע"ב, עם בחינת ס"ג שהם אח"פ הטעמים דס"ג, שהם למטה מהמוחין בסוף הראש, ולכן מרוב האור שיש שם בזה המצח, על ידי הזווג הנ"ל, יצא אור חדש ממנו ולמטה שהוא שם מ"ה החדש.

170

עולם האצילות עומד באותו מקום שעמד עולם הנקודים, שהוא מהטבור דא"ק עד קרקע האצילות. ההבדל העיקרי בן ב' העולמות הוא, עולם הנקודים יצא מבחינת נקבה בלבד, לעומתו עולם האצילות הוא חיבור של זכר ונקבה. עוד הבדל מהותי בין ב' העולמות הוא, עולם הנקודים יצא בבחינת של דחד סמכא, ועולם האצילות בבחינת ג' קווין.

תרשים א – מ"ג.

ע"ח ש"ט פ"ג מ"ת דמ"ב ע"ד - כי הנה נתבאר החילוק שהיה בין או"א לזו' המלכים שהם זו"ן, ואמרנו כי הז' מלכים שהם זו"ן מתו ממש, וירדו אל עולם הבריאה, הכלים שלהם. ואחוריים של או"א נתבטלו ולא מתו, אלא שירדו למטה בעולם אצילות עצמו, ושם ביארנו טעם לזה, ואמרנו שהיה לסיבה שהז' מלכים לא קבלו אורות אח"פ דא"ק, רק מגופא דיליה ואילך. והנה לטעם זה עצמו היה גם כן ג"ר שהם כח"ב, אל הז' מלכים התחתונים, כי הג"ר יצאו בקצת תיקון בראשונה, והוא כי כאשר יצאו בראשונה נתפשטו כסדר ג' קווין, מה שאין כן ז"ת, שיצאו זו למטה זו, וזה שכתוב באד"ר עד אימת ניתב בקיימא דחד סמכא, ר"ל נתקן התיקון שהוא בדרך קוין, אבל קודם שהיו זה על גבי זה הוי קיומא **דחד סמכא**, וכבר ביארנו כי התיקון האצילות הוא **בהיות ו'"ק עשוי בבחינת ג' קוין קשורים זה בזה**, בסוד הג' המכריע ביניהן. ואז נקרא רשות היחיד, אבל בהיותן זה על גבי זה, והם נפרדין אחת מחברתה, אז נקרא רשות הרבים.

171

להבין סוגיה זאת בכללות, לשם ב"ן הוא בעל שעור קומה של י' ספירות, וכל ספירה מהספירות דשם ב"ן יש י' ספירות פרטיות, כך שבכללות שם ב"ן יש מאה ספירות. וגם בשם מ"ה יש שעור קומה של י' ספירות, שכל אחת מהם יש י' ספירות פרטיות. כל פרצוף מפרצופי האצילות, ולא רק האצילות אלא כל נאצל ונאצל בכל העולמות הוא חיבור של חלקים משם מ"ה עם חלקים משם ב"ן, וזהו תיקונם ובירור הנעשה בהם. כי כל חלק

מחלקי אבי"ע בכללות או בפרטות הוא חלק מז' מלכים דמיתו. ומלכים אלו יצאו בעולם הנקודים מבחינת מלכות של השעור קומה של כל ספירה, והיא גם בחינת הנוקבא בלא זכר. בעולם התיקון, שהוא שש אלפי שנים, בני ישראל מבררים ומתקנים את כל חלקי ז' המלכים דמיתו, ומעלים אותם מדרגה אחר מדרגה לשורשם, וזה נעשה על ידי עסק התורה, קיום המצוות ומעשים טובים. כך הולכים ומתבררים כל העולמות, סיום הברור הוא בחינת הגאולה.

ע"ח ש"י פ"ד מ"ד דמ"ט ע"ב - אח"כ יצא שם מ"ה מהמצח דא"ק, והוא סוד טעמים ונקודות הראשונות מס"ג נקרא עתה ב"ן, ונתחברו עתה מ"ה וב"ן, ומהם נתקנו כל הנקודות שהם המלכים שמתו, ושאר המלכים שלא מתו שבין כולם נקרא אצילות, ועתה אחר התיקון נקרא ברודים, והוא שבא אחר הנקודים, וזה שאמר הכתוב - עקודים נקודים ברודים. שם של מ"ה היוצא עתה ממצח החדש.

ע"ח ח"ב שכ"ו פ"ב מ"ת דט"ו ע"ג - ונבאר ענין צלם זה מה עניינו, דע כי כל בחינות הכלים והאורות הם מבחינת אותן המלכים, ויש מהן בחינות שלא נבררו, ובכל יום ויום מבריאת עולם עד ביאת משיחנו, מתבררים מהם בירורים רבים, וכשיוגמרו להתברר אז יבא משיח. וזה סוד שארז"ל עד שיכלו כל הנשמות שבגוף, וזה הגוף הוא עץ הדעת טוב ורע דקליפת נוגה, ששם נתערבו כולם טוב ורע, בין חלק אבי"ע, ובין חלק המלאכים הנבראים בכל יום, בסוד יוצר משרתים ואשר משרתיו, בין נשמת בני אדם, בין שאר בריות, צומחים, ודומם, בהמות, וחיות, כו'. והבן זה מאד מאד, ותדע הנהגת עולם בכל יום, וכל זה על ידי תפלות שבכל יום ויום.

נהר שלום די"ג ע"א - אמנם בערך העצמות ואור הא"ס המלובש בהם נקראים כלים, אמנם הם אור זך ובהיר בתכלית הבהירות, אמנם ודאי כי יש הפרש וחילוק גדול בין ערך אורות הכלים דא"ק, לאורות הכלים דאצילות, וכן באצילות עצמו יש חילוק בין אורות דכלים דפרצוף העליון, לאורות דכלים דפרצוף התחתון המלבישו. עד שיקראו הכלים דפרצוף העליון פנימית לכלים דפרצוף התחתון המלבישו, וכן הוא בפרטי פרטות כי כל פרצוף היותר גבוה, ופנימי מחבירו, הנה הוא קרוב אל אור הא"ס מדריגה אחת, יותר מהפרצוף התחתון החיצון המלבישו, והוא מקבל אור הא"ס בקירוב ובהרחבה יותר מהפרצוף החיצון מדריגה אחת, ולפיכך יקרא פנימיות לפרצוף החיצון המלבישו, כי כפי קרבתם אל המאציל כך הוא זיכוכם ובירורם.

והמשכיל יבין כי כל אלו המאורות מן המאציל העליון, יצאו ונתפשטו ונשתלשלו כל אחד כפי שיעור הבירור והתיקון הצריך לו, כפי שיעור מיעוט או ריבוי הבירור והתיקון הצריך להם, כך הוא קירובם וריחוקם מן המאציל, כי האור שאינו צריך זמן רב לבירורו ותיקונו, הוא יותר זך מחבירו, והוא עליון וקרוב אל המאציל יותר מהאור הצריך זמן יותר לבירורו ותיקונו, וכולם מאור המאציל העליון יצאו, ונתפשטו מדריגה למטה ממדריגה, ומדריגה לפנים מפנים ממדריגה, מראש א"ק עד העשיה, ונפרטו לכמה אלפי רבבות עולמות דא"ק ואבי"ע, זה לפנים מזה, מלבישים זה את זה בשוה, ומספר כללות פרטותם הוא כפי מספר ימי שני זמן בירורם ותיקונם, שהם שתא אלפי שני דהוי עלמא, וזה בבחינת ששת ימי בראשית, שהם שיתא אלפי שני דהוי עלמא, שהם בבחינת פרטי פרצופי ו"ק חג"ת ונה"י דחג"ת, אשר הם נפרטים לשנים, ולחדשים, ולשבועות, ולימים לבד, ובכל יום נתקן פרט אחד דכללות א"ק ואבי"ע, כפי סדר מטבע מה שנעשה בו' ימי בראשית. וכן על דרך זה הוא בירור ותיקון סדר הזמנים, שהם בבחינת פרטי פרצופי ו"ק נה"י וחג"ת דנה"י, שמשם התחילו לשמש המאורות, אמנם הם נפרטים ליובלות, ולשמטות, ולשנים, ולחדשים, ולשבועות, ולימים, ובכל תפלה ובכל מצוה הנעשים באותו יום, מתבררים ועולים בירורים חדשים, אשר לא נבררו ולא עלו מיום שנברא העולם עד היום הזה, ואלו הבירורים שנבררו ונתקנו היום, עולים ומלבישים לבירורים שנבררו ונתקנו אתמול, ונעשים חיצוניות להם, והבירורים של אתמול הם בערך פנימיות להם, כי הם לפנים מהם, וקרובים אל המאציל מדריגה אחת יותר מהם, ואלו הבירורים של אתמול, הם בערך חיצוניות לבירורים שנברר ונתקנו ביום, תמול שלשום, ובירורים דתמול שלשום, הם פנימיות להם, כי הם לפנים מהם וקרובים אל המאציל מדריגה אחת יותר מהם. וכן על דרך זה הוא בבירורים המתבררים ונתקנים למחר, שעולים ומלבישים לבירורים שנבררו ונתקנו היום, ונעשים חיצוניות להם, והבירורים של היום הם פנימיות להם, כי כבר נתקנו ועלו למדרגה יותר עליונה ממה שהיו בה היום, והם לפנים מהם קרובים אל המאציל מדריגה אחת יותר מהם, כי הבירורים שנבררו ועלו ונתקנו היום, הנה הבירור והתיקון ההוא נקרא בירור ותיקון בערך המדריגה ההוא, אבל בערך מדריגה יותר פנימית עליונה, עדיין צריכים בירור ותיקון יותר. ולפיכך למחר בעת עלות הבירורים החדשים ותיקונם, גם בעת ההיא נבררים ונתקנים הבירורים שנבררו ונתקנו היום, בירור ותיקון יותר מעולה, ועולים ונכנסים ומלבישים למדריגה יותר עליונה ממה שהיו בה היום, למקום שהיו בה הבירורים של אתמול,

האצילות, **כי[172] עָתִיק לוֹקֵחַ ה' רָאשׁוֹנוֹת מִטְּעָמִים דב"ן** שהם כתר, חכמה, בינה, חסד,
גבורה דכתר דב"ן, עוד עתיק לוקח לצד הנקבה שלו **וג"ר מִנְּקֻדוֹת דב"ן** שהם כתר, חכמה, בינה דחכמה
דב"ן, **וד' רָאשׁוֹנוֹת מִתָּגִין דב"ן** שהם כתר, חכמה, בינה, חסד דבינה דב"ן, **וכתרים שֶׁל
אוֹתִיּוֹת דב"ן** שהם הכתר דחסד דב"ן, כתר דגבורה דב"ן, כתר דתפארת דב"ן, כתר דנצח דב"ן, כתר דהוד דב"ן,
כתר דיסוד דב"ן, כתר דמלכות דב"ן[173], עם כל זה יש ספק אם עתיק לקח את הכתרים דז"ת דב"ן[174]. **וא"א לקֵחַ**

ומתקרבים אל המאציל מדריגה אחת יותר, ומזדככים יותר, והבירורים של מחר עולים למקום שהיו בה אלו
הבירורים. וכן על דרך זה גם הבירורים של אתמול נבררים בעת ההיא בירור יותר מעולה, ועולים ונכנסים
למדריגה יותר עליונה ממה שהיו בה, ומתקרבים אל המאציל מדריגה אחת יותר, ומזדככים יותר. וכן על דרך
זה נעשה בכל העולמות, כי עולים מיום ליום לשבוע, ומשבוע לחדש, ומחדש לשנה, ומשנה לשמטה, ומשמטה
ליובל, ומיובל ליובל, עד המאציל העליון, עד שבכל יום נשלמה מדריגה אחת הסמוכה אל המאציל להתתקן
ולהזדכך תיקון וזיכוך שלם, ונדבק במאציל. וכן על דרך זה הוא בירור ותיקון וזיכוך ו' ימי בראשית, אלא
שהם מיום ליום לשבוע, ומשבוע לשבוע לחדש, ומחדש לחדש לשנה, ומשנה לשנה לעשר שנים, ומעשר
לעשר למאה שנים, וממאה למאה לאלף שנים, ומאלף לאלף עד שתא אלפי שני, על דרך הנז"ל. עד שבשתא
אלפי שני דהוי עלמא חד, נשלמו כל העולמות להתברר ולהתתקן, ולעלות ממדריגתם, מדריגה אחת שלימה,
כל פרט למדריגה שעליו, **כי שתא אלפי שני הוא זמן בירור ותיקון ועליית עלמא חד**, שהוא מדריגה אחת
לכל העולמות, ודי בזה למבין, כי לא נוכל להרחיב עוד הדיבור הצריך, כי הדברים עתיקים עמוק עמוק,
והמשכיל יבין ועיין תיקוני זוהר חדש דקמ"ג ע"א דפוס קושטא.
172

בית לחם יהודה שי"ה פ"א - כי עתיק לוקח ה"ר מטעמים דב"ן. פירוש כי י' ספירות דנקודים, כל ספירה
נפרטת לעשרה ספירות נקודות. ובזמן התיקון לקח עתיק לתיקון פרצופו ה"ר מטעמים דב"ן, שהם חצי העליון דכתר
דב"ן, כי הכתר הוא טעמים, כמו שכתוב להלן. ועוד לקח ג"ר מנקודות דב"ן, ר"ל מחכמה דב"ן, כי החכמה
היא ס"ג ונקודות, כמו שכתוב להלן. וד"ר מתגין דב"ן, ר"ל מבינה דב"ן. וז' כתרים של זו"ן דב"ן. וכן על דרך
זה מבאר רז"ל את כל המאה אורות של י' ספירות דנקודים, היאך מתחלקים בין פרצופי האצילות.
173

הספירות הבונות את צד הנוקבא דפרצוף עתיק הם, ה' ספירות ראשונות דכתר דב"ן, ג' ספירות ראשונות
דחכמה דב"ן, ד' ספירות ראשונות דבינה דב"ן, והכתרים של חג"ת נהי"ם דב"ן.
תרשים א – מ"ד.
174

יש ספק אם עתיק לקח את הכתרים של ז"ת דשם ב"ן, הרב ז"ל וגם רש"ש כותבים כי עתיק לקח את הכתרים
דז"ן ולפעמים הם כותבים כי עתיק לא לקח אותם, וכל זה מחמת ספק. לפי פשט סוגיה זאת, עתיק לוקח
את הכתרים של ז"ת
של ז"ת דב"ן.

ע"ח שי"ב פ"ג מ"ת דנ"ח ע"ב - עוד יש ספק בענין ז"ת דעתיק, אשר הוא פשוט שלקחו להם ז"ת דכתר
דמ"ה, **והספיקות הוא אם לוקח משם ב"ן בחינת ז' כתרים שיש בז"ת דב"ן, או לאו**. כי שאר הבחינות
שלהם אפילו חו"ב שבהם, פשוט הוא כיון שכל כללות הז' מלכים התחתונים דב"ן אינם רק בחינת גופא
כנודע.

ע"ח שי"ד פ"ד דע"א ע"ד – אומנם בעתיק וא"א הזכר והנוקבא שבכל אחד משניהם אינם נפרדין, רק זכר
ונקבה בפרצוף אחד, והטעם כי זכר דעתיק לקח דעתיק לקח כתר כתר דמ"ה לבד, ונוקבא לקחה ה"ר דכתר דב"ן, וג"ר דחכמה
דב"ן, וד"ר דבינה דב"ן, **וז' כתרים דז"ת דב"ן**, וכיון שהזכר דעתיק אין בו רק מ"ה לבד, ונוקבא רק ב"ן
לבד, על כן אינו יכול להפרד, שאין קיום ותיקון לב"ן אלא על ידי מ"ה החדש.

רחובות הנהר ד"ז ע"ב – והנה עתיק נתקן ונעשה מי"ס דכתר דמ"ה, ומבירור חצי עליון דכתר דב"ן,
וניתוספו לו מחדש חצי תחתון דכתר וט"ס אחרות להשלים י"ס לכתר דב"ן. וגם לקח ג"ר דחכמה דב"ן, וד'
ראשונות דבינה דב"ן, **וז' כתרים דז"ת דב"ן.**

ה' אזרונות דטעמים דב"ן שהם תפארת, נצח, הוד, יסוד מלכות דכתר דב"ן[175]. **ואבא[176] לקח**

ו' תזחתונות דנקודות דב"ן שהם חסד, גבורה, תפארת, נצח, הוד, יסוד, מלכות דחכמה דב"ן[177].

ואמא[178] ו' תזחתונות דתגין דב"ן שהם גבורה, תפארת, נצח, הוד, יסוד, מלכות דבינה דב"ן[179].

וז"א[180] ו' תזחתונות (ו"ת שהם אותיות דב"ן) (נ"א ז"ת) דאותיות דב"ן שהם ט'
ספירות[181] חכמה, בינה, חסד, גבורה, תפארת, נצח, הוד, יסוד מלכות של חג"ת נה"י דב"ן[182], וחלקים אלו נקראים ו"ק
דב"ן, או לאה הגדולה • **ונוקבא[183]** שהיא רחל הקטנה, **עשירית אותיות דב"ן (נ"א העשירי
דאותיות)** שהם ט' ספירות תחתונות דמלכות דב"ן[184]. הרב ז"ל מבאר כאן איך מתחלק צד הזכר שהוא שם מ"ה,

---

רחובות הנהר ד"ז ע"ד - הוא שלקח העתיק אותם השבעה כתרים דז"ת דב"ן, כנ"ל. אלא שהוא **ספק אם
לקחם אם לאו.**
175

החלקים שבונים את צד הנוקבא של פרצוף א"א הם ה' ספירות תחתונות דכתר דב"ן. כי את ה' הספירות
הראשונות לקח עתיק
תרשים א – מ"ה
176

בית לחם יהודה ש"ה פ"א - ואבא לקח. הם או"א עלאין.
177

החלקים שבונים את צד הנוקבא של פרצוף אבא הם ז' ספירות תחתונות דחכמה דב"ן, את את הג"ר לקח
עתיק. בעומק הענין אבא הוא בעצם או"א עילאין.
תרשים א – מ"ו
178

בית לחם יהודה ש"ה פ"א - ואימא ו' תחתונות. הם ישסו"ת, וכמבואר בפרק ב' דשער העקודים, יעו"ש.
179

החלקים שבונים את צד הנוקבא של פרצוף אימא הם ו' ספירות תחתונות דבינה דב"ן, את את הד"ר לקח
עתיק. בעומק הענין אימא היא בעצם ישסו"ת.
תרשים א – מ"ז
180

בית לחם יהודה ש"ה פ"א - וז"א ששה תחתונות שהם אותיות דב"ן. מלבד הכתרים שבהם שלקח עתיק.
181

הגירסה בספר אדם ישר היא – ז"א לוקח ט' תחתונות.
182

החלקים שבונים את צד הנוקבא של פרצוף ז"א, שהיא לאה הגדולה, הם ט' ספירות תחתונות של חג"ת נה"י
דב"ן, את את הכתרים של חג"ת נה"י דב"ן לקח עתיק.
תרשים א – מ"ח.
183

בית לחם יהודה ש"ה פ"א - ונוקבא עשירית אותיות דב"ן. כלומר ונוקבא לקחה ספירה העשירית דנקודים,
שגם היא בחינת אותיות דב"ן, וגם פה הוא מלבד הכתר שבה, שלקח עתיק.
184

החלקים שבונים את צד הנוקבא של פרצוף הנוקבא, שהיא רחל הקטנה הם ט' ספירות תחתונות של מלכות
דב"ן, את הכתר של מלכות דב"ן לקח עתיק.
תרשים א – מ"ט.
כללות צד ב"ן שהוא בעל מאה ספירות פרטיות מתחלק בכל פרצופי האצילות,
תרשים א – נ.

בין פרצופי האצילות, חלוקה זאת שונה מחלוקת שם ב"ן **ואמנם משם מ"ה לקחו עתיק טעמים דמ"ה** . שהם כח"ב חג"ת נהי"ם דכתר דמ"ה[185] **וא"א נקודות דמ"ה** שהם כח"ב חג"ת נהי"ם דחכמה דמ"ה[186] . **ואבא ואימא** התחלקו בי **ולקחזו תגין דמ"ה** כאשר אבא לקח כתר, חכמה, בינה, חסד, גבורה דבינה דמ"ה[187], ואימא לקחה תנהי"ם דבינה דמ"ה[188] . **וו"א** שהוא ישראל, ו"ק דמ"ה לקח ו' **תחתונות** של **אותיות דמ"ה** שהם כח"ב חג"ת נהי"ם דחג"ת נה"י דמ"ה[189] . **ונוקבא** שהוא יעקב, מלכות דמ"ה **עשירית אותיות דמ"ה** שהם כח"ב חג"ת נהי"ם דמלכות דמ"ה,[190] וזאת היא החלוקה בכללות[191], כאשר יש עוד פרטות בחלוקה עם פרצופי ישסו"ת.

הרב ז"ל נכנס לסוגיה הנקראת **צל"ם**[192]. ידוע כי כל בחינת אור מורכב מב' בחינות של פנימי ומקיף,[193] **עניין ה'**[194] **בחינת נרנ"י פנימיים** בתוך שעור קומה של י' ספירות,[195] והנרנח"י הם נשמת הספירות וחיותם,

---

185

החלקים שבונים את צד הזכר של פרצוף עתיק, הם כח"ב חג"ת נהי"ם דכתר דמ"ה, שהוא בעצם כל הכתר דמ"ה.
תרשים א – נ'א.

186

החלקים שבונים את צד הזכר של פרצוף א"א, הם כח"ב חג"ת נהי"ם דחכמה דמ"ה, שהוא בעצם כל החכמה דמ"ה.
תרשים א – נ'ב.

187

החלקים שבונים את צד הזכר של פרצוף אבא, הם כח"ב ח"ג דבינה דמ"ה.
תרשים א – נ'ג.

188

החלקים שבונים את צד הזכר של פרצוף אימא, הם תנהי"ם דבינה דמ"ה.
תרשים א – נ'ד.

189

החלקים שבונים את צד הזכר של פרצוף ז"א, שהוא ו"ק דמ"ה, ישראל, הם כח"ב חג"ת נהי"ם דחג"ת נה"י דמ"ה.
תרשים א – נ'ה

190

החלקים שבונים את צד הזכר של פרצוף הנוקבא, שהוא מלכות דמ"ה, יעקב , הם כח"ב חג"ת נהי"ם דמלכות דמ"ה.
תרשים א – נ'ו

191

תרשים א – נ'ז.

192

בחינת צל"ם היא בחינת נתינת מוחין לפרצוף התחתון דרך העליון. כאשר הפרצוף התחתון מקבל את המוחין שלו, שהם החלקים הבונים אותו, הוא חייב לקבל אותם דרך מסכים והתלבשויות, כדי שאור התמעט. לדוגמה, ז"א מקבל את המוחין שלו דרך פרצוף התבונה)אשר בתוכה מלובש פרצוף יש"ס(, המוחין דז"א מתלבשים תוך התבונה. אבל בגלל שז"א לא יכול לקבל את כל המוחין בבת אחת, **רק חלק אחד** של המוחין המתלבש תוך נה"י דתבונה, עם הכלים דתבונה מתלבשים תוך ז"א. נה"י דתבונה הם ג' ספירות המתחלקים כל אחת לג' פרקים, כמו הרגלי האדם, כאשר הפרק העליון נקרא ירך, האמצעי רגל, והתחתון עקב. נמצא שיש בנה"י

דתבונה ט' פרקים, והם מתלבשים תוך ט' הספירות דז"א. כאשר הפרקים העליונים של הנה"י דתבונה
מתלבשים בחב"ד דז"א, הפרקים האמצעים דנה"י דתבונה מתלבשים בחג"ת דז"א, והפרקים התחתונים דנה"י
דתבונה מתלבשים בנה"י דז"א. כך כל נה"י דתבונה מתלבש תוך כל פרצוף ז"א, שהוא בעל ט' ספירות
כלליות, ובפרטות כל ספירה מספירות ז"א הכלליות הוא בעל י' ספירות פרטיות, כך שלז"א בעצם יש צ' צ'
ספירות פרטיות שבהם מתלבשים נה"י דתבונה, וזה הוא **צ' דצל"מ**. כתר דז"א נעשה מבחינת שליש תחתון
דתפארת דתבונה.

תרשים א – נ"ח.

החלק השני של המוחין דז"א שהוא לא יכול לקבל, נשאר בחג"ת דתבונה. וחג"ת דתבונה הם ג' ספירות, אשר
כל ספירה נפרטת לי' ספירות, יחד הם ל' ספירות. וזה הוא **ל' דצלם.**

תרשים א – נ"ט.

החלק השלישי של המוחין דז"א שהוא לא יכול לקבל, נשאר בכחב"ד דתבונה. וכחב"ד דתבונה הם ד'
ספירות, אשר כל ספירה נפרטת לי' ספירות, יחד הם מ' ספירות. וזה הוא **מ' דצלם.**

תרשים א – ס.

יש לדעת כי כל בחינה מהצל"ם נחלקת לצל"ם פרטי, כך שיש צל"ם דמ', צל"ם דל', וצל"ם דצ'.

תרשים א – ס"א.

ע"ח ח"ב שכ"ה דרוש ח' די"ג ע"ג - אמנם כשיוצא פרצוף מוחין דז"א תחלה מנה"י הראשונים, אז חזרו
אחר כך מהם להיות פרצוף תבונה כולה. והנה פרצוף מוחין דז"א יצאו לאויר, ועמדו שם באויר שבין פרקין
קדמאין דנה"י הראשונים, אשר חזרו אחר כך ונתהווה מהם ונעשה ג"ר דתבונה, והרי זו בחינה אחד ונקרא **מ'**
של צלם. כי עתה לא נתלבשו עדיין המוחין תוך תבונה, וכשאין מתלבשין הם ד' מוחין חו"ב ג **מ'** של
הצלם. ואחר כך שנעשה פרצוף תבונה היו צריכים המוחין האלו לירד למטה עד נה"י דתבונה, להתלבש בהם
כדי שיכנסו בז"א, כי הנה"י דתבונה הם לבדם ארוכים בכל שיעור אורך ז"א, כמבואר אצלינו. והנה אלו
המוחין עומדין במקום ג"ר דתבונה, וצריכין לירד ב' ירידות, אחת בחג"ת דתבונה, ואז הם מתלבשים שם, ושם
הם ד' מוחין תוך ג' ספירות לבד, כי חו"ג התלבשו תוך ת"ת דתבונה, נמצא כי עתה לא יש היכר אל היות שם
ד' מוחין, רק ג' לבד נגד חג"ת דתבונה, ואז שם נקרא **ל'** דצלם. ואחר כך יורדין יותר למטה לנה"י דתבונה, ואז
הם נכנסים תוך ז"א, ואז נקרא **צ'** דצלם כמבואר. נמצא שכל בחינות שהם יורדין שם, הם נעשין הארה שם,
ונשארו שם שרשם, כי אדרבא הרוחניות שאין יכול ליכנס בבחינה ב' מחמת גדלות ומעלתו, נשאר למעלה
בבחינה הראשונה, ומה שאינו יכול ליכנס בבחינה הג' נשאר בבחינה ב', אם כן סדר מעלתן הם **מל"צ. מ'** הוא
מקיף עליון, **ל'** הוא המקיף ב', אחר כך **צ'** והוא אור פנימי הנכנס תוך ז"א. וג' בחינות אלו נקרא **צלם**. באופן
שהקדושה בכל מקום שעוברת שם מניחה רושם ושרש במקום ההוא, ואותן ב' בחינות לפי שאין יכולים ליכנס
תוך ז"א, בסוד אור פנימי נשארים למעלה צל"ל על ראשו, לכן הוא אור מקיף, כי משם הוא מאיר אל הז"א
לתתא, אך אינם מקיפין מצדדים רק על ראשו לבד.

ע"ח שער הכללים פרק ה' ד"ז ע"ד - והנה כאשר אמא יולדת בחינת מוחין אלו, הם נעשין בחינת ד' מוחין שהם
חו"ב חו"ג, וזה סוד **מ'** של צלם כי אותיות **צלם** הם מתתא לעילא, ו**ם** זו כנגד ד' מוחין, כי כל אחד מהם כלול
מי'. ואח"כ אימא עלאה מלבשת וכוללת אלו הד' מוחין תוך נה"י שלה, חכמה בנצח. בינה בהוד, חו"ג ביסוד.
ומרכנת ומשפלת עצמה ונכנסת תוך ז"א עם המוחין האלו, כי ז"א אינו יכול לקבל מוחין אלו לרוב גדלות
אורם, אם לא אחר התלבשות תוך נה"י אימא, ואז נכנסים נצח דאימא ובתוכו מוח חכמה בחכמה דז"א, והוד
דאימא ובתוכו מוח בינה בבינה דז"א, ויסוד דאימא ובתוכו מוח חו"ג בדעת ז"א. ונמצא כי קודם התלבשותם
היו ד' מוחין, שהם סוד **מ'** דצלם, ואחר התלבשותם שנכללו חו"ג ביסוד אמא ונעשה ג' מוחין, שהם **ל'** של
צלם, הבאה אחר הם מתתא לעילא. ובחינה **ל'** זו הוא אחר התלבשות המוחין בנה"י דאימא. והנה אחר שנכנסו
נה"י דאימא ובתוכן המוחין כנ"ל, ונכנסו בראש ז"א, אז נגמר **צ'** של צלם, כי שם הוא בחינת **צ'**, כי מוחין
אלו אינם נשארים בריישא, רק בכל גופא מתפשטים, שהם חב"ד חג"ת נה"י. הרי **צ'**. ומתחלה היה ו"ק, וע"י
מוחין אלו נגדל בבחינת **צ'** ע"י כניסת נה"י דאימא עם המוחין שבתוכם בתוך ז"א, וכנ"ל בסוד הגדלת
השלישים של ז"א, ואותו הדרוש שייך עתה. כי ע"י אלו המוחין הגדיל ז"א.

193

והמקיפים[196] **הם** צ"ל שהם ב', **זיזה ויזוידה** ואין נר"ן במקיפים[197], הרב ז"ל סותר את עצמו ומבאר כי **צריך**[198] **לדעת כי גם בה' בזוינת פנימית** צ"ל פנימים, הם נרנח"י שבתוך השעור קומה **יש**

יפה שעה)ב(- מ"ב ענין ה' בחינות נרנח"י, וב' מקיפים חיה ויחידה, צריך לדעת כי גם בה' פנימים יש מקיף לכל אחד ואחד, אבל אלו השנים מקיפים הם אחרים כוללים, זולת ה' מקיפים שבפנימים, וראיה לזה כו'. לא ידעתי למה לן לאטרוחי כולי האי לאות ולמופת, הלא ממקומו הוא מוכרח, שהרי כתב רז"ל לעיל פרק א' ז"ל - ונתחיל בעקודים שהם אורות היוצאים מן הפה דא"ק, אשר בהם התחיל גילוי הוויות הכלים כו', הנה אורות הפנימים עם אורות המקיפים מחוברים יחד בתוך הפה, לכן בצאתם יחדיו מחוץ לפה קשורים יחד, הם מכים זה בזה ומבטשים זה בזה, ומתוך ההכאות שלהם מתיילדים בחינת הויות הכלים יע"ש. הרי בהדיא כי משעת ראשונה, מעת שיצאה המלכות, שהיא ראשונה מן היוצאים, כבר היתה כוללת אור פנימי ואור מקיף, וכבר נמצא שם ד' בחינות, שהם - אור פנימי ואור מקיף בפנימיות הכלי, וחיצוניות הכלי. וכן כשיצאו כל השאר מן המלכות ולמעלה, וכשיצא ז"א הרי יצא בחינת נפש, ומקיף דנפש לעצמו, ובחינת רוח ומקיף הרוח למלכות, וכן כל השאר. באופן שמשעה ראשונה ליציאתם כל אחד כפי בחינתו יצא הוא ומקיפו עמו, ונמצאת המלכות בנרנח"י שלם, ומקיפים. וז"א בנרנח"י שלם ומקיפיהם. ואחר כך כשהחזירו זו"ן במאציל, כדי לקנות חיה ויחידה, מוכרח שהיא חיה ויחידה מלבד המקיפים של הפנימים. באופן שמן הדרוש והענין מוכרח להיות נרנח"י שלם ומקיפיהם, והכל בבחינות פנימיות, ועוד בחינת חיה ויחידה מקיפים כוללים על כולם.
194

בית לחם יהודה ש"ה פ"א - ענין ה' בחינות נרנח"י פנימיים. פירוש ענין ה' בחינות נרנח"י הפנימיים, וב' המקיפין, הנזכר לקמן בפרק ב' דעקודים, שכתבנו שם מעולם האצילות ולמטה אין כי אם ה' אורות פנימיים, וב' מקיפין לבד, וכו'. צריך לדעת וכו', כן הוא המשך דבריו. ואם תאמר והיכי אפשר להיות נרנח"י פנימיים, והא ליכא בכל פרצוף כי אם ג' כלים לבד, שהם כנגד נר"ן. הענין הוא כי צ' מהנר"ן הוא כלול מט' ספירות שהם כח"ב, חג"ת, נה"י. ואם כן הצ' לבדו הוא נפרט לנרנח"י. כיצד, נפש דצ' במלכות, ורוח בו"ק, ונשמה בבינה, וחיה בחכמה, ויחידה בכתר, וכל זה הוא ככלי חיצון דנפש, וכנגדם הוא בצ' דכלי אמצעי דרוח, וכנגדם בצ' דכלי פנימי דנשמה. נמצא שנרנח"י דנר"ן כולם הם פנימים כמו שכתב רז"ל להדיא, באמצע פרק ג' דשער העקודים, ועיין עוד בדברינו בפרק ב' דשער ל' ד"ה והם הם וכו', ובריש פרק י"ב דשער מ', ובפרק י"ג דשער מ' ד"ה והנה וכו', ובדיבור שלאחריו, ובפרק ד' דשער מ"ב ד"ה כי כמו וכו', יעו"ש. א"נ יל"פ)אי נמי יש לפרש(כי הנפשות שבפרטיות הנרנח"י הם מתלבשין בכלי החיצון בעור, ובשר, וגידין, ועצמות, ומוח שבעצמות. וההי' רוחות שבפרטות הנרנח"י הם מתלבשין בעור, ובשר, וגידים, עצמות, ומוח שבעצמו דכלי האמצעי. וה' נשמות שבפרטיות הנרנח"י הם מתלבשין בעור, ובשר, וגידין, ועצמות, ומוח דכלי הפנימי. וה' חיות, וה' יחידות שבפרטות הנרנח"י נשארים מקיפין, כמו שכתוב בדברינו בריש פרק א' דשער כ"ו, יעו"ש. ועיין עוד בפרק י' דשער מ' ד"ה אמנם כנגד וכו'.
195

בחינת אורות הנרנח"י מתלבשים העשר ספירות שהם הכלים שלהם, כאשר הכתר הוא כלי ליחידה, חכמה כלי לחיה, בינה כלי לנשמה, חג"ת נה"י כלי לרוח, מלכות כלי לנפש.
196

בית לחם יהודה ש"ה פ"א - והמקיפין שהם שנים, חיה ויחידה. כך צריך לגרוס. וכבר ביארנו בסוף פרק ג' דשער א' ד"ה ועוד יש וכו', דבחינת עשרה מקיפין דיושר דכל הפרצופים, הם נקראים יחידה, ואור היוצא מדרך שערי רישא בבחינת אור חוזר, הוא נקרא חיה, וכמבואר כל זה בסוף פרק ג' דשער מ"ב, ובפרק א' דשער מ"ה, יעו"ש. ועוד יש בחינת שני מקיפין אחרים שנקראים גם כן חיה ויחידה והם בחינת ה**ל"מ** דצלם המתלבשים בכחב"ד וחג"ת דאימא, כי הל' נקרא חיה והמ' נקראת יחידה, כמו שכתוב בדברינו בפרק א' דאח"ף ד"ה וכולה היא, יעו"ש. ומקיפי חיה ויחידה הנזכרים פה, הכוונה על היחידה דמקיפין דהיושר, ועל החיה דאור חוזר, ולא על חיה ויחידה דל"מ דצלם.
197

לפי פשט דברי הרב ז"ל כאן, יש ה' בחינות בפנימיות הגוף הנקראים נרנח"י, ויש ב' בחינות של מקיפים שהם חיה ויחידה. השאלה שעולה מיד היא, הרי למדנו כי בתוך הגוף מתלבשות ג' בחינות, שהם נר"ן, וב' בחינות

מקיף בכל אזור ואחד מהנרנח"י[199], והראיה היא כמו נֶפֶש[200] נדב אביהוא ואלידהו ז"ל[201]. **אבל אלו הב' מקיפים** במוזכרים בתחילת הסוגיה, עם ה' הפנימים והמקיפים הם

חיה ויחידה הם מקיפין לגוף שבתוכו הנר"ן. איך הרב ז"ל כותב שיש ז' בחינות ביחד, או אולי ב' המקיפים חיה ויחידה הם לא מאותה מערכת של נרנח"י.
198

בית לחם יהודה ש"ה פ"א – צריך לדעת כי גם בה' בחינות פנימית יש מקיף בכל אחד. מקיפין הנזכר אינם לא מקיפי הל"מ דצלם, ולא מקיפין דיושר, ואור חוזר, הנזכר בדיבור הקודם לזה. אלא שהנרנח"י הפנימיים הם עצמם כל אחד ואחד מהם, הוא כלול מב' בחינות, מאור פנימי ואור מקיף. כי כללא הוא כי כל אור אפילו אם הוא אור פנימי, הוא כלול גם כן מאור מקיף, כמו שכתב רז"ל באמצע פרק ג' דשער כ"ה, בענין ב' חסדים וב' שלישי החסד המתפשטין בב' שלישי תפארת ובנצח והוד דז"א, כי אף על פי שהם חסדים פנימיים ולא מקיפין, עם כל זה כתב שם וז"ל - והענין כי בעלות אלו החסדים שם (באור חוזר), הנה יש בהם בחינת אור מקיף ואור פנימי, ושמור כלל זה וכו', יעו"ש. ור"ל כי יש מקיף לכל אחד מה' בחינות הנרנח"י, כן פירש יוסף דעת, והביא דבריו רב האיפה שלמה נר"ו, בד"ב ע"ב אות ה', והסכים לפירושו וסיים שם, וז"ל - וכך כתב הרב יפה שעה בפרקין, וז"ל - באופן שמן הדרוש והענין מוכרח להיות נרנח"י שלם הם ומקיפיהם, והכל בבחינת פנימיות, ועוד בחינת חיה ויחידה מקיפין כוללים על כולם, עכ"ל. ולפי זה נמצא שיש בה' הפנימיות ה' מקיפין, וכל זה הוא לנרנח"י דכלי החיצון. וכנגדו ה' מקיפין לנרנח"י הפנימיים דכלי האמצעי. וכן ה' מקיפין לנרנח"י הפנימיים דכלי הפנימי. כי כן הוא כל אור פנימי יש עליו אור מקיף.
199

לפי דברי הרב ז"ל יש ה' בחינות של נרנח"י בפנימיות, וה' בחינות נרנח"י מקיפים שהם פרטים, לה' בחינות נרנח"י הפנימיים, יוצא שהמקיפים הפרטים האלו של הנרנח"י הפנימיים, מקיפים עליהם בתוך הכלים, ר"ל שהמקיפים נכנסים לכלים, וזה אי אפשר כי למדנו שהמקיפין מקיפים מחוץ לכלים, מפני שבכלים לא יכולים לסבול את אור המקיף. בסידור מרן הרש"ש הוא סידר הכנסת מקיף פרטי עם האור הפנימי תוך הכלים של כל ספירה פרטית. כלומר יש מציאות של מקיף הנכנס בתוך הכלי, אפילו שהמקיף יותר גדול מהפנימי.
תרשים א – ס"ב.
הלכה למעשה בסידור הרש"ש, אור המקיף שהוא אהי"ה עם הניקוד, מתלבש בג"ר של אותה ספירה פרטית. ואור הפנימי שהוא הוי"ה עם הנקוד, מתלבש בספירה בפרטית.
תרשים א – ס"ג.
200

בית לחם יהודה ש"ה פ"א – כנפש נדב ואביהוא ואליהו ז"ל. ר"ל כמו שמצינו בנפש נדב ואביהוא, כמבואר בשער הגלגולים הקדמה ל"ב דל"ג ע"ב, כי נדב ואביהוא לקחו אור מקיף מנפש דאצילות, ולא הפנימי. ואליהו ז"ל שהוא פינחס נטל הפנימי, יעו"ש. נמצא דיש מקיף לנפש הפנימית, וה"ה לכל הנרנח"י.
201

מובא בחז"ל כי פינחס הוא אליהו, הרב ז"ל מבאר כי בחינת נשמת נדב ואביהוא היתה ממדרגה גבוהה, שהיא אור מקיף דנפש דאצילות, ומעטים זוכים למדרגה זאת. נדב ואביהו היו מבחינת אור מקיף דנפש דאצילות, ופינחס בן אלעזר הכהן היה מבחינת אור הפנימי דנפש דאצילות. וכאשר פינחס קינא לה', והרג את זמרי, נכנסו בו בחינת נפש דנדב ואביהוא, שהם בחינת אור מקיף שנפש שאצילות, וזכה פינחס להשגות גדולות. אליהו הנביא זכה גם לבחינת פינחס שהיא אור פנימי דנפש דאצילות, ולבחינת נדב ואביהוא שהם אור מקיף דנפש דאצילות. ובחינות אלו ביקש אלישע הנביא מאליהו שאמר ויהי נא פי שנים ברוחך אלי. ומנפש נדב ואביהוא מביא הרב ז"ל ראיה כי המקיפים נכנסים תוך הכלים, אף על פי שהמקיף גדול יותר מהפנימי.
שער הגלגולים, הקדמה ל"ב - ונבאר עתה, ענין הנפש של אדם מעולם האצילות, אשר נשארה פורחת עליו, ולא נסתלקה כנזכר. כי הנה כאשר הוליד את קין והבל בניו, לקחו הם בחינת נר"ן, המגיע להם מעשיה יצירה בריאה, ועוד לקחו בחינת הנפש דאצילות של אדם אביהם. **ונודע כי כל נשמה יש בה בחינת אור מקיף ואור פנימי, והנה הנפש הזאת היתה בבחינת אור מקיף ואור פנימי.** אח"כ כאשר נתגייר יתרו חותן משה, זכה אל חלק הנפש של אצילות שנתנה לקין כנזכר, אלא שלא לקח רק בחינת אור פנימי שלה לבד, ואז כתיב בה,

וחבר הקיני נפרד מקין, כמו שיתבאר במקומו. **ונדב ואביהוא, לקחו אור המקיף דנפש דאצילות דאדם,** הנתן לקין בנו כנזכר. וכאשר נולד פינחס, כתיב ואלעזר בן אהרן לקח לו מבנות פוטיאל לו לאשה ותלד לו את פינחס, וארז"ל פוטיאל זה יוסף, שפטפט ביצרו, וזה יתרו שפטם עגלים לע"ז. וסוד הענין הוא, כי פינחס בעת שנולד, היה כלול משתי נצוצות נשמות. וזהו פוטיאל, לשון טפין, כי היה משני טפין של נשמות, נצוץ אחד היה משרש נשמת יוסף הצדיק. ונצוץ שני, משרש נשמת יתרו. ובחינת ב' נשמות אלה, נקרא פנחס. ואל תתמה, איך נתערב הנצוץ של יתרו, עם הנצוץ של יוסף, כי כבר ידעת, שיוסף הוא ביסוד, אשר שם נמשכים טפות הזרע של כל החו"ג, ומתערבים בו, ולכן אין לתמוה איך נתערבה נצוץ נשמת יתרו, שהיא משרש אחר, עם נצוץ השרש של יוסף. ונמצא כי פינחס לקח נצוץ משרש יתרו, שהוא מן בחינת אור פנימי דנפש אדם הראשון דאצילות. אח"כ כאשר מתו נדב ואביהוא במעשה הקטרת שחטאו בו, **ואירע אח"כ ענין פינחס שהרג לזמרי, וזכה שנכנסו בו בחינות נפשות נדב ואביהוא, שהיו מבחינת אור המקיף של נפש דאדם מן האצילות.** וזה גרם לו, היות בו נצוץ משרש יתרו, שהוא מאור פנימי דנפש דאצילות, ועי"כ נשלם עתה בפינחס נפש דאצילות, באור פנימי ובאור מקיף. והאור שהאור פנימי נכנס בו בסוד גלגול ממש כשנולד. והאור המקיף בסוד עבור בלבד, אחר שנולד וגדל. וכיון שהיה חלוק זה בו, לכן היה בו ענין אחר, והוא, כי צריך שתדע, שהנשמה הבאה לאדם בעת שנולד, בסוד גלגול ממש, אעפ"י שתהיה מורכבת ומעורבת משתי נצוצות, כנזכר בענין פינחס, שהיה בו נצוץ מיוסף ונצוץ מיתרו הכל נקרא נשמה אחת, ואינה צריכה לבחינה אחרת שתחברם. אבל הנשמה הבאה בסוד עבור אחר שנולד האדם, כגון נפש נדב ואביהוא שנתעברו בפינחס, הנה צריכה היא שתבא עוד עמה נצוץ נשמה אחרת חדשה, רוצה לומר שזאת תהיה פעם ראשונה שבאה לעולם, ולא תהיה ישנה ומגולגלת, וזו החדשה היא מחברת את זו הנפש דנדב ואביהוא, הבאה בסוד עבור להתחבר עם נפש פינחס, של בחינת גלגול ממש. ולכן הוצרך להתחבר עוד בפינחס, נפש חדשה אחרת, והיא הנקראת בשם אליהו התשבי מתושבי גלעד, והוא משרש גד, והיא נשמה חדשה כנזכר, ובאה עתה בו, כדי לקשר ולחבר יחד את נפש נדב ואביהוא, עם נפש פינחס עצמו, שהיתה בו בגלגול גמור מיום שנולד. ואמנם עוד צריכה נשמה אחרת חדשה גם כן, כדי לקשר ולחבר נשמה חדשה הנקראת אליהו התשבי, עם שאר הנשמות הישנות שהם נפש פינחס ונפש נדב ואביהוא, ולכן הוצרך עוד לבא בפינחס נשמה אחרת חדשה, והיא הנקראת גם כן אליהו משרש בנימין, הנזכר בדברי הימים, בפסוק ויערשיה וזכרי ואליהו בני ירוחם. וכמ"ש אליהו ז"ל בעצמו אל החכמים, מבני בניה של רחל. וכמו שיתבאר ענין זה, בסיום הדרוש הזה. ונמצא, כי ד' בחינות נכללו בפינחס, האחת, היא נפש פינחס עצמו כשנולד, כי אע"פ שהיתה כלולה מב' טפין דיוסף ויתרו, נקראים נפש אחת. הב', היא נפש נדב ואביהוא, כשבאה בסוד עבור, וגם זו נפש אחת נקראת ולא שתים, כנודע מספר הזהר בפרשת אחרי מות דנדב ואביהוא תרי פלגי גופא הוו. והשלישית, היא נפש הנקראת אליהו התשבי משרש גד. הרביעית, היא נפש הנקראת אליהו דרש בנימין. וז"ס מ"ש חז"ל הנז"ל, תנא מיכאל באחת וכו', ואליהו בארבע וכו', והבן זה. אח"כ כאשר אירע מעשה דבת יפתח הגלעדי שארז"ל שיפתח היה שופט, ולא רצה לילך לבית אליהו שיתיר לו נדרו, וגם אליהו לא רצה לילך אצלו, כי אמר מאן דחייס לכיבי אזל לאסיא, ואז בין דא לדא הלכה הבת של יפתח, ושניהם נענשו, כי יפתח להיותו הוא בעצמו בעל הדבר, נענש עונש, שבכל מקום שהיה הולך, היו נושרים איבריו, וכמש"ה ויקבר בערי גלעד לשון רבים. ואליהו נענש, שנסתלקה ממנו שכינה, כמ"ש רז"ל על פסוק לפנים ה' עמו הנאמר על פינחס, בספר שופטים, דנראה לפנים היה ה' עמו ולא עתה, ואז גם אותה הנפש שנכנסה בו בסוד העבור של נדב ואביהוא, נסתלקה ממנו והלכה לה, ונתגלגלה בשמואל הנביא, כמו שיתבאר לקמן. וז"ס מ"ש רז"ל כי ו' של ברית שלום היא קטיעא. גם אמרו בזוהר בפרשת אחרי מות, כי י' של פינחס הוא זעירא. והענין הוא, כי במעשה זמרי זכה אל עבור זה דנדב ואביהוא, כי כשרצו להרגו פרחה ממנו נשמתו, ואז נכנס בו עבור דנדב ואביהוא, כנזכר בפרשת פינחס בזוהר וכשנאבד ממנו בחטא יפתח בת העבור הנזכר, אז היתה ו' קטיעא, כי בחי' הו' היא ספירת היסוד הנקרא בריתי שלום, ונקטעה אז, כשנסתלקה ממנו שכינה ועבור נדב ואביהוא, כי עבור נדב ואביהוא הלכו בשמואל כנזכר. וגם נצוץ טפת יתרו נסתלקה ממנו. ואז נולד חיאל בית האלי אשר בנה את יריחו, ונכנסה בו בגלגול גמור, כמו שיתבאר. והטעם הוא, כי עבור נדב ואביהוא, וגם אליהו דשבט גד, ואליהו דבנימין כנז"ל, הנה אינם שם בפינחס, רק דרך השאלה בסוד העבור, ואינם העיקריים בגוף ההוא, ולכן אין החטא ההוא דבת יפתח פוגם בהם. וכן נצוץ דטפת יוסף, אינה קרובה לחטא, החטא ההוא בנצוץ יתרו. לפי שנצוץ יתרו, היא באה מן קין, וכשבאה ביתרו, היה

אזהרים כוללים, זולת ה' מקיפים]דכ"א ע"ד 42[**שֶׁבַּפְּנִימִיּוֹת** ר"ל ב' מקיפים אלו הם לא מאותם בחינות של ה' המקיפים הפנימיים, **וְאוֹת** הראיה **לָזֶה שֶׁבָּאֵלוּ הַמַּקִיפִים הַפְּנִימִים** אשר מקיפים על האור הפנימי שבתוך הגוף, אף על פי שהרב ז"ל כתב שיש ה' מקיפים פנימים, עם כל זה **יֵשׁ**[202] **יוֹתֵר בָּזֶה** מקיפים פנימיים, **שֶׁהוּא מַקִיף** והם ה' המקיפים הפנימיים, המקיפים על האור הפנימי, והם בחינת צ'

שם כומר, מפטם עגלים לע"ז, ולכן עיקר החטא היה מנצוץ של יתרו, ולכן נסתלק, ונתגלגל בחיאל בית האלי. והבט וראה, כי אותיות חיאל, הם אותיות אלי"ה, אם תחליף ח' בה' באותיות אחע"ה. גם האלי הם אותיות אליה. וז"ס בית האל"י, בית אליה. פירוש, בית מושב אליהו ז"ל, כי אליהו מושבו היה בגוף פינחס, כי הוא נצוץ טפת יתרו כנזכר. ונמצא כי עיקר הגוף ההוא, הוא של פינחס, ולא של אליהו, רק נקרא בית מושב אליהו ז"ל. והנה ארז"ל כי חיאל הוה גברא רבא, שהיו הולכים לביתו, אחאב המלך ואליהו ז"ל. האמנם עבירה א' שחטא, במעשה דבת יפתח, גרמה לו עבירה זו שבנה את יריחו, כי הם דומות. כי ענין בת יפתח היתה בענין נדר כנודע. וכן עבירה זו היתה, שעבר על הנדר שהדיר והחרים יהושע, שלא יבנו את יריחו. ולפי שיריחו מיותסת לשרש קין, כמש"ה ובני קני חותן משה עלו מעיר התמרים שהיא יריחו, לכן ביקש חיאל שהוא משרש קין, לבנות את יריחו. ואחר כך נשתנה שמו ונקרא אליהו התשבי, לפי שכיון שנדב ואביהוא עדיין לא נתקנו בו כנזכר, וגם בחי' פינחס עצמו דבן יתרו, חטא בבת יפתח, וגם אליהו דשבט בנימין לא נתעבר בו, אלא לקשרו עם הנשמות האחרות כנז"ל, נמצא כי העיקר עתה הוא אליהו דשרש גד, ולכן לא נקרא עתה פינחס, אלא אליהו התשבי, המורה על נשמת שבט גד. ואז כשחזרה בו הנבואה, בהיותו נקרא אליהו התשבי, אחר שמת שמואל, חזרו להתעבר בו נדב ואביהוא, ונשלמו הם להתקן בענין הר הכרמל, כאשר נפלו כל העם על פניהם, ואמרו ה' הוא האלהים, ואז נמחל להם עון שלהם, שקוצצו בנטיעות ופגמו בשכינה, ונתקן זה באמרם ה' הוא האלהים, והבן זה. גם לפי שבתחלה חטאו על שהציצו בשכינה בהר סיני, כמש"ה וייראו את אלהי ישראל כו', ועתה נתקן בנפילת אפים, שלא להציץ באש היורד מן השמים. גם זהו טעם שנקרא אליהו ולא פינחס, לפי שבגלל עבודה זו זכה לשנוי זה השם, וכמו שיתבאר לקמן בענין אלישע הנביא וע"ש. ואחר שנתקנו, לא הוצרכו לעמוד שם ונסתלקו להם נדב ואביהוא. והנה איזבל אשת אחאב, היתה מכשפה גדולה, כנז' בפסוק שהדיחה את ישראל בכשפיה וידעה בכשפיה שנסתלקו נדב ואביהוא מן אליהו אשר עליהם נתבשר הנני נותן לו את בריתי שלום שהוא היותו חי לעולם. ואז אמרה לו, כי כעת מחר אשים את נפשך כנפש האחד מהם, כיון שנסתלק ממנו גזרת החיים והשלום. גם רמז אל נדב ואביהוא שנשרפו באש הקטרת, וז"ס כנפש אחד מהם. וכיון שהרגיש אליהו שנאבד ממנו מתנה זו, נתיירא, וז"ש וירא וילך לו אל נפשו, ר"ל, לפי שלא היתה רק נפשו יחידית מפני כך נתיירא מן איזבל. ואח"כ חזר להרויחה במערת הר חורב פעם אחרת, עד שעלה בסערה השמים, ואז אליהו התשבי שהוא משבט גד, נתעלה בשמים, ונשאר שם, ושוב לא ירד עוד, ואליהו דשבט בנימין זה, נתגלגל אח"כ באותו הנזכר בספר דברי הימים, והוא מש"ה ויערשיהו ואליהו וזכרי בני ירוחם וכו'. ואח"כ כשנפטרו, עלה ונתחבר עם אותו אליהו התשבי שעלה בשמים ונשאר שם זה אליהו דשבט בנימין, הוא העולה ויורד תמיד לעשות נסים אל הצדיקים, ולדבר עמהם. ולהיות כי החכמים היו יודעים שאליהו היה כלול מד' בחינות, לא היו יודעים איזו בחינה מהם, היא היורדת ועולה עמהם, ונחלקו בסברותיהם, עד שהודיעם, ואמר להם, רבותי מה אתם חלוקים עלי, מבני בניה של רחל אני, שכך כתיב ויערשיה ואליה וכו', והודיעם כי זו הבחינה היא המדברת עמהם, ובחינה זו הנקראת אליהו דבנימין, נתחברה עם הבחינה הנקראת טפת יתרו שנתנה לחיאל בית האלי, ומת ונתלה אליהו עמו.

זהר כי תשא דק"ץ ע"א – פינחס הוא אליהו, ודאי בדרגא חדא.

מדרש שוחר טוב פרק ס"ג – אמר רבי פנחס בשם רבי שמעון בן לקיש, **הוא פינחס הוא אליהו** זכור לטובה ולברכה, שלולי הוא לא היה לנו חיים באדום הרשעה.

מלכים ב, ב' ט' – ויהי כעברם ואליהו אמר אל אלישע שאל מה אעשה לך בטרם אלקח מעמך, ויאמר אלישע ויהי נא פי שנים ברוחך אלי.

202

בית לחם יהודה ש"ה פ"א - יש יותר מה' שהוא מקיף. פירוש שהוא עצמו, שהם בחינת נרנח"י הנזכר מקיף.

דצל"ם, **וּמַקִּיף**[203] **לַמַּקִּיף** והוא ל' דצל"ם, **וּמַקִּיף**[204] **לֵב' הַמַּקִּיפִים** והוא מ' דצלם, **כַּנִּזְכָּר** הלכה למעשה **בְּפָרָשַׁת בִּרְכַּת כֹּהֲנִים**[205] **(בָּאד"ר), אִם כֵּן כָּל אֵלּוּ** המקיפין דצל"ם, והם

203

בית לחם יהודה ש"ה פ"א - ומקיף למקיף. הוא למ"ד דצלם.

204

בית לחם יהודה ש"ה פ"א - ומקיף לב' המקיפים הוא **מ"ם** דצלם. ולפי שקצה התחתון של הל"ם דצלם שהם חיה ויחידה, הם מתלבשים תוך הנשמה, כמבואר בפרק ה' דשער כ', ובהגהות השמ"ש דהתם, יעו"ש. משום הכי כללם רז"ל הכא עם מקיפי הפנימיים, ואמר שבאלו מקיפין הפנימיים יש יותר מה' וכו'. ודע כי מה שכתב רז"ל בפרק ב' דעקודים, שמבחינת האצילות ולמטה ליכא כי אם ה' פנימיים וב' מקיפין בלבד, יעו"ש. אותן הב' מקיפין אינם מקיפי הל"ם דצלם, אלא הם בחינת היחידה דמקיפי היושר, ובחינת החיה דאור חוזר דרך שערי רישא, כדפירוש הרב יפה שעה ז"ל בפרק א' דאח"ף, יעו"ש. כי בחינת היו"ד מקיפין דיושר שהם היחידה, ובחינת אור חוזר דרך שערי רישא, הנקראים חיה, הם שייכים בכל הפרצופים כולם, כמבואר בסוף ענף ג' דשער א', שכתב ועל דרך זה בכל העולמות הנאצלים והנבראים, והיצורים, והנעשים, יעו"ש. ויתר עליהם א"ק כי מלבד שיש לו ב' מקיפין דיושר ואור חוזר הנזכר, יש בו גם ג' מקיפי נר"ן. ונראה כי בחינת המקיפין דאח"ף היוצאים מבחינת הס"ג שבו, הם בחינת מקיפי נשמה דא"ק. ובחינת אורות מ"ה וב"ן שהם עולם הנקודים, ועולם האצילות, הם מקיפי נפש ורוח, הם מקיפי נפש ורוח, הם מקיפי נפש ורוח לא"ק ה' מקיפין. וכן ג' עולמות אח"ף יש בפרטותם גם כן ה' פנימיים, וה' מקיפין, כמבואר במהדורא תניינא לעיל, ובריש פרק ב' שבסמוך, ובפרק א' דעקודים, יעו"ש. ועיין עוד בדברינו בפרק ב' דעקודים, בסוף ד"ה היו ה' בחינות וכו' מש"ש.

205

תרשים א – ס"ד.

שער הכונות, דרושי חזרת העמידה, דרוש ה' - ועתה נבאר ענין ברכת כהנים, כבר הודעתיך בדרוש הצלם של ז"א איך יש בז"א מוחין מצד אימא, והם מוחין פנימיים, וגם יש לו מוחין מקיפים מבחוץ, וחיבור ב' בחינות אלו נקרא צלם, בסוד אך בצלם יתהלך איש, ואות **צ'** הם מוחין פנימיים, ושני אותיות **ל"מ** הם מוחין מקיפים. וכן על דרך זה יש בז"א מוחין אחרים מצד אבא, והם מתלבשים בתוך המוחין דמצד אימא, והם גם כן פנימיים ומקיפים ונקראים גם הם בחינת צלם, באופן שהם ב' צלמים, בסוד עד שיפוח היום ונסו הצללים, תרין. והנה המוחין פנימיים דמצד אימא נכנסין בז"א עד תשלום היותו בן י"ג שנים, ואז נקרא איש, ואחר כך נכנסים בו מקיפין דמצד אימא, בה' שנים אחרים, שהוא עד תשלום היותו בן ח"י שנה, ואז נאמר עליו בן ח"י לחופה. ואחר כך בב' שנים אחרים נכנסים בו מוחין הפנימים דמצד אבא, ואז הוא בן עשרים שנה, ואמרו עליו בגמגרא בן עשרים שנה ואילך יכול למכור אפילו בקרקעות שהניח לו אביו, ומשם ואילך נכנסין בו מקיפין דמצד אבא, בהיותו בחתימת זקן. והנה בברכת אבות דתפלת שחרית דחול נכנסו בו כל המדרגות הנזכרות זולתי מקיפין דמצד אבא בלבד, והנה צריכים הם ליכנס בו טרם הזווג, והנה עדיין הוא חסר מהם, ולכן אנו מכניסין אותם בו ע"י ברכת כהנים כמו שהתבאר, והנה ביארנו במקום אחר דרוש זה של הצלם בסדר השנים של ז"א, והוא באופן אחר, ועיין שם, כי שם ביארנו האמת והנכון. והנה אני שמעתי ממורי ז"ל שהמקיפים דמצד אימא שהם **ל"מ** דצלם הנה אות **הצ'** הוא המוחין הפנימיים בנה"י דאימא, והמקיפים הנקראים **ל'** דצלם הם בחג"ת דתבונה, והמקיפים היותר עליונים הנק' **מ'** דצלם הם בחב"ד דתבונה. וכפי זה נמצא שבשבתפל שחרית דימי החול עולה ז"א עד ראש התבונה, אמנם אינו ממש שהוא עולה רק שהם יורדין עד מקום ז"א, כמו שהוא בליל שבת כמבואר במקומו, ונמצא שבשחרית דחול הוא כמו ערבית דליל שבת, אבל לא שמעתי בפירוש ממורי ז"ל, וברוך היודע האמת. ונחזור לענין ראשון כי הנה עדיין ז"א עתה צריך שיכנסו בו המקיפין שלו דמצד אבא תוך פנימיותו בבחינת פנימיים, לצורך הזווג שעתיד להזדווג עתה, ועל ידי כניסת אלו האור המקיף בתוכו בסוד פנימיים, ניתוספו בו הארות עצומות במוחין שבו, ועל ידי כך נבקע יסוד דאימא שבתוך הדעת שלו כנודע, כי אינו יכול לסבול כל כך אורות עצומים, בסוד ונבקע הר הזתים וכו', ונבקע בעת שאומרים ויעבור וכו', כמו שיתבאר שם בע"ה. ואז נעשים בו ד' תיקוני דיקנא העליונים שהיו חסרים ממנו כי לא היו בו בברכת אבות רק ט' תיקוני דיקנא, כנז באדרת נשא, כנז' באדרת נשא, ונגמרו בו י"ג תיקוני דיקנא. גם הוא כמו א"א והוא סוד י"ג מדות אל רחום וחנון וכו', ונודע כי גם השערות דתיקוני דיקנא הם אור מקיף,

בחינת מוחין **זולת** ר"ל חוץ **אותן הב' כוללים** שהם חיה ויחידה, השיכים לאותה מערכת של נרנח"י. עוד סוגיה, **בפנימיות**[206] ר"ל לנשמה **א"ק**[207] יש הוי"ה אזות, אשר א"ק הוא לבוש אליה, **ומד' אותיותה**[208] של הוי"ה זאת **יוצאים** מהכח לפועל **ד' הויות**, ונגלים לחוץ

ולקמן בביאור ויעבור יתבאר בע"ה. ונמצא כי בברכת אבות נכנסו המקיפים דמצד אימא, במלת ואלקי אבותינו, כמבואר שם ובתיבות אלקי אברהם, אלקי יצחק, ואלקי יעקב, נכנסו הפנימיים דמצד אבא, ועתה בברכת כהנים נכנסו בו המקיפים דמצד אבא, והם ב' אותיות **ל"מ** דצלם שמצד אבא. וטעם היות נעשה ע"י הכהנים הוא, לפי שסוד הכהן הגדול הוא בחכמה, שהוא קו ימין, והוא אבא, ולכן אין מקיפין דמצד אבא נכנסים אלא ע"י הכהנים. דע כי המוחין דז"א הם ד', והם חו"ב ודעת כלול מחו"ג. אמנם לפי שאלו הד' מוחין הם מלובשים תוך ג' לבושים בלבד, שהם נה"י דאימא, והדעת כלול מב' מוחין מלובש תוך לבוש א' שהוא יסוד דאימא, לכן לעולם אנו מזכירין אותם בשם ג' מוחין לבד שהם חב"ד. גם צריך שתדע שהמקיפים הם ב' מדרגות של המקיפים, מקיפים התחתונים, הם **ל'** דצלם כנ"ל, והמקיפים העליונים הם **מ'** דצלם, לפי שאות **צ'** דצלם הם המוחין הפנימיים הנכנסים תוך ז"א, שהוא בן ט"ס, וכל ספירה כלולה מעשר, הרי **צ'** דצלם. ול' דצלם המקיפים שעל גבי המוחין, ונרמזו באות הל' לפי שהם ל' מוחין, כל א' כלולה מעשר, הרי **ל'**, וגם כי מתלבשין תוך נה"י דאימא, שהם ג' לבושים בלבד, ולכן נקרא **ל'**. אבל המקיפים העליונים למעלה מהם הם נרמזים באות **מ'** דצלם, לפי שאינם שם מלובשים תוך לבושים, רק הד' מוחין בעצמם בלי לבושים, ולכן נקראים אות **מ**, כי אז הם ניכרים שהם ד' מוחין, כי בהיות מוח הדעת הכלול מב' מוחין, שהם חו"ג, מלובש תוך לבושו שהוא היסוד דאימא, נקרא מוח אחד, ובהיותו בלי לבוש אז ניכר היותו בחינת שני מוחין. וטעם היותם שם בלתי לבוש הוא, לפי שהנה בתחילה נזדווגו או"א כדי להאציל אלו המוחין, וניתנו תוך בטן אימא עלאה בסוד עיבור, וכאשר נולדו ויצאו משם יצאו ערום מבלי לבוש, ואז שם נרשמו היותם ד' מוחין, כי כל דבר שבקדושה כך הוא שבכל מקום ומקום עושה רושם, ואינו נמחק ולכן אז עשה שם רושם אחד ונקרא **מ'** סתומה דצלם. ואחר כך רצה המאציל העליון להלביש המוחין האלו, כדי שיהיה כח לז"א לסבול האורות הגדולים האלו, כי הנה הם בחינת טפות שממשיכין או"א בעת זווג שנזדווגו ממקום עליון מאד, שהוא מן א"א, וא"א המשיכן מן עתיק, וכן על דרך זה עד רום המעלות, כמבואר אצלינו. ולא יש כח בזעיר אנפין לסובלם בהיותם אורות מגולים, ולכן הוצרך לעשות להם בושים, והוא מה שנתבאר אצלינו בדרושים של המוחין, איך נתעלו ונסתלקו אורות נה"י דתבונה מתוכן למעלה, ונשארו הכלים ההם של הנה"י, כלים רקים מבלי אורות, בסוד אדם כי ימות באהל. אין התורה מתקיימת אלא במי שממית עצמו עליה. היינו התבונה הנקראת **מי**, שממיתה עצמה על התורה, שהוא ז"א. ואז נתלבשו המוחין הנזכרים, שהם בחינת אורות תוך הכלים של הנה"י דתבונה, ואז נקראים שם בשם **ל'** דצלם, בסוד ג' מוחין בלבד, ושם נעשה רושם הב'. ואחר כך נכנסו בהיותם מלובשים כנזכר תוך רישא דז"א, ואז נעשו בסוד אות **צ'** דצלם. והרי נתבאר טעם למה היו ב' בחינות מוחין מקיפין, זולת הפנימיים. הטעם האחד הוא, לפי שכל דבר של קדושה עושה רושם בכל מקום, שהוא בהכרח. הטעם השני לפי שהלוואי שאשר כל אלו הג' המיעוטים, יוכל ז"א לסבול האורות האלו, המוחין הגדולים, כי ודאי הוא שבכל מדרגה ומדרגה מאלו הג', מתמעטין מיעוט אחר מיעוט, כי אין מעלת הג' כמעלת הב', ואין מעלת השנית כמעלת האחד, ואין ז"א יכול לקבל הארתם, אלא אחר שנתמעט אורם במיעוט הג', שהוא אות **צ'** דצלם כנזכר. והרי ביארנו דרוש הצלם דז"א בקיצור מופלג.
206

הגהות וביאורים)ט(- א"ה המאמר הזה לא היה בדפוס מעולם בשום ע"ח הנדפסים עד היום, ומצאנו אותו בע"ח כתב יד, ולהרב יפה שעה היה המאמר הזה, כנראה שמפרש אותו גם הרב שמן ששון, מביא זה המאמר. ומדפיסי ירושלים לא יצאו ידי חובתם בזה שלא הציגו אותו.
207

בית לחם יהודה ש"ה פ"א - בפנימיות א"ק וכו'. והם הוי"ה דע"ב, ס"ג, ב"ן, מ"ה. כלומר הוי"ה דע"ב, והוי"ה דס"ג, והוי"ה דב"ן, והוי"ה דמ"ה, כמו שכתב יוצאים ד' הויו"ת. ובכוונה מכוונת הקדים ב"ן למ"ה, שהוא כסדר יציאתו מחוץ לא"ק, כי הב"ן שהם עולם הנקודים, יצאו קודם המ"ה שהוא עולם התיקון.
208

שֶׁל אָ"ק דרך הנקבים, **וְהֵם** בסדר יצאתם מפנימיות א"ק לחוץ[209] **הֲוָי"ה דְעָ"ב** יו"ד ה"י וי"ו ה"י, הֲוָי"ה דְסָ"ג יו"ד ה"י וא"ו ה"י, הֲוָי"ה דְבָ"ן יו"ד ה"ה ו"ו ה"ה, הֲוָי"ה דְמָ"ה יו"ד ה"א וא"ו ה"א, **וְהֵם בַּמֵצַח**[210] שהוא מקום המוחין, והוא שם ע"ב, **אָזָ"ף**[211] מהאוזן יוצא שם ס"ג, מהחוטם יוצא שם מ"ה, ומהפה יוצא שם ב"ן, ושמות אלו כולם הם בשם ע"ב דס"ג. ודרך **העינים** יצא ב"ן, ודרך **המצח** יצא שם מ"ה לתקן את עולם הנקודים. ♦ עוד הקדמה בענין התפילין **וּמַה**[212] **שֶׁקָדָם הֲוָי"ה דְבָ"ן, לַהֲוָי"ה דְמָ"ה** כי בדרך כלל שם מ"ה קודם לשם ב"ן **הוּא סוֹד תְּפִילִין דְּר"ת**[213], **וְהוּא סוֹד נִקְבָה תְּסוֹבֵב גָּבֶר**[214].

מאות י' דהוי"ה יוצא שם ע"ב, מאות ה' הראשונה יוצא שם ס"ג, מאות ו' יוצא שם מ"ה, ומאות ה' תתאה יוצא שם ב"ן.

תרשים א – ס"ה.
209

בדרך כלל מדרגים את עסמ"ב בסדר של מלמעלה למטה, כאשר ע"ב הוא ראשון, ס"ג שני, מ"ה שלישי, ב"ן רביעי. כאן הרב ז"ל הופך את הסדר, ומדרג את ב"ן לפני מ"ה. הסיבה לכך היא, כאן הרב ז"ל עוסק בסוגית יציאת שמות עסמ"ב מחוץ לא"ק, לכן תחילה יצא שם ע"ב דרך שערות הראש, אחר כך שם ס"ג דרך אח"פ, אחר כך יצא שם ב"ן **דרך העינים**, והוא עולם הנקודים שנשבר, ובסוף יצא שם מ"ה לתקן את עולם הנקודים, שהוא עולם הברודים, והוא עולם התיקון.

תרשים א – ס"ו.
210

בית לחם יהודה ש"ה פ"א - והם במצח אח"ף. רז"ל קצר במובן, וכאלו אמר והם בגולגלתא, שהוא הוי"ה דע"ב. ובאח"ף שהוא הוי"ה דס"ג. ובעינים שהוא הוי"ה דב"ן. ובמצח שהוא הוי"ה דמ"ה.
211

יפה שעה)ג(- ומה שקדם הוי"ה דב"ן להוי"ה דמ"ה, הוא סוד תפילת דר"ת יע"ש. פירוש כי בדרוש התפילין בספר הכוונות, כתב רז"ל - דהיינו טעמא דהוי"ת באמצע, משום שעיטרא דגבורות קודמת לצאת קודם עיטרא דחסדים, יע"ש
212

בית לחם יהודה ש"ה פ"א - ומה שקדם הוי"ה דב"ן להוי"ה דמ"ה הוא סוד תפלין דר"ת. כי בשער הכוונות בדרוש התפלין כתב רז"ל, היינו טעמא דהויו"ת באמצע משום שעטרא דגבורות קודמת לצאת קודם עטרא דחסדים,)יפה שעה(כלומר ומזה הטעם נמי קודם הב"ן קודם המ"ה.
213

בתפילין יש ד' פרשיות, שהם **א.** קדש לי, **ב.** והיה כי יבאך, **ג.** שמע ישראל, **ד.** והיה אם שמוע. והם כנגד שם הוי"ה ב"ה.

יש הבדל בסדר הפרשיות של תפילין דרש"י לתפילין דרבינו תם. סדר הפרשיות בתפילין של רש"י הוא **כסדרן**, הכוונה כמו סדר כתיבתם בתורה, קדש לי, והיה כי יבאך, שמע ישראל, והיה אם שמוע. סדר פרשיות דרבינו תם הוא **הויו"ת באמצע**, הכוונה היא שהפרשיות המתחילות במילה **והיה** הם באמצע, שהם קדש לי, והיה כי יבאך, והיה אם שמוע, שמע.

תרשים א – ס"ז.
ארבע פרשיות של התפילין הם כנגד ארבע מוחין שז"א מקבל, והם – **א.** מוח החכמה – קדש לי. **ב.** מוח הבינה – והיה כי יבאך. **ג.** מוח חסדים דדעת – שמע ישראל. **ד.** מוח גבורות דדעת – והיה אם שמוע.

תרשים א – ס"ח.
ארבע פרשיות של התפילין הם כנגד שמות עסמ"ב, והם – **א.** ע"ב – קדש לי. **ב.** ס"ג – והיה כי יבאך. **ג.** מ"ה – שמע ישראל. **ד.** ב"ן– והיה אם שמוע.

תרשים א – ס"ט.

לפי זה, תפילין דרש"י המוחין נכנסים כסידרן, חכמה, בינה, חסדים, גבורות. ר"ל שהחסדים נכנסים לפני הגבורות, והוא בחינת עולם התיקון, כאשר שם מ"ה יצא לתקן את שם ב"ן. ותפילין דר"ת המוחין נכנסים בסדר אחר שהוא – חכמה, בינה, גבורות, חסדים. ר"ל שהגבורות נכנסים לפני החסדים, והוא הסדר של יציאת שם ב"ן לפני שם מ"ה בעולם הנקודים. והם לפני שבירת הכלים, ותפילין אלו דר"ת נקראים תפילין החטא. ולכן לא מברכים עליהם, כי ידוע כי ברכה היא תיקון הרפ"ח ושברי הכלים של אותה מצוה, ותפילין דר"ת הוא הסדר לפני שבירת הכלים, לכן לא מברכים עליהם. גם צריך לדעת כי תפילין דר"ת לא מבטל את תפילין דרש"י, אלא יש בחינות שהחסדים קודמים לגבורות, שהם שם מ"ה קודם לשם ב"ן, ולפעמים שם הגבורות קודמות לחסדים, שהם שם ב"ן קודם לשם מ"ה. הרש"ש מחלק בין תפילין דרש"י לר"ת, כאשר בחינת רש"י היא בינה – ישסו"ת, ור"ת – או"א עילאין.
תרשים א – ע.
ומחלק אותם לחלוקה של ג"ר וו"ק.
תרשים א – ע"ב
שער הכוונות, דרושי תפילין, דרוש ו' – בענין תפילין דר"ת, דע כי מורי ז"ל בתחילה היה מניח תפילין דרש"י ור"ת ביחד ומתפלל בהם תפילתו בשחרית, כמו שכתוב בפרק הקומץ - כי מקום יש בראש להניח בו ב' זוגות, ובמנחה לא היה מניח אלא תפילין דר"י. ואחר כך עשה זוג תפילין דרש"י, כסברת שמושא רבא, שהם אצבעים על אצבעיים וחריצין שקועין עד מקום המעברתא, באופן שיהיה כל בית ובית חלוק ומפורד מחבירו, ובעת התפירה היו חוטי הגידים מפסיקים ועוברים בתוך החריצים ממש, מצד זה לצד זה. ובבוקר היה לובש שני זוגות דרש"י ור"ת, ובמנחה של שמושא רבא לבד, והיה אומר דתפילין אלו דשמושא רבא הם כפי שני הסברות דרש"י ור"ת, ועולים במקום ב' הסברות, כי מוחין דאו"א שהם תפילין דרש"י ור"ת, שניהם מתחברים יחד ונעשין זוג תפילין אחד, וזהו טעם היותם אצבעיים כנגד או"א. ואמנם אופן הנחתם הוא זה כי תחילה יכניס בזרועו תש"י דרש"י, ואחר כך תש"י דר"ת, ושניהם יניחם במקום הנקרא קיבורת של פרק העליון שבזרוע השמאלי, ודרש"י יהיה למעלה סמוך כלפי צד הכתף, ודר"ת סמוך לפרק אמצעי, וכן בתש"ר יניח בתחילה דרש"י, ואחר כך יניח דר"ת למעלה מרש"י, וכן גם הקשר של תפילין דרש"י יניח בעורף יותר למטה מן הקשר תש"ר דר"ת, וטעם הקדמת הנחת תפילין דרש"י הוא לפי שבתחילה קודמין ליכנס מוחין דאימא, ואחר כך נכנסין מוחין דאבא, שהם תפילין דר"ת, כמו שיתבאר בע"ה. ולכן כשאתה כורך הרצועות סביב הזרוע, תשים הרצועה דר"ת תחת הרצועה דרש"י, באופן שלא תתגלה הרצועה דר"ת, כי כן אורות אבא מכוסים באורות אימא, והנה נת"ל מה שצריך לכוין בתפילין דרש"י, אמנם דר"ת לא קבלתי ממוז"ל מה שצריך לכוין, אבל מה שהשבנתי מדבריו הוא זה שיכוין בשל ראש אהיה יהה"ו אהי"ה, ובשל יד אהי"ה יהה"ו אדני, אשר חיבור ששה שמות אלו הם בגימטריא ק"ף, כמנין ג' הויות ע"ב ס"ג מ"ה, ואין הפרש בין דרש"י לר"ת, אלא בענין ההוי"ה. **כי כפי סברת רש"י היא כסדרה, וכפי סברת ר"ת היא בסוד יהה"ו**, הויו"ת אהדדי. ואל תתמה אם יש בתפילין דר"ת, אהיה מאחר שהוא מוחין דאבא, אהיה נקראת אהיה כמותם ממש, גם נלע"ד שצריך לכוין בד' שמות יה"ו במילוי ע"ב ס"ג מ"ה ב"ן כמבואר אצלינו בתפילין דרש"י, אלא משום דתפילין דר"ת הם מוחין דאבא והם בסוד ד' אותיות גמורות, כנ"ל בדרוש הציצית. לכן צריך בד' הויו"ת גמורות דע"ב ס"ג מ"ה ב"ן, אלא שצריך **להקדים שם ב"ן לשם מ"ה בסוד הויות אהדדי וזהו ענין ביאור תפילין דר"ת.** הנה בזהר פרשת פנחס בר"מ דף רנ"ח ע"א, וכן במקומות הרבה בתקונים הוזכרו שני אלה הסברות דרש"י ור"ת, ושם אמרו כי **תפילה דר"ת הם תפילין דעלמא דאתי, ותפילין דרש"י הם תפילין דהאי עלמא.** ולכן תפילין דר"ת הם הויו"ת אהדדי בסוד שם יהה"ו היוצא מר"ת י"תהלל ה"מתהלל ה"שכל ו"ידוע. ודע כי פעם אחת שמעתי ממוז"ל, כי ענין הפרש שיש ביניהם הוא תלוי בחקירה אם נכנסה תחילה עיטרא דגבורה או דחסד ברישא דז"א, כי כפי סברת רש"י נכנסת תחילה עיטרא דחסד, שהיא פרשת שמע, ולכן קודמת לוהיה אם שמוע, שהיא עיטרא דגבורה, ולסברת ר"ת הוא להפך.

נהר שלום די"ז ע"א - אלא שתפילין דרש"י הם מוחין דבינות דישסו"ת, מלובשים בנה"י דבינה דז"א, ונמשכים לנוקבא. ודר"ת הם מוחין דאו"א עילאין, מלובשים בנה"י דחכמה דז"א, ונמשכים לנוקבא. וכל אלו המוחין דעיבור, ויניקה, וגדלות, הם כולם דגלות, אלא שהתפילין דרש"י שהם מוחין דאימא, נמשכים

כאן יש הגהה לרבי חיים ויטאל, הגהה זאת היא המשך להגהה משער א' ענף ד' די"ג ע"ג[215], כאן ממשיך הרב ז"ל בספיקות לגבי יציאת בחינות יושר ועיגולים בשמות מ"ה וב"ן. הרב ז"ל שב ומסתפק עד שהוא מכריע בשער התיקון פ"ד.

הגהה מוהרח"ו[216] ענין[217] מ"ה וב"ן, אפשר[218] כי ב"ן דע"ב סמ"ב שהם ע"ב דב"ן, ס"ג דב"ן, מ"ה דב"ן ב"ן דב"ן (צ"ל נ"ח דב"ן שהם ב"ן[219] דעסמ"ב דב"ן[220]) נעשה עגולים לעס"מ (צ"ל דב"ן

בנקודת הכתר דפרצוף בינה דנוקבא. ודר"ת שהם מוחין דאבא, נמשכים בניקודת הכתר דפרצוף חכמה דנוקבא.

נהר שלום דכ"ד ע"ג - ובזה יובן איך לא כתב הרב ז"ל גבי שאסור להניח תפילין דר"ת, המורה על מוחין דאבא כנודע, כמו שכתבו קצת המקובלים שלא יניח האבל תפילין דר"ת, שאין הענין כן. אלא שחייב להניחם כשאר כל המצות, שהרי הוא חייב בכל המצות, וכל מצוה ומצוה יש המשכת מוחין מאו"א שניהם, וכן בתפילין עצמם נמשכין מוחין מאו"א שניהם, בין בתפילין דיד, בין בתפילין דראש, בין דר"ת, ואי חילוק ביניהם, **אלא שאלו מוחין דבינות דשניהם, ואלו מוחין דחכמות דשניהם**, כמו החילוק שבין תפילין דראש, לתפילין דיד דשניהם, ואין האבל אסור אלא בדברי תורה, המורה על האצילות דאבי"ע הנזכר.
214

בדרך כלל אור המקיף הוא גדול מאור הפנימי, כי בחינת הכלים לא יכולים לסבול את המקיף, כאן הרב ז"ל כותב כי בחינת המקיף הוא שם ב"ן, והפנימי הוא שם מ"ה, וידוע שם מ"ה גדול משם ב"ן, כאן מעלתה של הנוקבא גדולה מהזכר.

שער הכוונות, דרושי הפסח, דרוש י"א - הנה נודע כי כמו שיש בז"א מוחין דאורות פנימיים, גם יש לו אורות מקיפין, וממוח הדעת שבו יורדים ומתפשטים בו אורות פנימיים, ואורות מקיפין. והאור הפנימי מתפשט ויורד דרך הגרון ומתפשט בגופא דז"א, אבל האור המקיף הנה הוא יוצא מן הפה ולחוץ, ומקיף את הז"ת, על דרך האמור לעיל ממש בבחינת החסדים הפנימיים המתפשטים בז"ת. ועתה נבאר ענינם, הנה אלו החסדים והגבורות שבתוך יסוד דאימא, הם אורות רבים וגדולים, ועומדים במקום צר ודחוק. כנודע כי מוח החכמה והבינה גדולים מאד ממוח הדעת, ובפרט במקום התפשטות יסוד דאימא תוך הגרון דז"א, כי הוא מקום צר עד קצה אחרון, והם ב' מוחין דחסדים וגבורות ואינם יכולים לידחק שם, ואז מחמת הדוחק הם בוקעים המקום ההוא, וזה סוד בקיעת הפה הנבקע במקום הגרון, והבן טעם זה. ואז יוצאות קצת האורות והם דרך הפה ולחוץ, וקצתם נשארים בפנים כנ"ל. **ואמנם בחינת הגבורות הם אש, ובחינת החסדים הם מים, ולכן הגבורות הם חזקות מאד, ומרוב חמימות אשם אינם יכולות להשאר בפנים, והם הבוקעות ויוצאות לחוץ דרך הפה, ונעשית בחינת אור המקיף, אבל החסדים נשארים בפנים בסוד אור הפנימי.** וכבר נתבאר אצלנו כי אור המקיף גדול מאור הפנימי, אף **על פי שהאור הפנימי הוא חסדים כנזכר, והאור המקיף הוא גבורות,** עם כל זה הטעם הוא נרמז כמ"ש ה' טובה תוכחת מגולה מאהבה מסותרת, פירוש כי הגבורות הם כוחות הדין, הנקראים תוכחת, שמהם באים התוכחות והיסורין לעולם, הנה הם יותר טובים ויותר מאירים להיותם מגולים בבחינת אור המקיף, יותר מן החסדים הנקראים אהבת חסד, להיותם מסותרים בבחינת אור הפנימי, אורם מסותר ואינו נגלה ומאיר, עם היות כי בבחינת עצמם החסדים הם מעולים יותר מן הגבורות.
215

ע"ה ש"א ענף ד' די"ג ע"ג -]הגההן מהרח"ו ז"ל צ"ע בדרוש העולמות , אם יוצאין העגולים ע"ב ס"ג מ"ה ב"ן, בין בכללות, ובין בפרטות, כל אחד מהם. או אם הוא בקצתן לבד, שהוא בב"ן דכללות וכן בב"ן דפרטות, כ"א מהם. או אם הוא בס"ג דכללות וגם בס"ג דפרטות, יען כי ס"ג וב"ן הם נקבות, בסוד נקבה תסובב גבר.
216

בית לחם יהודה ש"ה פ"א - מהרח"ו. ענין מ"ה וב"ן, אפשר כי ב"ן דעסמ"ב דב"ן נעשה עגולים לעס"מ דעסמ"ב דב"ן. כך צריך לגרוס. ופירושו הוא, כי עולם האצילות הוא נתקן מחיבור מ"ה וב"ן, שכל אחד מהם כולל ט"ז בחינות. והספק דמהרח"ו בזה הוא, לידע מאיזה בחינה מהם נעשו עגולים דאצילות, ומאיזה בחינה מהם נעשה היושר דאצילות. וקאמר אפשר כי בחינת ב"ן שיש בכל אחד מעסמ"ב דב"ן, הוא נעשה עגולים

ל"ג שהם עס"מ דעסמ"ב דב"ן[221] (נ"א או אפשר לגרוס **דע"ב ס"ג מ"ה ב"ן דב"ן** שהם עס"מ דע"ב ס"ג מ"ה ב"ן דב"ן), **ועס"מ שיש בכל בחינה מעסמ"ב דב"ן** שהם עס"מ דעסמ"ב דב"ן זה, **נשאר ביושר עם שם מ"ה החדש** שיצא דרך המצח[222]. **וכל**[223] זה בא בסוד תוספת בתיקון העולמות[224], וכל זה

לעס"מ דעסמ"ב דב"ן. והעס"מ שיש בכל אחד מעסמ"ב דב"ן שהם י"ב בחינות, זה נשאר ליושר, ונתחבר עם ט"ז בחינות דמ"ה החדש, וכולם נעשו יושר לבד.
217

הגהות וביאורים)ג(- ועיין שער א' ענף ד' ד"ה מהרח"ו, עיין שער ה' פרק א', ושער ט' פרק ח', ושער י"ב פרק ג'.
218

הגהות וביאורים)ד(- נ"ב כי צריך לגרוס כי ב"ן דעסמ"ב דב"ן נעשה תוך עגולים לעס"מ דעסמ"ב דב"ן, ונמצא דעס"מ שיש בכל בחינה מעסמ"ב דב"ן זה נשאר ביושר עם שם מ"ה החדש כו'. וזה פשוט למעיין היטב (שמן ששון).
219

ע"ח שי"ט פ"ה מ"ב דצ"ב ע"ב – והנה המלכים שמלכו בארץ אדום **הם עשרה ספירות דב"ן הכולל** הנזכר לעיל, ונקודה ראשונה

היא כתר דב"ן, והיא נוקבא דעתיק ודא"א. ונקודה שניה הוא אבא, צד ב"ן שבו. ונקודה שלישית אימא, צד ב"ן שבה. וכל אחד משלוש נקודות אלו היו כלולים מעשרה נקודות שלימות. אך אחר כך יצאה נקודה הרביעית, ולא יצאה כלולה מעשרה נקודות, רק בשש נקודות התחתונות שבה לבד, ולכן נקרא בשם ו' נקודות, ועם ג"ר הרי תשעה נקודות. אחר כך יצאה נקודה חמישית, ולא יצאה כלולה מעשרה נקודות שלה, רק נקודה אחת לבד, חלק עשירית שבנקודה ההיא. הרי נמצא ששרשם אינם רק חמשה נקודות, **ונקרא עשרה נקודות דב"ן**, ואלו יצאו ראשונה, ונשברו ומתו.
220

שהם ב"ן דע"ב דב"ן, ב"ן דס"ג דב"ן, ב"ן דמ""ה דב"ן, ב"ן דב"ן דב"ן.
תרשים א – ע"ב.
הבחינות האלו הם המלכויות דשעור קומה דעולם הנקודים, שהם מלכות דכל ספירה מעשר ספירות דנקודים.
תרשים א – ע"ג.
221

שהם ע"ב ס"ג מ"ה דע"ב דב"ן, ע"ב ס"ג מ"ה דס"ג דב"ן, ע"ב ס"ג מ"ה דמ"ה דב"ן, ע"ב ס"ג מ"ה דב"ן דב"ן.
תרשים א – ע"ד.
222

לפי ספק זה, עולם הנקודים הרב ז"ל קורא לו כאן ב"ן דעסמ"ב דב"ן, והוא בחינת מלכות דעסמ"ב דב"ן. ועולם התיקון כולל את כל עסמ"ב דמ"ה, הנקרא מ"ה חדש, עם עס"מ דעסמ"ב דב"ן. לפי ספק זה עולם הנקודים לקח ד' בחינות, ועולם התיקון כ"ח בחינות
תרשים א – ע"ה.
223

בית לחם יהודה ש"ה פ"א - וכל זה בא בסוד תוספת. פירוש כי בין העס"מ דעסמ"ב דב"ן, ובין הט"ז בחינות דמ"ה, כולם יצאו מחדש בזמן התיקון, בסוד תוספת על חלקי הב"ן דזמן הנקודים, דסבירא ליה למהרח"ו ז"ל, כי בזמן הנקודים לא יצאו כי אם בחינת הב"ן דעסמ"ב דב"ן, שהם ד' בחינות בלבד, וכולם היו בה עגולים, ולא היה בנקודים בחינת יושר כלל.
224

ב"ן דעסמ"ב דב"ן, שהם ד' בחינות יצאו, והם עולם הנקודים שנשבר, והם סוד המלכים דמיתו. עס"מ דעסמ"ב דב"ן, שהם י"ב בחינות, ועסמ"ב דעסמ"ב דמ"ה, שהם ט"ז בחינות, שהם ביחד כ"ח בחינות באו בתור תוספת, לתיקון עולם הנקודים.

העס"מ דעסמ"ב דב"ן **נעשה נקבה דיושר** בערך ב"ן בעסמ"ב דב"ן, הנקבה שנקבה, **ומ"ה** שהוא לפי פשט דברי הרב ז"ל עסמ"ב דעסמ"ב דמ"ה **נעשה זכר** בערך כל עסמ"ב דעסמ"ב דב"ן[225].

בעומק דברי הרב ז"ל, אפשר לחלק את שם מ"ה לעס"מ דעסמ"ב דמ"ה, וב"ן דעסמ"ב דמ"ה, **ר"ל** (צ"ל כי)[226] כל **הנקבות מב"ן דיושר**[227] צ"ל מיושר דב"ן, שהם סמ"ב דעסמ"ב דב"ן, שהם י"ב בחינות, (צ"ל **וכל**)[228] **הזכרים ממ"ה דיושר**[229] צ"ל מיושר דמ"ה, שהם עס"מ דעסמ"ב דמ"ה, והם י"ב בחינות. **ולכן**[230] הבחינה שהרב ז"ל דבר עליה בסיום הדרוש בסוד "נקבה תסובב גבר" **יהיה** שם **הב"ן** ששורשו משם ס"ג **לעתיד** כשיחזור לשורשו **גדול משם מ"ה**[231], כי שם ב"ן[232] **הוא** בשורשו **מבחינת** שם ס"ג[233]. **ואפשר**[234] ר"ל שיכול להיות **גם כן**[235]

225

כללות שם מ"ה הוא זכר בערך ב"ן שהוא זכר ונקבה. הרב ז"ל חלק את שם ב"ן לזכר ונקבה, כאשר הזכר הוא עס"מ דעסמ"ב דב"ן והנקבה היא ב"ן דעסמ"ב דב"ן. עם כל זאת אפילו הזכר דנקבה, שהוא עס"מ דעסמ"ב דב"ן, נקרא נקבה בערך מ"ה, שהוא עסמ"ב דעסמ"ב דמ"ה. גם שם מ"ה מתחלק לזכר ונקבה, כאשר עס"מ דעסמ"ב דמ"ה הוא הזכר, וב"ן דעסמ"ב דמ"ה הוא הנקבה.

אפשר לחלק את שם מ"ה לזכר ונקבה, כאשר עס"מ דעסמ"ב דמ"ה הוא חלק הזכר שבזכר, וב"ן דעסמ"ב במ"ה יהיה חלק הנקבה שבזכר. יוצא מזה שיש ארבע בחינות, דו"נ בשם מ"ה, ודו"נ בשם ב"ן.
תרשים א – ע"ו.

226

בית לחם יהודה ש"ה פ"א - ר"ל כי כל הנקבות מב"ן דיושר. דקדק לומר כי כל הנקבות וכו', וכל הזכרים וכו', ולא אמר כי כל צד הנקבות וכו', וכל צד הזכרים וכו', לומר כי כל הנקבות כגון בינה, ותבונה, ולאה, ורחל הם מב"ן דיושר לבד, ואין מעורב בהם מבחינת המ"ה כלל, כמו שמצינו בעגולי האצילות, גם כן שכולם נעשו מב"ן בלבד.

227

הרב ז"ל הפך את הלשון, וצריך לגרוס היושר דב"ן.

228

בית לחם יהודה ש"ה פ"א - וכל הזכרים. שהם עתיק, וא"א, ואבא, וישראל סבא, וז"א, ויעקב, כולם ממ"ה דיושר לבד, ואין מעורב עמהם בחינת ב"ן כלל. וזהו דלא כמו שכתב לעיל מזה, שכל אחד מה' פרצופים לקח חלקים ממ"ה וב"ן. ולכן אחר שכתב וכל זה, נעשה נקבה דיושר, ומ"ה נעשה זכר, הוכרח לחזור ולומר, ר"ל כי כל הנקבות וכו', כדי שלא נסבור דמה שכתב, וכל זה נעשה נקבה דיושר, ר"ל שנעשה צד הנקבה שבכל פרצוף ופרצוף מה' פרצופים, מב"ן דיושר, וממ"ה דיושר נעשה צד הזכרים שבכל פרצוף מה' פרצופים, ויהיה לפי זה כל פרצוף ופרצוף מה' פרצופים כלול ממ"ה וב"ן. זה אינו כי זאת הסברא היא נזכרת בספק הב', שכתב ושניהם נקראים רוח דיושר וכו', שר"ל ושניהם שהם המ"ה והב"ן נקראים זכרים ויושר, והב"ן שבב"ן ושבמ"ה נקראים נפש דיושר, שהם נוקבין דיושר.

229

הרב ז"ל הפך את הלשון, וצריך לגרוס היושר דמ"ה.
230

בית לחם יהודה ש"ה פ"א - ולכן יהיה הב"ן לעתיד גדול ממ"ה, כי הוא מבחינת ס"ג. כלומר השתא דאמרינן שכל הנקבות הם נעשו מב"ן בלבד, לפי זה ניחא מאי דאמרינן במקום אחר שלעתיד לבוא יהיה הב"ן גדול ממ"ה, שתהיה אשת חיל עטרת בעלה, לפי שהב"ן הוא שם ס"ג, אבל אי אמרינן שהנקבות נעשו מחיבור מ"ה וב"ן, וכן הזכרים נעשו מחיבור מ"ה וב"ן, אם כן מאי טעמא שתהיה אשת חיל עטרת בעלה, והא גם בעלה הוא כלול ממ"ה וב"ן כמוה.

231

לעתיד לבוא יהיה שם ב"ן גדול משם מ"ה, הכוונה היא – שם ב"ן הוא בחינת המלכות, והמלכות היא עטרה, בסוד אשת חיל עטרת בעלה, עטרה היא כתר הנמצא על הראש. כללות שם מ"ה הוא בחינת ו"ק, המתגלה

ביסוד הנקרא צדיק, והוא סוד אברהם, **אבר מ"ה**. לכן הרב ז"ל כותב כי שם ב"ן שהוא בחינת **העטרה,** יהיה גדול משם מ"ה, שהוא בחינת **צדיק.**

גמרא ברכות די"ז ע"א - מרגלא בפומיה דרב,]לא כעולם הזה העולם הבא[העולם הבא אין בו לא אכילה, ולא שתיה, ולא פריה ורביה, ולא משא ומתן, ולא קנאה, ולא שנאה, ולא תחרות, **אלא צדיקים יושבין ועטרותיהם בראשיהם** ונהנים מזיו השכינה, שנאמר ויחזו את האלהים ויאכלו וישתו.

היד החזקה לרמב"ם, ספר המדע, הלכות תשובה, פ"ח הלכה ג' – העולם הבא אין בו גוף וגווייה, אלא נפשות הצדיקים בלבד, בלא גוף כמלאכי השרת.   הואיל ואין בו גווייות, אין בו לא אכילה ולא שתייה, ולא דבר מכל הדברים שגופות בני האדם צריכין להן בעולם הזה. ולא יארע בו דבר מן הדברים שמאורעין לגופות בעולם הזה, כגון ישיבה, ועמידה, ושינה, ומיתה, ועצב, ושחוק, וכיוצא בהן.   כך אמרו חכמים הראשונים, העולם הבא אין בו לא אכילה, ולא שתייה, ולא תשמיש, אלא **צדיקים יושבין ועטרותיהם בראשיהם** ונהנין מזיו השכינה.

משלי י"ב ד' - אשת חיל עטרת בעלה, וכרקב בעצמותיו מבישה.
232

שם ב"ן הוא בחינת הנוקבא, והוא בחינת אות ה' תתאה דהוי"ה. שם ס"ג הוא בחינת אימא, והוא בחינת ה' עילאה דהוי"ה. אות ה' מורכבת בעצם מב' אותיות שהם אות ד', ואות ו'. אות ד' היא בחינת המלכות, שהיא הנוקבא, שהיא **דלה** וענייה. לעומת זה אות ו' **היא** בחינת ז"א. כאשר יצאו שמות ב"ן ומ"ה יצא שם ב"ן תחילה, והוא עולם הנקודים, והוא אות **ד'**, ואחריו בעולם התיקון יצא שם מ"ה, והוא אות **ו'.** לתקן את שם ב"ן, וזה הוא סוד **אדה"ר ד"ו פרצופים בראו.** בעולם התיקון אות ו' שהיא ז"א, נמצאת מעל אות **ד'** שהיא הנוק', וז"א המשפיעה לה. לעתיד לבוא, כשהכל יחזור לשורשו, אות ד' תהיה מעל אות ו', בסוד דלת ראשך, שהוא אות **דלת**, על הראש של ז"א. ד' מעל ו' אות ה'.

תרשים א – ע"ז.

פרי עץ חיים, ראש השנה, הקדמה ו' – אלא, להיות כי הדברים חוזרים בזמנם בכל השנה למציאת הראשון, והנה בתחלת הבריאה יצאו זו"ן אב"א ד"ו **פרצופים,** וגרם זה מה שלא המתין אדה"ר את הזווג עד ליל שבת, כי אז היה יורד הכל מתוקן, והמאציל העליון עשה כן שיצאו אב"א, כדי שלא יתאחזו הקליפות באחור, כי בפנים אין להם אחיזה, אבל באחור שהוא בחינת אלהים, ואחר הק"ך צרופי אלהים שיש בקדושה, בסוף יש אלהים אחרים, וינקו, לכן באו אב"א, שיהיה אחור דנוקבא דבוקה אליו, ובזה אין להם שום יניקה משם.

ספר הליקוטים, איוב סימן י' דצ"ב ע"ד – הלא כחלב תתיכני....הלא מתחלה האיר באימא מספר הל"א ועל ידי כך נתקנים ו"ק דז"א, כל אחד נתקנים, וכלולים מעשר, גימטריה ששים, מנין כחל"ב. והנה לפי שז"א מה שלקח לעצמו הם אותיות הזכרים, שהם י"ו י"ו, אך **הד'** היתה לצורך הנוקבא בלבד, בסוד - ודלת ראשך כארגמן, ונתנה לה מאימא, ועל ידי **הד'** נתקנה הנוקבא. ולכן ז"א נצטייר בארבעים יום, בסוד הזכר שנשתלם ציורו בארבעים יום, במספר **דייו"י** והנוקבא לוקחת אות **הד',** היא ניבנית בשמונים יום, שתי פעמים ארבעים, דהיינו כלול מעשר, ומספר הארבעים דז"א. ולכן הנוקבא מצטיירת לשמונים יום.

שיר השירים ז' ו' - ראשך עליך ככרמל, ודלת ראשך כארגמן, מלך אסור ברהטים.

ילקוט שמעוני פ"ב כ' - כרבי ירמיה בן אלעזר, **דו פרצופים** ברא הקב"ה לאדם הראשון, שנאמר אחור וקדם צרתני.
233

הגהות וביאורים)ה(- א"ה עיין לקמן בשער התיקון סוף פרק ג'.
234

בית לחם יהודה ש"ה פ"א - ואפשר גם כן להוסיף. כלומר להוסיף ספק אחר.
235

הגהות וביאורים)ו(- כוונת דבריו מבואר דמתחלה נראה דעס"מ דעסמ"ב נעשה יושר לשם ב"ן, וכן עסמ"ב דמ"ה החדש, כל ד' בחינות נעשה יושר גם כן שלו, ולבסוף בא לחדש ולהוסיף דהוא כן שבתחלה יצא ב"ן דעסמ"ב דב"ן, ונתקנו על ידי ב"ן דעסמ"ב דמ"ה, ואחר כך יצא המ"ה דעסמ"ב דמ"ה. ותיקן המ"ה דעסמ"ב דב"ן. וכמו שזה המ"ה יש כי עסמ"ב, כן בזה המ"ה דב"ן יש בו עסמ"ב כנודע, ושניהם נקרא רוח דיושר, והעיגולים נקרא נפש, שהוא הב"ן הכולל דשניהם, שמן ששון.

71

להוסיף כי מה שכתבנו דשם מ"ה יושר, והוא חדש, והוא שם מ"ה, ואין מדובר על שם מ"ה הכולל, אלא הוא **קאי**[236] **גם למ"ה דבכל ד' בחינות** דעסמ"ב של ב"ן כנ"ל[237], **וכמו שזה המ"ה** הכולל האמיתי **יש בו עסמ"ב** והם עסמ"ב דעסמ"ב דמ"ה, **כן**[238] **בזה המ"ה** הפרטי דעס"מ **דב"ן, יש בו עסמ"ב כנודע** הנקראים עסמ"ב דעס"מ דמ"ה דב"ן[239]. **ושניהן**[240] גם בחינת מ"ה דעסמ"ב ועסמ"ב דעסמ"ב דמ"ה דב"ן, **נקלא**[241] ץ"ל נקראים **רוח ויושר** ץ"ל דיושר, והם בחינת הזכר, ושם מ"ה החדש[242], **והעיגולים**[243] נקלא ץ"ל נקראים **נפש לבד** ובחינת הנוקבא, **והב"ן**[244] דעסמ"ב **שבב"ן** שהוא נוק' דנוק', או

236

בית לחם יהודה ש"ה פ"א - קאי גם למ"ה דבכל ד' בחינות ב"ן. שגם הוא נקרא חדש, לפי שבזמן עולם הנקודים לא יצאו לעגולים כי אם ד' בחינות ב"ן שבעסמ"ב דב"ן, כנזכר בספק הראשון. ובזמן התיקון יצאו מחדש גם ד' בחינות מ"ה שבעסמ"ב דב"ן, אבל ע"ב וס"ג שבעסמ"ב דב"ן, שהם ח' חלקים לא יצאו כלל, ונשארו במאציל העליון, ודלא כספק הראשון דאמר שיצאו י"ב חלקים ליושר מב"ן החדש, מלבד ד' בחיחינות דעגולים.

237

ט"ז בחינות יש בעסמ"ב דעסמ"ב דב"ן, בראשונה יצא ב"ן דעסמ"ב דב"ן, והם ד' בחינות. כאן הרב ז"ל מודיע לנו שאפשר שיצאו עם שם מ"ה החדש, שהוא עסמ"ב דעסמ"ב דמ"ה, בחינות של מ"ה דעסמ"ב דב"ן, והם וגם הם נקראים מ"ה חדש.

תרשים א – ע"ח.

238

בית לחם יהודה ש"ה פ"א - כן בזה המ"ה דב"ן יש בו עסמ"ב. עסמ"ב הנזכר הם הם ד' בחינות המ"ה ב"ן שבכל ד' בחינות ב"ן הנז"ל. כי מ"ה שבע"ב נקרא ע"ב. והמ"ה שבס"ג נקרא ס"ג. והמ"ה שבמ"ה נקרא מ"ה. והמ"ה שבב"ן נקרא ב"ן.

239

פרט זה לא נזכר עד עכשיו, שהוא פרט שלישי, והוא נקרא עסמ"ב דעסמ"ב דעסמ"ב הכללים. בסוגיה זאת מדובר על עסמ"ב דעס"מ דמ"ה דב"ן. והם עסמ"ב דע"ב דמ"ה דב"ן, עסמ"ב דס"ג דמ"ה דב"ן, עסמ"ב דמ"ה דב"ן. צריך לדעת שלא מכניסים את ב"ן דעסמ"ב דמ"ה דב"ן, כבר בתחילת ההגה כתר הרב ז"ל שכל בחינות ב"ן דעסמ"ב דב"ן יצאו תחילה, והם עולם הנקודים, וכאן הרב ז"ל מסתפק לגבי הבחינות של מ"ה דסמ"ב דב"ן.

תרשים א – ע"ט.

240

בית לחם יהודה ש"ה פ"א - שניהם נקראים רוח ויושר. ץ"ל דיושר, וכך הוא בע"ח דפוס קארעץ. ור"ל ושניהם שהם העס"מ דבחינת המ"ה והעס"מ דב"ן שהם ג' שהם מ"ה דעס"מ דב"ן הנזכר.

241

בית לחם יהודה ש"ה פ"א - נקראים רוח דיושר. כלומר נקראים זכרים דיושר, שהם א"א, ואבא, וישראל סבא, וז"א. ונמצא לספק זה שהזכרים הם כלולים ממ"ה וב"ן.

242

תרשים א – פ.

243

בית לחם יהודה ש"ה פ"א - והעגולים נקראים נפש בלבד. כי אינם כי אם ד' בחינות ב"ן שבעסמ"ב דב"ן, כמו שכתוב בספק הראשון.

244

בית לחם יהודה ש"ה פ"א - והב"ן שבב"ן ודמ"ה דיושר. שהם מ"ה הד' דב"ן, שנקרא ב"ן, וכן ב"ן דמ"ה החדש.

נפש דנפש,[245] **וב"ן דמ"ה דיושר** שהוא ב"ן דעסמ"ב דמ"ה נקרא[246] צ"ל נקראים **נפש דיושר**[247] שהוא נוק' דזכר, או נפש דרוח.

הגהת המהרח"ו משער א' ענף ד' די"ג ע"ג

[הגהה][248] מהרח"ו ז"ל ל"ע[249] בדרוש העולמות,[250] **אס יוצאין העגולים** ע"ב ס"ג מ"ה ב"ן,[251] **בין בכללות**[252] שהם עסמ"ב הכללים, **ובין בפרטות**[253] שהם עסמ"ב דעסמ"ב,[254] **כל אחד**

245

הגהות וביאורים)ז(- פירוש הוא שהרי הוא כתב שכמו שזה המ"ה יש בו עסמ"ב, כן בזה המ"ה דב"ן יש בו עסמ"ב, והם יושר. אם כן לפי זה נמצא דהב"ן דמ"ה שבב"ן, והב"ן דמ"ה שבמ"ה דיושר, נקרא נפש דיושר, זה נלע"ד בכוונת רבינו פשוט. שמן ששון

246

בית לחם יהודה ש"ה פ"א - נקראים נפש דיושר. כלומר נקבות דיושר שהם - אימא, ותבונה, ולאה, ורחל. ונמצא לפי זה שגם הנקבות כלולים ממ"ה וב"ן)עיין חסדי דוד אות קי"ב(.

247

הגהות וביאורים)ח(- עיין בשער הגלגולים הנדפס מחדש דף ל"ג ע"ג הקדמה ל"ב, וגם לקמן בשער מ"ן ומ"ד דרוש י"א כלל ב', דנדב ואביהוא הוא בחינת מקיף, ואליהו פנימי, והג"ה זו שייך לקמן בשער עקודים פרק ה' קודם המ"ק.

248

כלל - כלל גדול אצלנו כי ע"ב ס"ג מ"ה ב"ן הם כלולים כל אחד מארבע בחינות של ע"ב ס"ג מ"ה ב"ן. ונקראים עסמ"ב דעסמ"ב.

הסבר להגהת הרב חיים ויטאל ז"ל
להבין הגהה זאת יש ללמוד את שער טנת"א פ"א בע"ח.
ע"ח ש"ה פ"א ש"ה סוף הפרק הגהת מוהרח"ו - ענין מ"ה וב"ן אפשר כי ב"ן דע"ב נעשה עגולים לעס"מ)ב"א דע"ב ס"ג מ"ה ב"ן דב"ן(ועס"מ שיש בכל בחי' מעסמ"ב דב"ן זה שבפנימיות, ואות לזה שבאלו המקיפים הפנימים יש יותר מה' שהוא מקיף, ומקיף למקיף, ומקיף לב' המקיפים כנזכר בפרשת ברכת כהנים)באד"ר(, א"כ כל אלו זולת אותן הב' כוללים: בפנימיות א"ק יש הוי"ה אחת אשר א"ק הוא לבוש אליה ומד' אותיותה יוצאים ד' הויות ונגלים לחוץ של א"ק והם הוי"ה דע"ב ס"ג מ"ה ב"ן והם במצח אח"פ ומה שקדם הוי"ה דב"ן, להוי"ה דמ"ה הוא סוד תפילין דר"ת והוא סוד נקבה תסובב גבר.
הרב ז"ל מסתפק מה יצא בעגולים)ביושר אין ספקות(, שהם בחינת נפש, האם כל שעור הקומה יצא שזה ט"ז בחינות שהם עסמ"ב דעסמ"ב. או רק בחינת הב"ן הכללי יצא שהוא עסמ"ב דב"ן ואיתו בחינות של ב"ן דעס"מ שהם ביחד ז' בחינות. או יצאו ס"ג וב"ן הכללים שהם עסמ"ב דס"ג ועסמ"ב דב"ן וגם ס"ג וב"ן דע"ב וס"ג, אשר ביחד הם י"ב בחינות. **ע"ח ש"י פ"א דמ"ט ע"ד** - נסתפק לי ג' ספיקו' באחר התיקון או דשם ס"ג נשאר עגולי' וממ"ה לבדו נעשה יושר לבדו דכל אצי' או שתחלה יצא ס"ג דעגולים ואח"כ בעת התיקון אז יצא גם היושר דס"ג ויושר דמ"ה שהוא מהיטבאל מלך הח' הדר כלול זו"ן דמ"ה ונשארו עגולים מס"ג לבד ויושר ממ"ה ומס"ג וע"כ הס"ג דיושר נקרא ב"ן כי הס"ג דעגולים לא נשתנה שמו והוא ס"ג כבראשונה אך היושר דס"ג נקרא ב"ן או שתחלה יצאו עגולים דס"ג ובתיקון יצאו יושר דס"ג הנקרא ב"ן וגם עגולים ויושר דמ"ה ונתחברו עגולים דמ"ה ועגולים דס"ג וכן יושר דמ"ה עם יושר דס"ג הנקרא ב"ן ומהקונטריס הגדול דא"ק משמע בהדיא כי העגולים והיושר דס"ג שניהן יצאו תחלה אך שהיו בחי' נפש ואח"כ יצאו בתיקון רוח שהוא עגולים דמ"ה ויושר דמ"ה והוא פי' ד' קרוב לפי' ג' שנסתפקתי והראיה כי במיתת המלכים נכתב שם שהיו בדרך קוין שנפלו אחוריים דאו"א שהג"ר לבדו היו בדרך קוין וע"כ לא מיתו אלא הז"ת. ונודע כי אין קוין אלא ביושר וכן אין פנים ואחור אלא ביושר ואמנם לפי שנכתב בראש הקונטריס שלא היה רצונינו לדבר כלל בעגולים אלא ביושר לכן לא נתבאר שם ענין מיתת

המלכים העגולים אלא דיושר לבד ולכן לא נזכר בתיקונים אלא דיושר וכן נראה מקונטריס הקיצור שכתב כי באח"פ לא יש רק יושר אך בענין ומצח הנקודים יש יושר ועיגולים והנה נראה כי בענין לבדו שהוא ס"ג וכן במצח לבד שהוא מ"ה יש יושר ועגולים בכ"א מהם.
לפי זה יוצא כל כל ט"ז הבחינות יצאו, בן בעגולים בן ביושר, אבל כולם מבחינת נפש.
249

בית לחם יהודה ש"א פ"ד – מהרח"ו ז"ל צ"ע וכו'. פשיטא ליה הכא שאור פנימי דיושר דא"ק הוא כלול מעסמ"ב, וכל אחד מהם נפרט לעסמ"ב, והם ט"ז בחינות כמבואר בריש פרק א' דשער ה', יעו"ש. אך הספק שלו בבחינת אור פנימי דעגולים דא"ק, שהם נפש, ונקראים נקבה.
צ"ע – צריך עיון
כלל – כל פעם שרבי חיים ויטאל כותב **צ"ע** זה כדי לעורר את המעיין שהדברים הם לא כפשטן, וגם להסתיר את הדברים)ולא בגלל שהרב לא ידע את הסוגיה(.
250

הגהות ובאורים)א(– כתב בס' אור זרוע פי' דברי רבינו כך הוא כי זה כלל גדול אצלנו כי ע"ב ס"ג מ"ה ב"ן הם כלולים כ"א מד' בחי'. וצ"ע אם לכל בחי' ובחי' יש עגולים, דהיינו לט"ז בחי', או אינו אלא לד' בחי' ב"ן הרביעי לבדו. וגם לכל בחי' ב"ן שיש בע"ב ס"ג מ"ה, שהם ז' בחי' לבד, וט' מהם בלי עגולים. או אם לכל ד' בחי' ס"ג שיש בע"ב ומ"ה, וישארו ע"ב דע"ב ומ"ה דע"ב בלי עיגול, וכן ע"ב דמ"ה ומ"ה דמ"ה, לכל השאר יהיה עגולים עכ"ל
251

כאשר רוצים לתאר שעור קומה שלם אנו מציגים את שיעור קומה בתור ארבע הוי"ת מלאות במלואי עסמ"ב, שהם ע"ב)יוד הי ויו הי(, ס"ג)יוד הי ואו הי(, מ"ה)יוד הא ואו הא(, ב"ן)יוד הה וו הה(. כאשר שיעור קומה הוא בערכי העולמות א"ק הוא עולם נעלם ולא נקרא בשם. ע"ב הוא באצילות, ס"ג בבריאה, מ"ה ביצירה, ב"ן בעשיה. כאשר שעור קומה הוא בערכי הפרצופים פרצוף א"א שהוא מקביל לעולמות א"ק אין שם, ע"ב הוא אבא, ס"ג אמא, מ"ה הוא ז"א, וב"ן הוא הנוק'. כאשר שעור קומה הוא בערכי הספירות הכתר שהוא מקביל לא"ק ולא"א אין לא שם)לפעמים הכתר נחשב לע"ב, כמו שכותב הרב בשער טנת"א(, ע"ב הוא חכמה, ס"ג בינה, מ"ה חג"ת נה"י, ב"ן מלכות.
תרשים ד – ד.
252

כללות – עסמ"ב כללים, ע"ב, ס"ג, מ"ה, ב"ן. והם כוללים בתוכם כל אחד את עסמ"ב הפרטים שלו.
תרשים ד – ה.
253

פרטות – עסמ"ב נפרטים לעסמ"ב דעסמ"ב
ע"ח ש"ה פ"א מ"ת ד"כ ע"ב – דע כי אין מציאות ציור קומת אדם בעולם שלא היה בו ד' בחי' אשר כוללים כל האצילות וכל העולמות כולם ואלו הם ע"ב כזה יו"ד ה"י וי"ו ה"י. ס"ג יו"ד ה"י וא"ו ה"י. מ"ה יו"ד ה"א וא"ו ה"א. ב"ן יו"ד ה"ה ו"ו ה"ה. והנה אלו הד' הוי"ת הנחלקים לד' מלואין האלו הם ד' בחי' אלו הטעמים שם ע"ב. הנקודות שם ס"ג. התגין שם מ"ה. האותיות שם ב"ן. **וכל אחד מאלו הד' הוי"ת כלול מכולם** ויש בכל הוי"ה מהם בחי' טנת"א.
ע"ב דע"ב, ס"ג דע"ב, מ"ה דע"ב, ב"ן דע"ב
ע"ב דס"ג, ס"ג דס"ג, מ"ה דס"ג, ב"ן דס"ג
ע"ב דמ"ה, ס"ג דמ"ה, מ"ה דמ"ה, ב"ן דמ"ה
ע"ב דב"ן, ס"ג דב"ן, מ"ה דב"ן, ב"ן דב"ן
יוצא שיש ט"ז בחינות ארבע כללים שכל אחד מהם כולל ארבע.
תרשים ד – ה.
254

ע"ב דע"ב, ס"ג דע"ב, מ"ה דע"ב, ב"ן דע"ב
ע"ב דס"ג, ס"ג דס"ג, מ"ה דס"ג, ב"ן דס"ג

מהם[255] כל העסמ"ב דעסמ"ב שהם ט"ז בחינות. **או אם הוא בקלתן לבד, שהוא בב"ן דכללות** שהם עסמ"ב דב"ן **וכן בב"ן דפרטות** ב"ן דעס"מ, **כ"א מהם**[256] שהם ז' בחינות. **או אם הוא** שהם עסמ"ב דב"ן וב"ן דע"ב וב"ה דמ"ה **וגם בס"ג דכללות** שהוא עסמ"ב דס"ג **וגם בס"ג דפרטות**[257] שהם ס"ג דע"ב וס"ג דמ"ה, י"ב בחינות. **יען כי ס"ג**[258] **וב"ן הס נקבות**[259], בסוד נקבה תסובב גבר.[260]

ע"ב דמ"ה, ס"ג דמ"ה, מ"ה דמ"ה, ב"ן דמ"ה

ע"ב דב"ן, ס"ג דב"ן, מ"ה דב"ן, ב"ן דב"ן

יוצא שיש ט"ז בחינות ארבע כללים שכל אחד מהם כולל ארבע, עסמ"ב דעסמ"ב.

תרשים ד – ו.

255

בית לחם יהודה ש"א פ"ד – אם יוצאים העגולים עסמ"ב בין בכללות בין בפרטות כל אחד מהם. ר"ל שהם עסמ"ב כוללים שכל אחד מהם נפרט לעסמ"ב, שהם ט"ז בחינות, דוגמת היושר ממש.

256

בית לחם יהודה ש"א פ"ד – וכן בב"ן דפרטות דכל אחד מהם. שהם בן שבפרטות עס"מ הכוללים, ונמצא שלא היה בעדולים רק ז' אורות ולא ט"ז.

ע"ב דב"ן, ס"ג דב"ן, מ"ה דב"ן, ב"ן דב"ן

ב"ן דע"ב

ב"ן דס"ג

ב"ן דמ"ה

יוצא שיש ז' בחינות שהם עסמ"ב דב"ן, ב"ן דע"ב, ב"ן דס"ג, ב"ן דמ"ה

תרשים ד – ז.

257

בית לחם יהודה ש"א פ"ד – או אם הוא גם בס"ג דכללות וגם בס"ד דפרטות. ר"ל כי מלבד שיצאו אורות ב"ן דכללות ודפרטות לעגולים, יצאו גם כן בחינת העס"מ דס"ג דכללות, וגם ס"ג שבפרטות ע"ב ומ"ה הכוללים)ועיין בהגוב"י(.

ע"ב דב"ן, ס"ג דב"ן, מ"ה דב"ן, ב"ן דב"ן

ב"ן דע"ב

ב"ן דמ"ה

ע"ב דס"ג, ס"ג דס"ג, מ"ה דס"ג, ב"ן דס"ג

ס"ג דע"ב

ס"ג דמ"ה

יוצא שיש י"ב בחינות שהם עסמ"ב דב"ן, ב"ן דע"ב, ב"ן דמ"ה, ועסמ"ב דס"ג, ס"ג דע"ב, וס"ג דמ"ה

תרשים ד – ח.

258

בית לחם יהודה ש"א פ"ד – יען כי ס"ג וב"ן. שבכללות ובפרטות.

259

ע"ב אבא זכר

ס"ג אמא נקבה

מ"ה ז"א זכר

ב"ן נוק' נקבה

תרשים ד – ט.

260

ירמיהו ל"א כ"א - עד מתי תתחמקין הבת השובבה כי ברא הוי"ה חדשה בארץ נקבה תסובב גבר.

הגהות ובאורים)ב(– עיין שער טנת"א סוף פ"א ע"ב ד"ה ענין. ועיין דב"ש ג' כ"ז ע"ד באורך.

בית לחם יהודה ש"א פ"ד – בסוד נקבה תסובב גבר. ולכן הם סובבים ומקיפין על היושר דא"ק, שהוא בחינת רוח הנקרא גבר. ולקמן בשער ב' ענף ג' נסתפק מהרח"ו ז"ל בספק זה גם באור פנימי ואור מקיף דיושר יעו"ש.

עץ חיים

לרבינו חיים וויטאל

שקיבל ממרן האר"י זלה"ה

שער ה'

שער טנת"א

פרק א'

חלק התרשימים טבלאות וציורים

שמחזת חיים

הקדמה קצרה

דע כי כל התרשימים הציורים הטבלאות, הם אך ורק לשכך את האוזן, ולשבר את העין. וכל הציורים הם לא שלמים.

כתב הרי"ח הטוב ברב פעלים ח"ב בסוד ישרים ה' - אך דע לך כי סדר התלבשות המחצבים שכתב מהרח"ו בשערי קדושה עד עולם הזה שאנחנו עומדים בו. וכן סדר התלבשות הפרצופים אשר בכל מחצב ומחצב, וסדר התלבשות העולמות זה בזה, והיושר והעיגולים, לא אית אינש דכיל למנלע רזא דנא, איך היא עשוי, איך הוא עומד, ולא אפשר לשכל אנושי לצייר כל הנזכר על אמתיתם, ועל בורייו מפני כי שכל האנושי בהיותו עצור ומונח בגוף גשמיי, אי אפשר לי להשיג דבר רוחני, והוא זה דומה לאדם סומא מן הבטן שלא ראה מאורות מימיו, דודאי אי אפשר לו לצייר מראות השמש והירח הנראין לעיני הבריות, וכל שכן מה שיש למעלה למעלה.

וכן כתב ברב פעלים ח"א בסוד ישרים א' - סוף דבר הכל נשמע, ה' אחד ושמו אחד, ואין לו גוף ולא דמות הגוף, ואין לו שום ציור, ותמונה ודמיון כלל ועיקר, וגם כל העולמות וספירות הקדושים למעלה אין להם ציור ודמיון של גופים האלה כלל, ואין מי שיוכל לידע איך הוא עמידתם וסדרם, איך עומדים עולמות היושר ועולמות העיגולים, ואיך מתחברים זה עם זה, ואיך נמשך השפע מזה לזה, ואיך הוא תוארם ומראיהם, ואיך הוא מהות השפע המחיה אותם, ומקיים אותם, וכמה הוא שיעור אורכם וגובהן ורחבם, ואיך הם נכללים זה בזה, ומלבישים זה לזה, כי בכל זאת אין שום שכל אנושי יוכל לדעת, ולהבין, ולהשיג, כלל ועיקר.

הרב ז"ל כתב בשער אח"פ תחילת פ"א וז"ל - כבר ידעת כי אין בנו כח לעסוק קודם אצילות עשר ספירות, ולא לדמות שום דמיון וצורה כלל ח"ו, אך לשכך האזן, אנו צריכים לדבר דרך משל ודמיון, לכן אף אם נדבר במציאות ציור שם למעלה, אין הדבר רק לשכך האזן. אמנם דע כי עשר ספירות דאצילות הם שתי עניינים. האחד הוא התפשטות הרוחניות, והשני הוא כלים ואברים אשר העצמות מתפשט בהם. והנה צריך שיהיה לכל זה שורש למעלה לשתי בחינות אלו, ולכן צריכין אנו לדבר בסדר המדרגות מראש עד סוף, והנה נתחיל ונאמר כי הלא הא"ס ב"ה אין בו שום ציור כלל ח"ו כמבואר.

הרב ז"ל כתב בשער טנת"א פ"א - והנה אף על פי שאנו מכנים וקוראים כאן כנויים אלו כגון אדם ראש אזנים וכיוצא אינו רק לשכך האזן לשיובנו הדברים לכן אנו מכנים כנויים אלו במקום גבוה, עד כאן לשונו.

וכן הרמ"ק בפרדס רימונים ש"ו פ"א - וציירו להם המקובלים צורות ביריעות גדולות וקראום אילן. הרב ז"ל כתב בסוף ש"ה פ"ד וז"ל - ואמנם דבר גלוי הוא כי אין למעלה גוף ולא כח גוף חלילה. וכל הדמיונות והציורים אלו לא מפני שהם כך חס ושלום. אמנם לשכך את האוזן לכשיוכל האדם להבין הדברים העליונים הרוחניים בלתי נתפסים ונרשמים בשכל האנושי, לכן ניתן רשות לדבר בבחינת ציורים ודמיונים, כאשר הוא פשוט בכל ספרי הזוהר. וגם בפסוקי התורה עצמה כולם כאחד עונים ואומרים בדבר הזה כמו שאמר הכתוב עיני ה' המה משוטטים בכל הארץ. עיני ה' אל צדיקים. וישמע ה'. וירח ה'. וידבר ה'. וכאלה רבות וגדולה מכולם מה שאמר הכתוב ויברא אלהים את האדם בצלמו בצלם אלהים ברא אותו זכר ונקבה וגו'. ואם התורה עצמה דברה כך גם אנחנו נוכל לדבר כלשון הזה, עם היות שפשוט הוא שאין שם למעלה אלא אורות דקים, בתכלית הרוחניות, בלתי נתפשים שם כלל, וכמו שאמר הכתוב כי לא ראיתם כל תמונה, וכאלה רבות.

ואמנם יש עוד דרך אחרת כדי להמשיך ולצייר בה הדברים העליונים, והם בחינת כתיבת צורת אותיות, כי כל אות ואות מורה על אור פרטי עליון, וגם תמונת זו דבר פשוט הוא כי אין למעלה לא אות, ולא נקודה, וגם זה דרך משל וציור לשכך את האוזן כנזכר. ולכן נבאר עתה הקדמה הנזכר על דרך ציור האותיות גם כן ובבחינת ציורים אלו, הן ציור האדם, והן ציור אותיות, שתיהן מוכרחים להבין ענין האורות העליונים, כאשר תראה ספרי הזוהר בנויים על שתי בחינות הציורים האלה, עד כאן לא.

ולכן גם אנחנו הרשינו לעצמינו לצייר ציורים, תרשימים וטבלאות, אך ורק כדי לשכך את האוזן, ולשבר את העין, כדי להבין את הסוגייה.

אח"י

סדר שמות שמות ההיכלות והשערים בעץ חיים

שם היכל	שער	שם השער	א	ב	ג	ד	ה	ו	ז	ח	ט	י	יא	יב	יג	יד	טו
אדם קדמון	א	עיגולים ויושר	א	ב	ג	ד	ה										
	ב	השתלשלות י"ס דרך עגו'	א	ב	ג												
	ג	סדר אצילות למהרח"ו	א	ב	ג												
	ד	אח"פ	א	ב	ג	ד	ה										
	ה	טנת"א	א	ב	ג	ד	ה	ו	ז								
	ו	עקודים	א	ב	ג	ד	ה	ו	ז	ח							
	ז	מטי ולא מטי	א	ב	ג	ד	ה										
נקודים	ח	דרושי נקודות	א	ב	ג	ד	ה	ו									
	ט	שבירת הכלים	א	ב	ג	ד	ה	ו	ז	ח							
	י	תיקון	א	ב	ג	ד	ה										
	יא	מלכים	א	ב	ג	ד	ה	ו	ז	ח	ט	י					
הכתרים	יב	עתיק	א	ב	ג	ד	ה										
	יג	א"א	א	ב	ג	ד	ה	ו	ז	ח	ט	י	יא	יב	יג	יד	
או"א	יד	או"א	א	ב	ג	ד	ה	ו	ז	ח	ט	י					
	טו	זווגים	א	ב	ג	ד	ה	ו									
	טז	הולדת או"א וזו"ן	א	ב	ג	ד	ה	ו	ז								
ז"א	יז	ז"א	א	ב	ג	ד											
	יח	רפ"ח נצוצין	א	ב	ג	ד	ה	ו									
	יט	אנ"ך	א	ב	ג	ד	ה	ו	ז	ח	ט	י					
	כ	המוחין	א	ב	ג	ד	ה	ו	ז	ח	ט	י	יא	יב			
	כא	לידת המוחין	א	ב	ג												
	כב	מוחין דקטנות	א	ב	ג												
	כג	מוחין דצלם	א	ב	ג	ד	ה	ו	ז	ח							
	כד	פרקי הצלם	א	ב	ג	ד	ה	ו	ז								
	כה	דרושי הצלם	א	ב	ג	ד	ה	ו	ז	ח							
	כו	צלם	א	ב	ג	ד											
	כז	פרטי עי"מ	א	ב	ג	ד											
	כח	עיבורים	א	ב	ג	ד	ה										
	כט	נסירה	א	ב	ג	ד	ה	ו	ז	ח	ט						
	ל	פרצופים	א	ב	ג	ד	ה	ו	ז								
	לא	פרצופי זו"ן	א	ב	ג	ד	ה										
	לב	הארת המוחין	א	ב	ג	ד	ה	ו	ז	ח	ט						
	לג	אונאה	א	ב	ג	ד	ה										
נוק' דז"א	לד	תיקון הנוקבא	א	ב	ג	ד	ה	ו									
	לה	הירח	א	ב	ג	ד	ה										
	לו	מיעוט הירח	א	ב	ג	ד											
	לז	יעקב ולאה	א	ב	ג	ד	ה										
	לח	לאה ורחל	א	ב	ג	ד	ה	ו	ז	ח	ט						
	לט	מ"ן ומ"ד	א	ב	ג	ד	ה	ו	ז	ח	ט	י	יא	יב	יג	יד	טו
	מ	פנימיות וחצוניות	א	ב	ג	ד	ה	ו	ז	ח	ט	י	יא	יב	יג	יד	טו
	מא	חשמל	א	ב	ג												
אבי"ע	מב-א	דרושי אבי"ע	א	ב	ג	ד	ה	ו	ז	ח	ט	י	יא	יב			
	מב-ב	כללות אבי"ע	א	ב	ג	ד											
	מג	ציור עולמות אבי"ע	א	ב	ג	ד											
	מד	שמות	א	ב	ג	ד	ה	ו	ז								
	מה	מקיפין	א	ב	ג	ד											
	מו	כסא הכבוד	א	ב	ג	ד	ה	ו									
	מז	סדר אבי"ע	א	ב	ג	ד	ה	ו	ז								
	מח	קליפות	א	ב	ג	ד											
	מט	קליפת נוגה	א	ב	ג	ד	ה	ו	ז	ח	ט						
	נ	קיצור אבי"ע	א	ב	ג	ד	ה	ו	ז	ח	ט	י					

טבלת ערכים

עולמות	אדם קדמון	אצילות	בריאה	יצירה	עשיה
פרצופים	ע"י וא"א	אבא	אמא	ז"א	נוקבא
ספירות	כתר	חכמה	בינה	חג"ת נה"י	מלכות
הוי"ה	קוץ של י'	י	ה	ו	ה
אורות	יחידה	חיה	נשמה	רוח	נפש
מלוי	שורש הוי"ה	ע"ב - יוד הי ויו הי	ס"ג - יוד הי ואו הי	מ"ה - יוד הא ואו הא	ב"ן - יוד הה וו הה
טנת"א	שורשים	טעמים	נקודות	תגין	אותיות
נקודות	קמ"ץ	פתח	צרי	סגול, שוה, חולם חיריק, קבוץ, שורוק	אין ניקוד
אדם	גולגולתא	מוח ימין	מוח שמאל	גוף ובנית	עטרת היסוד
מל"צ	מ - מקיף, יחידה	ל - מקיף, חיה	מוח	לב	כבד
שנגל"ה	שורש	נשמה	גוף	לבוש	היכל
רי"ב פרצופים	עו"ן אאו"ן	או"א עלאין	ישסו"ת	זו"ן	יעו"ר
כל צמא	אורות	מוחין	צלמים	לבושים	כלים
אברים	מוח	עצמות	גידין	בשר	עור
חושים	מוח	ראיה	שמיעה	ריח	דיבור
מחצבים	א"ס	ספירות	נשמות	מלאכים	חושך
צלם	מ' מקיף ב'	ל' מקיף א'	צ' מוח	צ' לב	צ' כבד
דחצ"ם	אלוקות	מדבר	חי	צומח	דומם
יסודות	יולי	מים	אש	רוח	עפר
רקיעים	ערבות	ערבות	ערבות	מכון, מעון, זבול שחקים, רקיע	וילון
גלגלים	גלגל השכל	גלגל היומי	מזלות	כככבים	לבנה
היכלות	קודש קודשים	קודש קודשים	קודש קודשים	אהבה, זכות, רצון, עצם השמים, לבנת הספיר	לבנת הספיר
מלוי הוי"ה		מו - וד י יי י	לז - וד י או י	יט - וד א או א	כו - וד ה ו ה
אהי"ה	קס"א - אלף הי יוד הי	קס"א - אלף הי יוד הי	קמ"ג - אלף הי יוד הי	קמ"ג - אלף הא יוד הא	קנ"א - אלף הה יוד הה

א"ק	**כתר**	כ / ח ב / ד ג / ת / ה / י / מ	כובד חג"ת נה"ים (×9)
אצילות	**חכמה**	כ / ח ב / ד ג / ת / ה / י / מ	כובד חג"ת נה"ים (×9)
בריאה	**בינה**	כ / ח ב / ד ג / ת / ה / י / מ	כובד חג"ת נה"ים (×9)
יצירה	**חג"ת נה"י**	כ / ח ב / ד ג / ת / ה / י / מ	כובד חג"ת נה"ים (×9)
עשיה	**מלכות**	כ / ח ב / ד ג / ת / ה / י / מ	כובד חג"ת נה"ים (×9)

תרשים א - ב

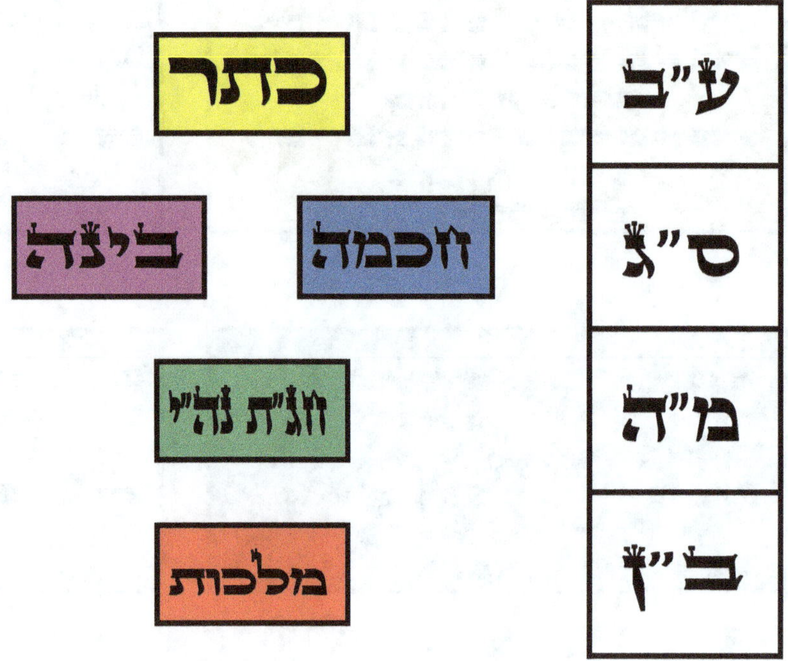

תרשים א - ג

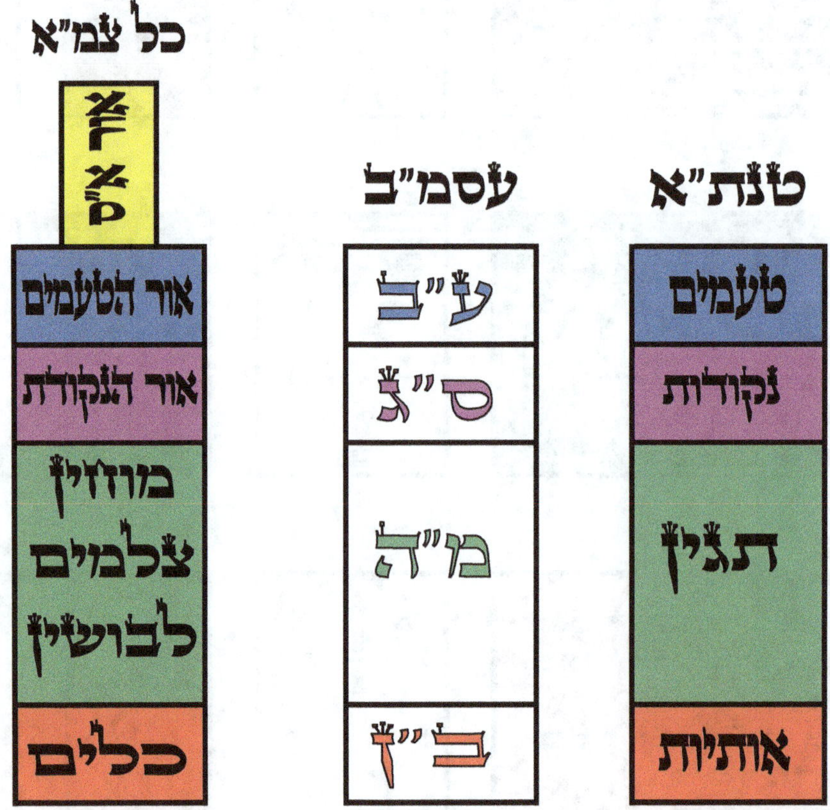

כתר

טעמים | ע״ב
נקודות | ס״ג
תגין | מ״ה
אותיות | ב״ן

חכמה | בינה

חג״ת נה״י

מלכות

פרטי פרטות				פרטות	כללות

כללות: ע"ב

ב"ן	מ"ה	ס"ג	ע"ב	ע"ב
ב"ן	מ"ה	ס"ג	ע"ב	ס"ג
ב"ן	מ"ה	ס"ג	ע"ב	מ"ה
ב"ן	מ"ה	ס"ג	ע"ב	ב"ן

כללות: ס"ג

ב"ן	מ"ה	ס"ג	ע"ב	ע"ב
ב"ן	מ"ה	ס"ג	ע"ב	ס"ג
ב"ן	מ"ה	ס"ג	ע"ב	מ"ה
ב"ן	מ"ה	ס"ג	ע"ב	ב"ן

כללות: מ"ה

ב"ן	מ"ה	ס"ג	ע"ב	ע"ב
ב"ן	מ"ה	ס"ג	ע"ב	ס"ג
ב"ן	מ"ה	ס"ג	ע"ב	מ"ה
ב"ן	מ"ה	ס"ג	ע"ב	ב"ן

כללות: ב"ן

ב"ן	מ"ה	ס"ג	ע"ב	ע"ב
ב"ן	מ"ה	ס"ג	ע"ב	ס"ג
ב"ן	מ"ה	ס"ג	ע"ב	מ"ה
ב"ן	מ"ה	ס"ג	ע"ב	ב"ן

תרשים א - ז

	טעמים	נקודות	תג"ין	אותיות
ע"ב	טעמים	נקודות	תג"ין	אותיות
ס"ג	טעמים	נקודות	תג"ין	אותיות
מ"ה	טעמים	נקודות	תג"ין	אותיות
ב"ן	טעמים	נקודות	תג"ין	אותיות

תרשים א - ח

תרשים א - ט

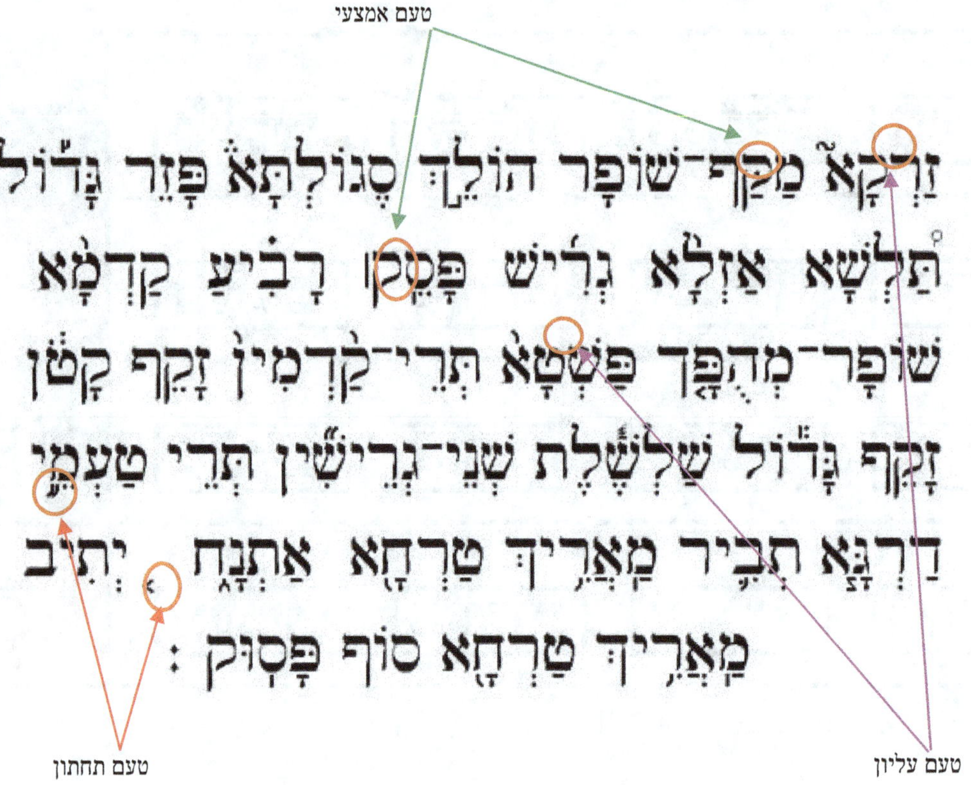

תרשים א - י

תרשים א - י"א

תרשים א - י"ב

תרשים א - י"ג

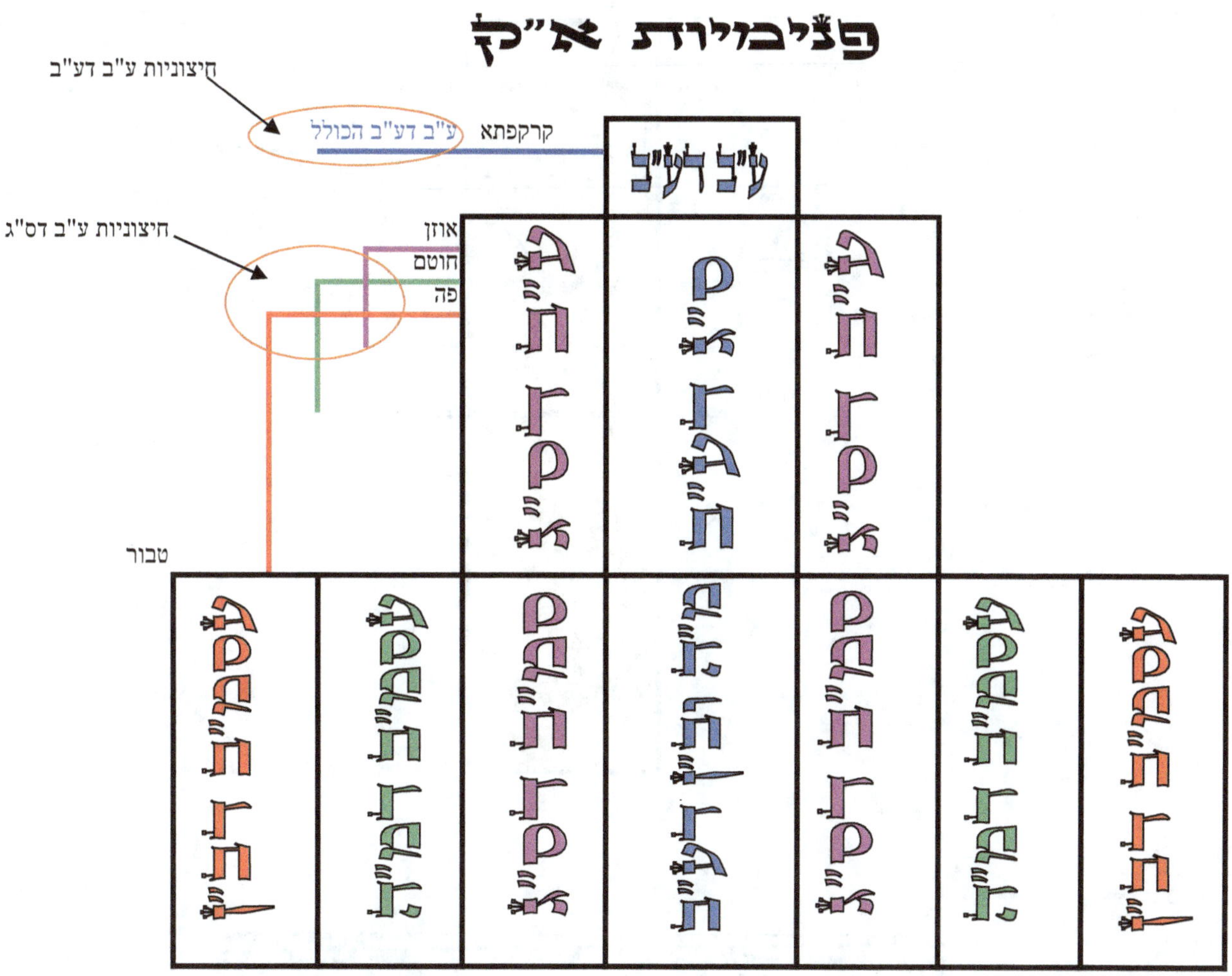

פנימיות א"ק
חיצוניות ע"ב דע"ב
ע"ב דע"ב הכולל
קרקפתא
ע"ב דע"ב
חיצוניות ע"ב דס"ג
אוזן
חוטם
פה
טבור

תרשים א - י"ד

ע"ב
ס"ג
מ"ה
ב"ן
ג"ר
ו"ק

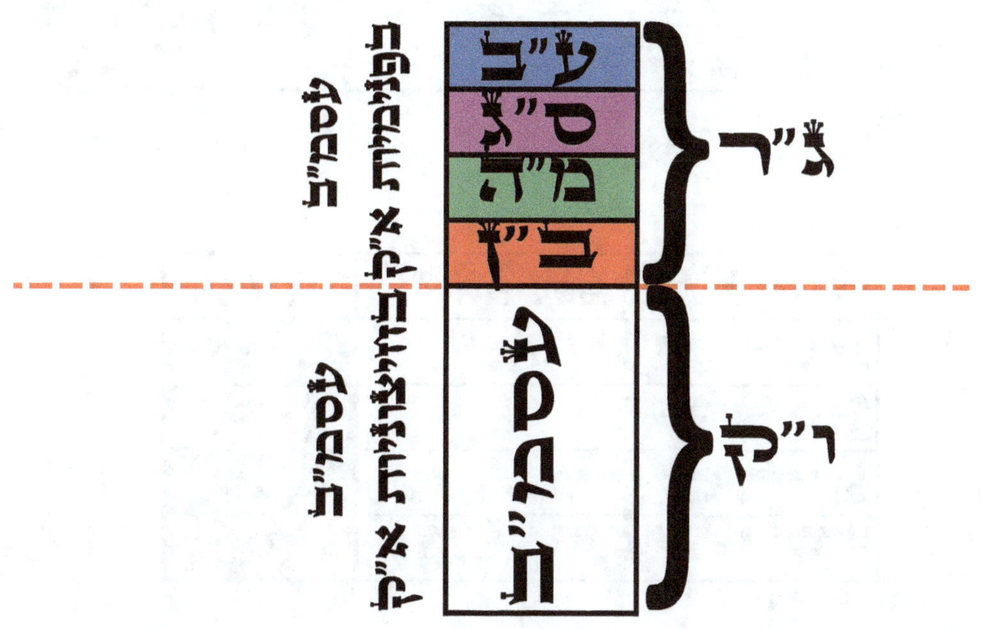

תרשים א - ט"ו

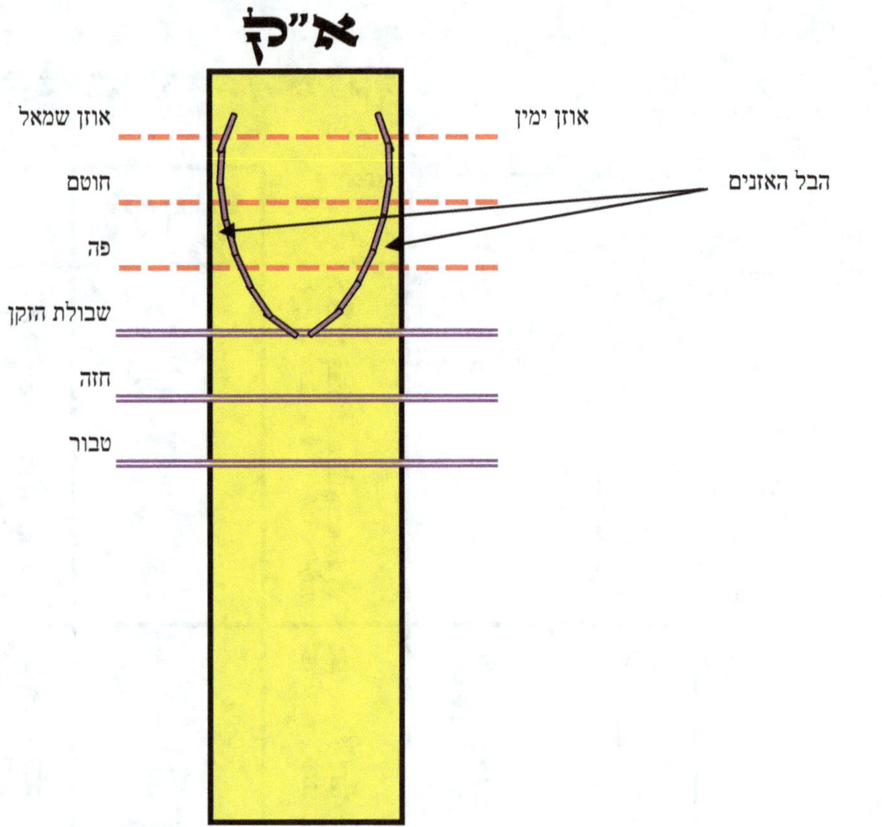

תרשים א - ט"ז

עֵ"בּ דְעֵ"בּ דְסֵ"גּ	עֵיֵן
סֵ"גּ דְעֵ"בּ דְסֵ"גּ	אוֹזֶן
מֵ"הּ דְעֵ"בּ דְסֵ"גּ	חוֹטֶם
בֵּ"ן דְעֵ"בּ דְסֵ"גּ	פֶּה

תרשים א - י"ז

שוֹרֶשׁ עֵסְמַ"בּ דְעֵ"בּ דְסֵ"גּ	מֵצַח
עֵ"בּ דְעֵ"בּ דְסֵ"גּ	עֵיֵן
סֵ"גּ דְעֵ"בּ דְסֵ"גּ	אוֹזֶן
מֵ"הּ דְעֵ"בּ דְסֵ"גּ	חוֹטֶם
בֵּ"ן דְעֵ"בּ דְסֵ"גּ	פֶּה

תרשים א - י"ח

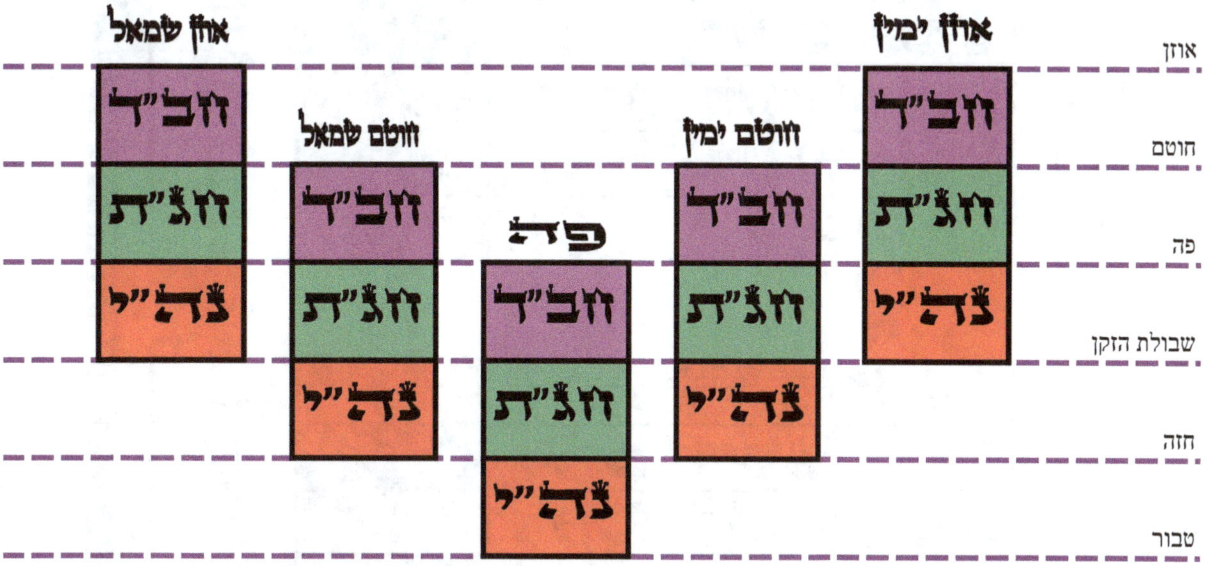

תרשים א - י"ט

ס"ג דא"ק הכללי

טעמים

מצח	שורש עסמ"ב דע"ב דס"ג
עין	ע"ב דע"ב דס"ג
אזן	ס"ג דע"ב דס"ג — טעם עליון
חוטם	מ"ה דע"ב דס"ג — טעם אמצעי
פה	ב"ן דע"ב דס"ג — טעם תחתון

נקודות

	שורש עסמ"ב דס"ג דס"ג
	ע"ב דס"ג דס"ג
	ס"ג דס"ג דס"ג
	מ"ה דס"ג דס"ג
	ב"ן דס"ג דס"ג

תגין

	שורש עסמ"ב דמ"ה דס"ג
	ע"ב דמ"ה דס"ג
	ס"ג דמ"ה דס"ג
	מ"ה דמ"ה דס"ג
	ב"ן דמ"ה דס"ג

אותיות

	שורש עסמ"ב דב"ן דס"ג
	ע"ב דב"ן דס"ג
	ס"ג דב"ן דס"ג
	מ"ה דב"ן דס"ג
	ב"ן דב"ן דס"ג

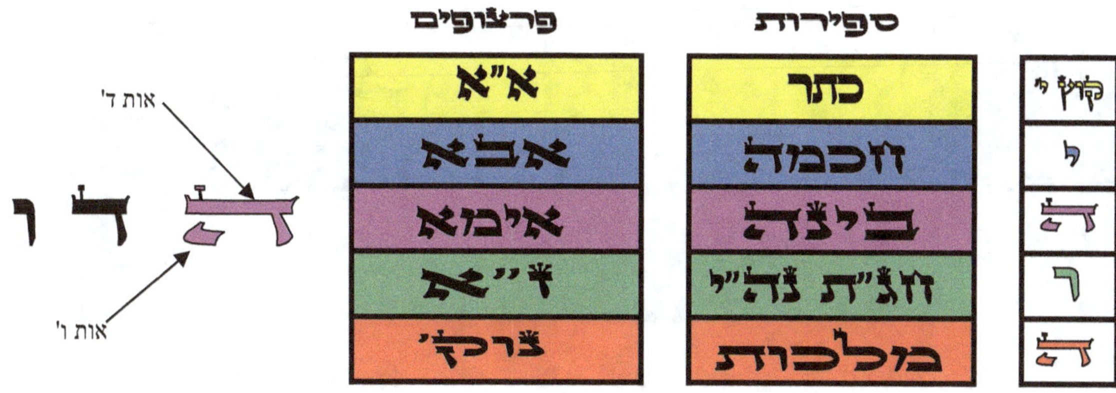
פרצופים
ספירות
א"א
כתר
אבא
חכמה
אימא
בינה
ז"א
חג"ת נה"י
נוק'
מלכות
אות ד'
אות ו'
ד ו
קוץ י
י
ה
ר
ה

ע"ב
ס"ג
מ"ה
ב"ן
ע"ב טעמים
ס"ג נקודות
מ"ה תגין
ב"ן אותיות

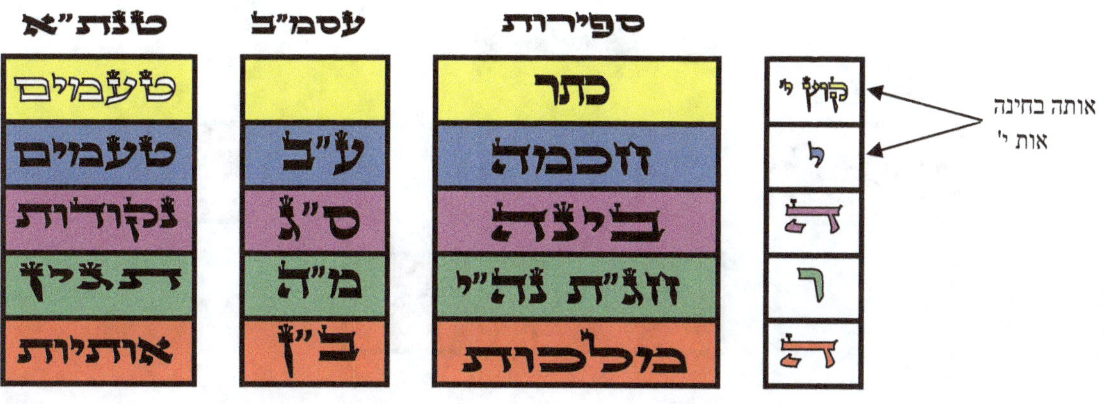
טנת"א
עסמ"ב
ספירות
פעמים
כתר
טעמים
ע"ב
חכמה
נקודות
ס"ג
בינה
תגין
מ"ה
חג"ת נה"י
אותיות
ב"ן
מלכות
אותה בחינה
אות י'
קוץ י
י
ה
ר
ה

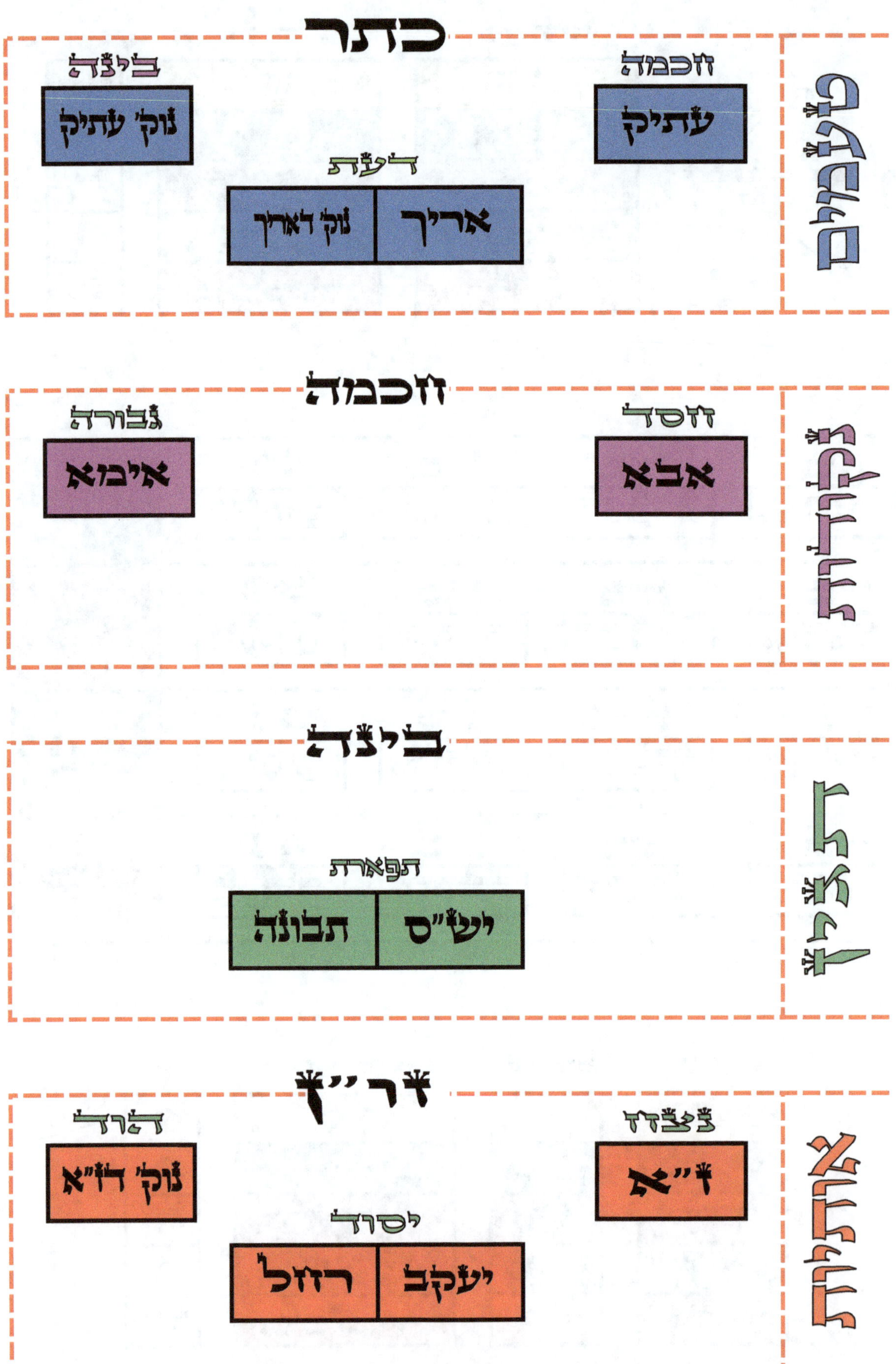
כתר
עולם אצילות
ביׂנה
נוק' עׂתיׁק
חׂכמה
עׂתיׁק
דׁעׂת
אריך
נוק' דׁאריך
חׂכמה
גׁבורה
אימׁא
חׂסד
אבׁא
ביׂנׁה
תׁפׁאׁרׁת
יעשׁ"ס
תׁבוׁנׁה
זׁ"ת
הוׁד
נוק' דׁו"א
נׁצׁח
ז"א
יׁסׁוׁד
יעׁקׁב
רׁזׁל

מ"ה

מלכות	יסוד	הוד	נצח	תפארת	גבורה	חסד	בינה	חכמה	כתר
כתר	כתר	כתר	כתר	כתר	כתר	כתר	כתר	כתר	כתר
חכמה	חכמה	חכמה	חכמה	חכמה	חכמה	חכמה	חכמה	חכמה	חכמה
בינה	בינה	בינה	בינה	בינה	בינה	בינה	בינה	בינה	בינה
חסד	חסד	חסד	חסד	חסד	חסד	חסד	חסד	חסד	חסד
גבורה	גבורה	גבורה	גבורה	גבורה	גבורה	גבורה	גבורה	גבורה	גבורה
תפארת	תפארת	תפארת	תפארת	תפארת	תפארת	תפארת	תפארת	תפארת	תפארת
נצח	נצח	נצח	נצח	נצח	נצח	נצח	נצח	נצח	נצח
הוד	הוד	הוד	הוד	הוד	הוד	הוד	הוד	הוד	הוד
יסוד	יסוד	יסוד	יסוד	יסוד	יסוד	יסוד	יסוד	יסוד	יסוד
מלכות	מלכות	מלכות	מלכות	מלכות	מלכות	מלכות	מלכות	מלכות	מלכות

ב"ן

מלכות	יסוד	הוד	נצח	תפארת	גבורה	חסד	בינה	חכמה	כתר
כתר	כתר	כתר	כתר	כתר	כתר	כתר	כתר	כתר	כתר
חכמה	חכמה	חכמה	חכמה	חכמה	חכמה	חכמה	חכמה	חכמה	חכמה
בינה	בינה	בינה	בינה	בינה	בינה	בינה	בינה	בינה	בינה
חסד	חסד	חסד	חסד	חסד	חסד	חסד	חסד	חסד	חסד
גבורה	גבורה	גבורה	גבורה	גבורה	גבורה	גבורה	גבורה	גבורה	גבורה
תפארת	תפארת	תפארת	תפארת	תפארת	תפארת	תפארת	תפארת	תפארת	תפארת
נצח	נצח	נצח	נצח	נצח	נצח	נצח	נצח	נצח	נצח
הוד	הוד	הוד	הוד	הוד	הוד	הוד	הוד	הוד	הוד
יסוד	יסוד	יסוד	יסוד	יסוד	יסוד	יסוד	יסוד	יסוד	יסוד
מלכות	מלכות	מלכות	מלכות	מלכות	מלכות	מלכות	מלכות	מלכות	מלכות

ב"ן   מ"ה

ב"ן		מ"ה
ה"ר דכתר דב"ן, ג"ר דחכמה, וד"א דבינה, וז' כתרים דז' תחתונות	**עתיק**	י' ספירות דכתר דמ"ה
ה"ת דכתר דב"ן	**אריך**	י' ספירות דחכמה דמ"ה
ז"ת דחכמה דב"ן	**חכמה**	ה"ר דבינה דמ"ה
ו"ת דבינה דמ"ה	**בינה**	ה"ת דבינה דמ"ה
כללות ט"ס תחתונות דו"ק דב"ן	**ז"א**	כללות ו"ק דמ"ה
ט' ספירות תחתונות דמלכות דב"ן	**מלכות**	י' ספירות דמלכות דמ"ה

מ"ה

מלכות	יסוד	הוד	נצח	תפארת	גבורה	חסד	בינה	חכמה	כתר
טעמים	טעמים	טעמים	טעמים	טעמים	טעמים	טעמים	טעמים	טעמים	טעמים
נקודות	נקודות	נקודות	נקודות	נקודות	נקודות	נקודות	נקודות	נקודות	נקודות
תגין	תגין	תגין	תגין	תגין	תגין	תגין	תגין	תגין	תגין
אותיות	אותיות	אותיות	אותיות	אותיות	אותיות	אותיות	אותיות	אותיות	אותיות
אותיות	אותיות	אותיות	אותיות	אותיות	אותיות	אותיות	אותיות	אותיות	אותיות
אותיות	אותיות	אותיות	אותיות	אותיות	אותיות	אותיות	אותיות	אותיות	אותיות
אותיות	אותיות	אותיות	אותיות	אותיות	אותיות	אותיות	אותיות	אותיות	אותיות
אותיות	אותיות	אותיות	אותיות	אותיות	אותיות	אותיות	אותיות	אותיות	אותיות
אותיות	אותיות	אותיות	אותיות	אותיות	אותיות	אותיות	אותיות	אותיות	אותיות
אותיות	אותיות	אותיות	אותיות	אותיות	אותיות	אותיות	אותיות	אותיות	אותיות

ב"ן

מלכות	יסוד	הוד	נצח	תפארת	גבורה	חסד	בינה	חכמה	כתר
טעמים	טעמים	טעמים	טעמים	טעמים	טעמים	טעמים	טעמים	טעמים	טעמים
נקודות	נקודות	נקודות	נקודות	נקודות	נקודות	נקודות	נקודות	נקודות	נקודות
תגין	תגין	תגין	תגין	תגין	תגין	תגין	תגין	תגין	תגין
אותיות	אותיות	אותיות	אותיות	אותיות	אותיות	אותיות	אותיות	אותיות	אותיות
אותיות	אותיות	אותיות	אותיות	אותיות	אותיות	אותיות	אותיות	אותיות	אותיות
אותיות	אותיות	אותיות	אותיות	אותיות	אותיות	אותיות	אותיות	אותיות	אותיות
אותיות	אותיות	אותיות	אותיות	אותיות	אותיות	אותיות	אותיות	אותיות	אותיות
אותיות	אותיות	אותיות	אותיות	אותיות	אותיות	אותיות	אותיות	אותיות	אותיות
אותיות	אותיות	אותיות	אותיות	אותיות	אותיות	אותיות	אותיות	אותיות	אותיות
אותיות	אותיות	אותיות	אותיות	אותיות	אותיות	אותיות	אותיות	אותיות	אותיות

ט"ן בחיצוניות
ע'סמ"ב בפנימיות א"ק

גולגלתא

אוזניים

טבור דא"ק

ע"ב
ס"ג
מ"ה
ב"ן

ע"ב | ע"ב | ע"ב | ע"ב
ס"ג | ס"ג | ס"ג | ס"ג
מ"ה | מ"ה | מ"ה | מ"ה
ב"ן | ב"ן | ב"ן | ב"ן

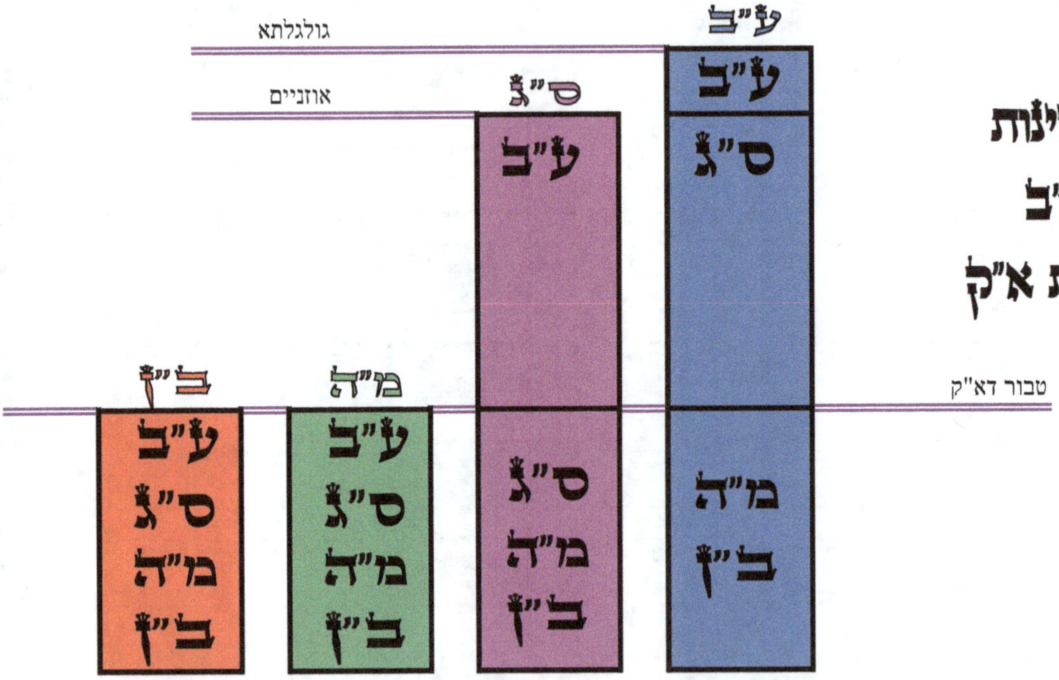

אורות אֹזְ"ן הַיוֹצְאים מא"ק

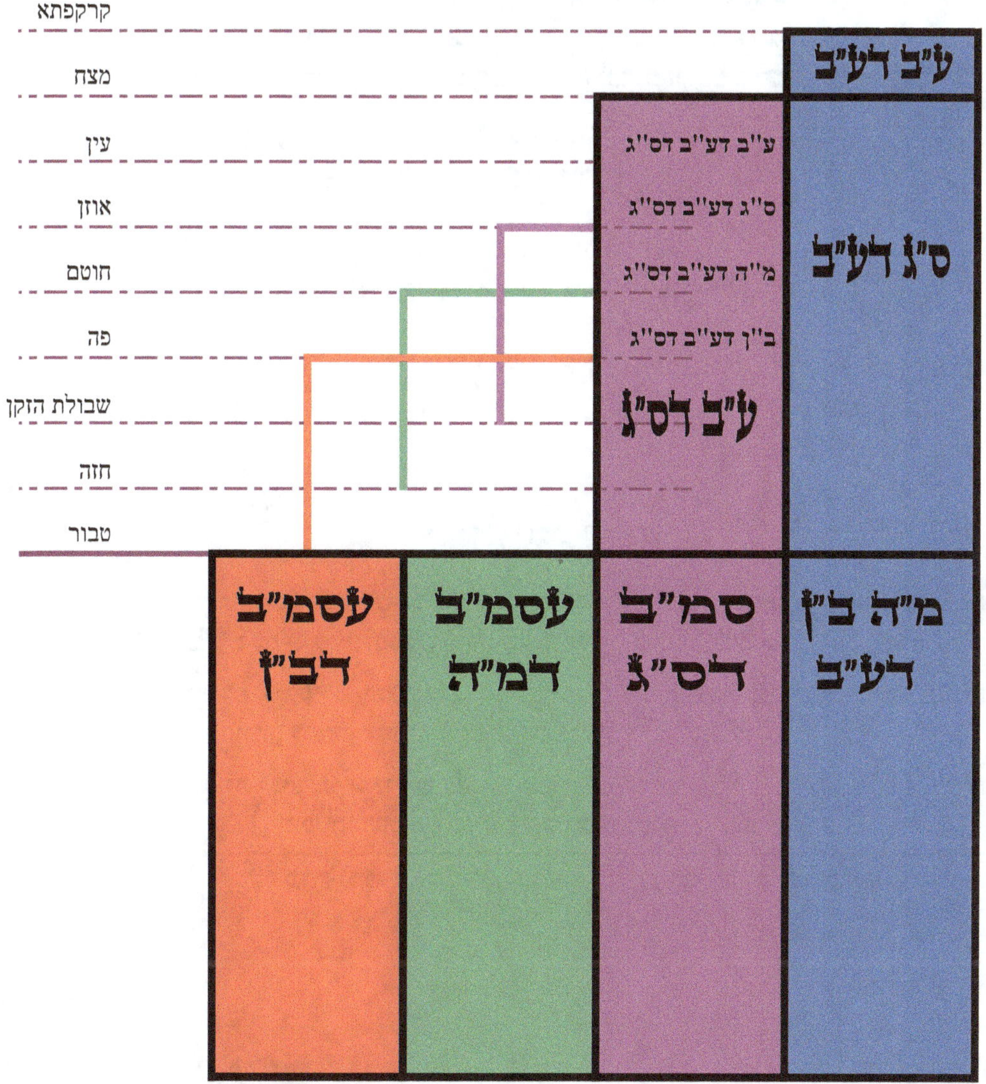

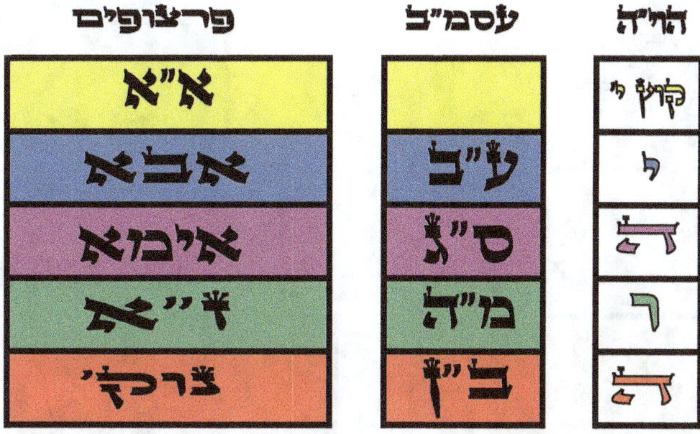

סידור הרש"ש – עלית ברורי רפ"ח

עם בירורי הכלים והאורות לרפ"ח דג' פר' כח"ב"ד הכוללים דפנימיות דאותו

פרצוף   (אם היא מצוה בדיבור: דפני' דאבי"ע דז"א דאצי'. ואם היא מצוה מעשית: דחיצוניות

דאבי"ע דז"א דאצילות)   ודלבי"ע המתייחסים לברכה זו, עם שורשי נרנח"י שלו לזו"ן:

בירורי ב"ן דעתיק ואבא, וח"ה.	ע"ב דע"ב מדרגה ז' יוד הי ויו הי	מלכות דחסד
בירורי ב"ן דנוק' דעתיק, ואימא, ונוק דז"א הכולל	ע"ב דס"ג מדרגה ה' וו' יוד הי ואו הי יוד הי ואו הי	מלכות דגבורה
בירורי ב"ן דא"א, ויש"ס, ויעקב.	ע"ב דמ"ה מדרגה ג' וו' יהוה יוד הא ואו הא	מלכות דתנה"י
בירורי ב"ן דנוק' דא"א, ותבונה, ורחל.	ע"ב דב"ן מדרגה ב' שהיא ד' י, יה, יהו, יהוה.	מל' דמלכות

ואז ניתן כח בזו"ן ומבררים גם הם מבירורי מאורייס דישסו"ת, וממלקי כח"ב"ד דישסו"ת הכלולים עם הרפ"ח, ומעלים אותם עם הבירורים שלהם שנבררו על ידינו לישסו"ת.

ואז ניתן כח בישסו"ת ומבררים גם הם מבירורים הנז', מחלקי כח"ב"ד דאו"א, ומעלים א חורייס דאו"א, ומעלים אותם עם הבירורים שלהם שנבררו ע"י זו"ן לאו"א.

וכן ניתן כח באו"א ומבררים גם הם מאחורייס דנה"י דא"א וממלקי כח"ב"ד דא"א ומעלים אותם עם הבירורים שלהם שנבררו ע"י ישסו"ת לא"א,

וכן עד"ז מא"א לעתיק, וכן עולים מזה לזה עד ע"ס דא"ק.

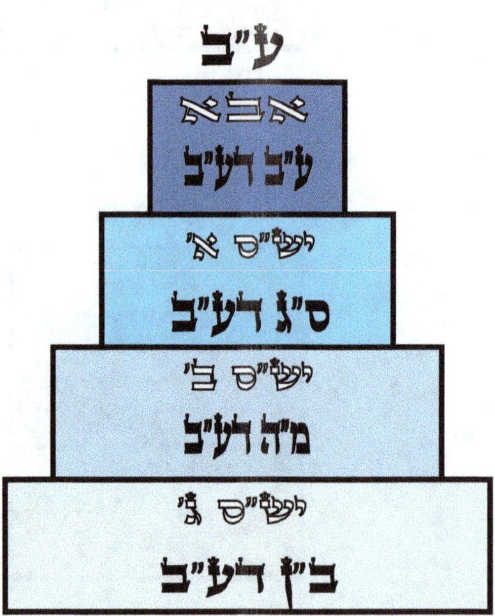

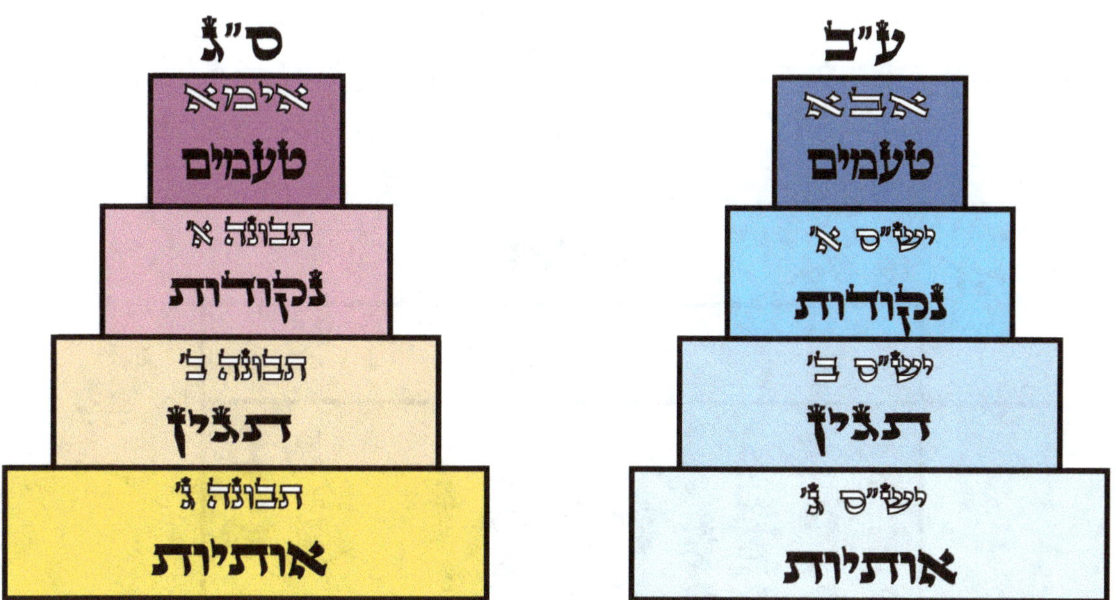
ס"ג
אימא
טעמים
תבונה א'
נקודות
תבונה ב'
תגין
תבונה ג'
אותיות
ע"ב
אבא
טעמים
ישס"ו א'
נקודות
ישס"ו ב'
תגין
ישס"ו ג'
אותיות

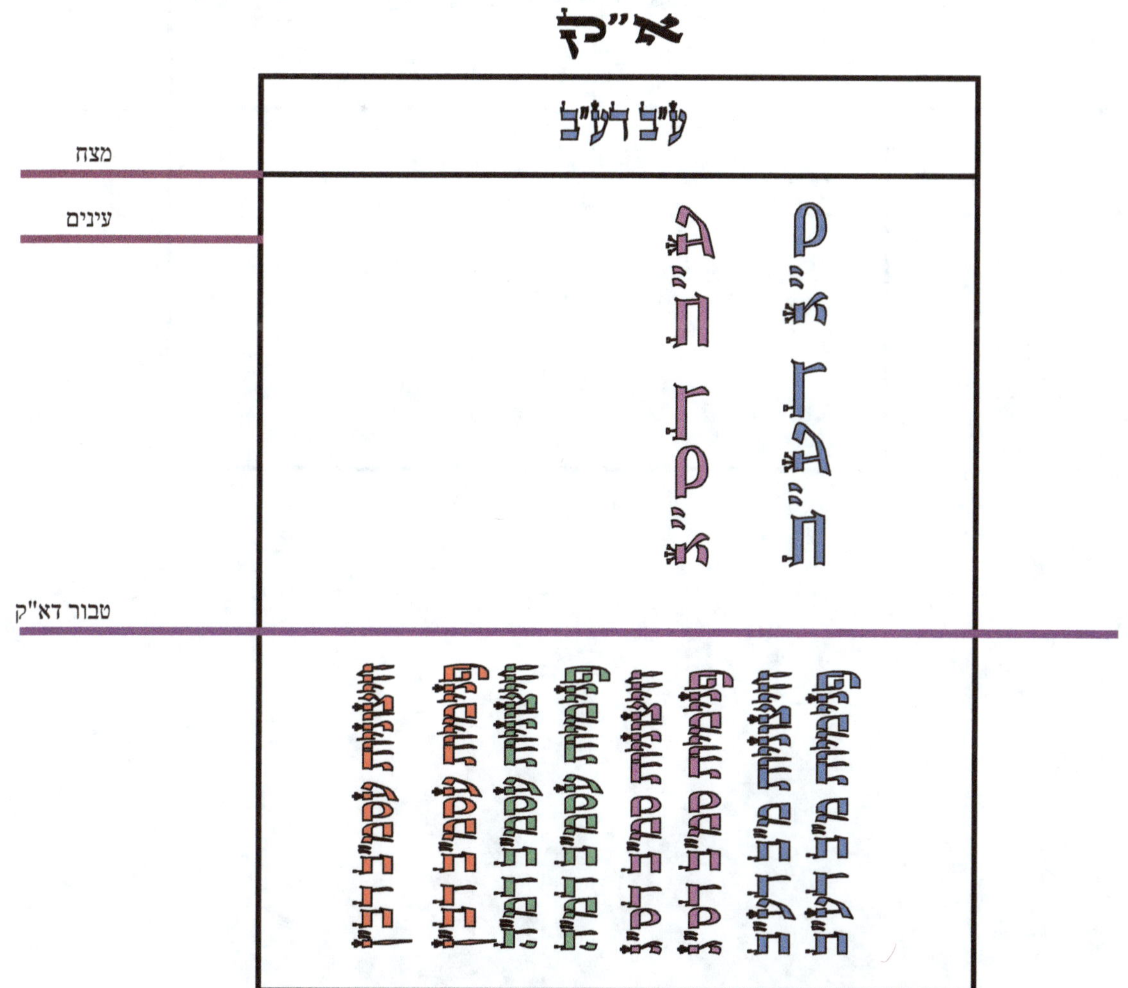
א"ק
ע"ב ס"ג
מצח
עינים
טבור דא"ק

א"ק

מצח

עינים

ס"ג דע"ה וע"ב דס"ג
היו מעל לטבור
לפני העליה

טבור דא"ק

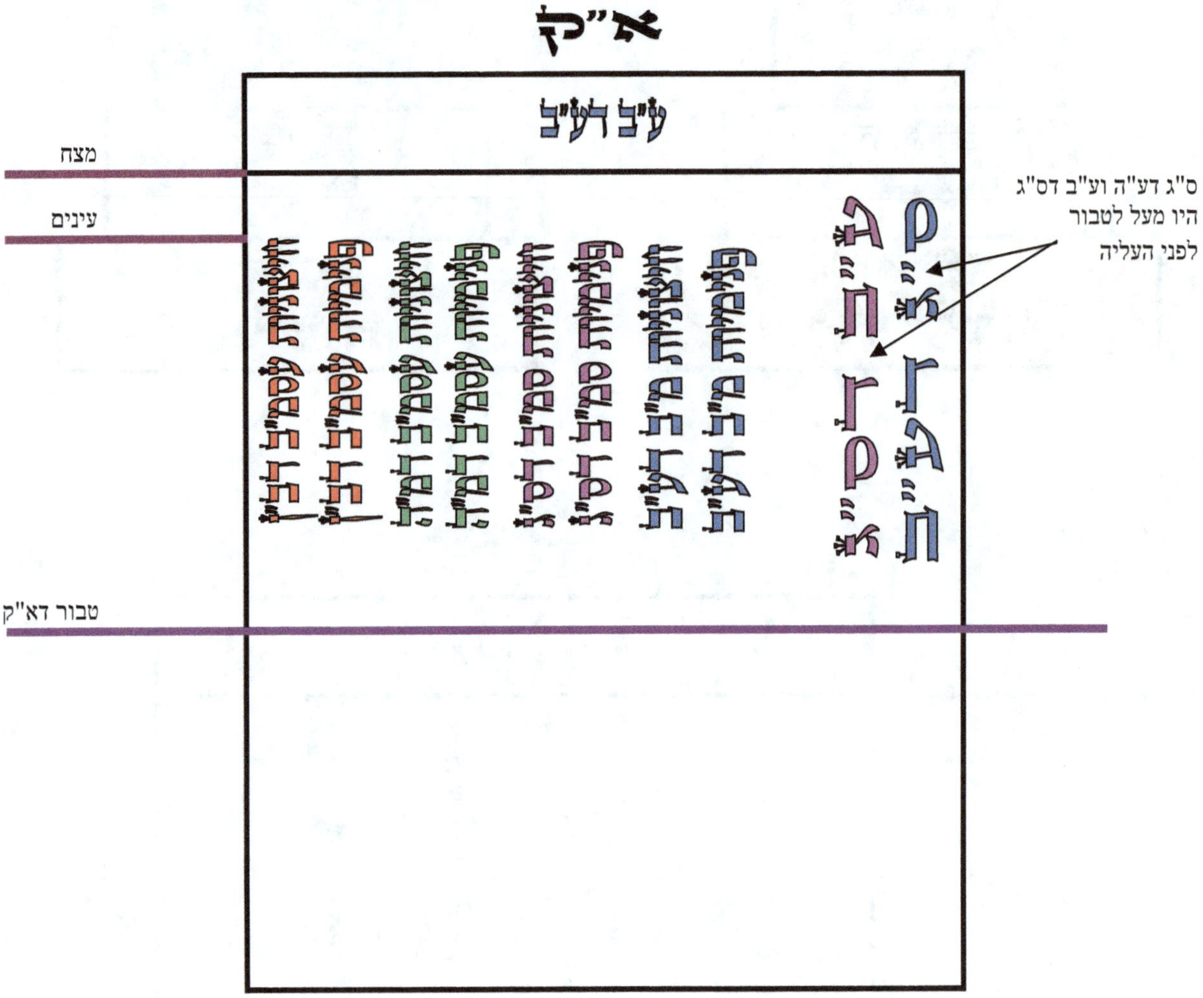

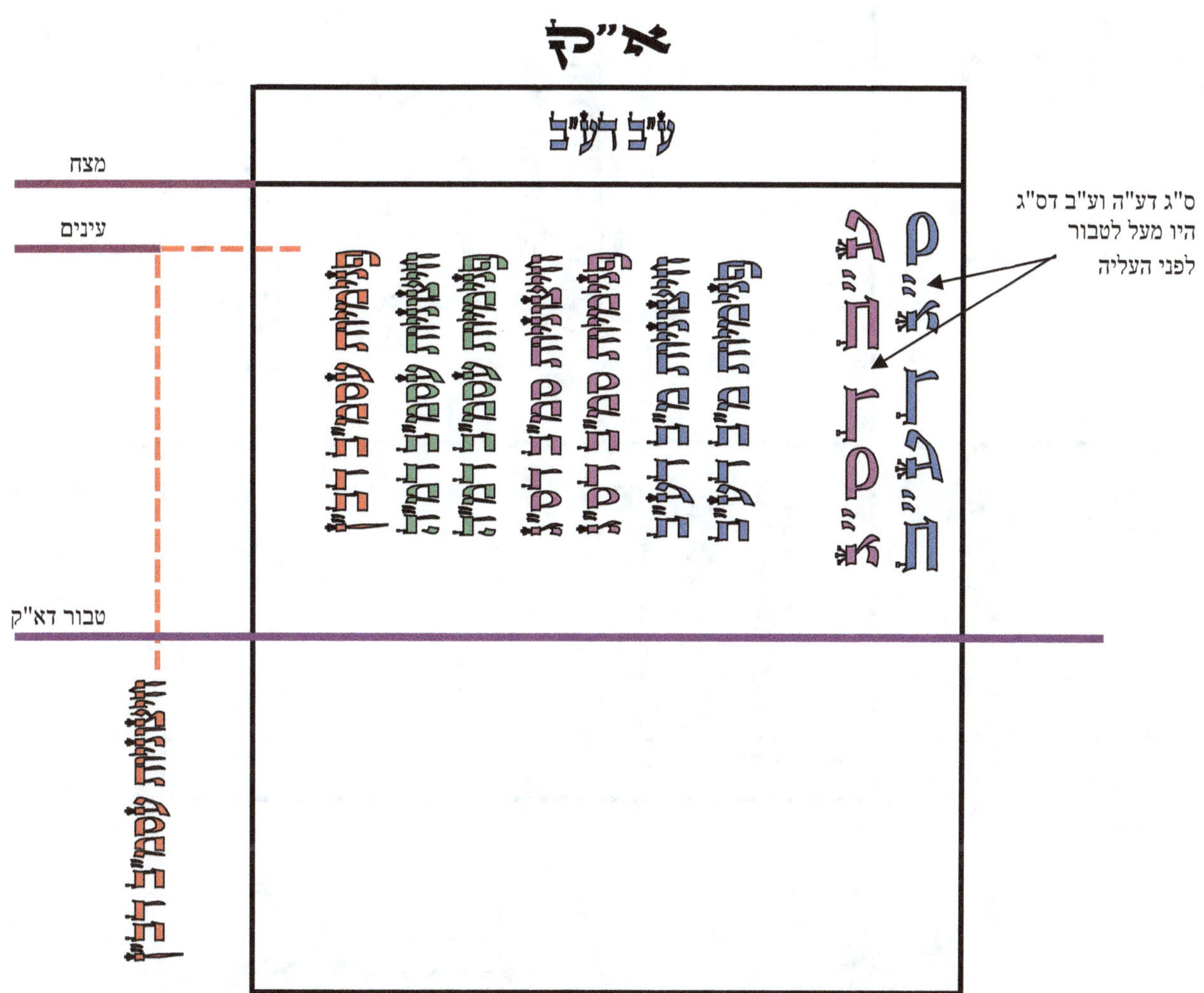
א"ק
ע"ב דע"ב
מצח
עינים
טבור דא"ק
ס"ג דע"ה וע"ב דס"ג
היו מעל לטבור
לפני העליה

תרשימים שער ה' פרק א'

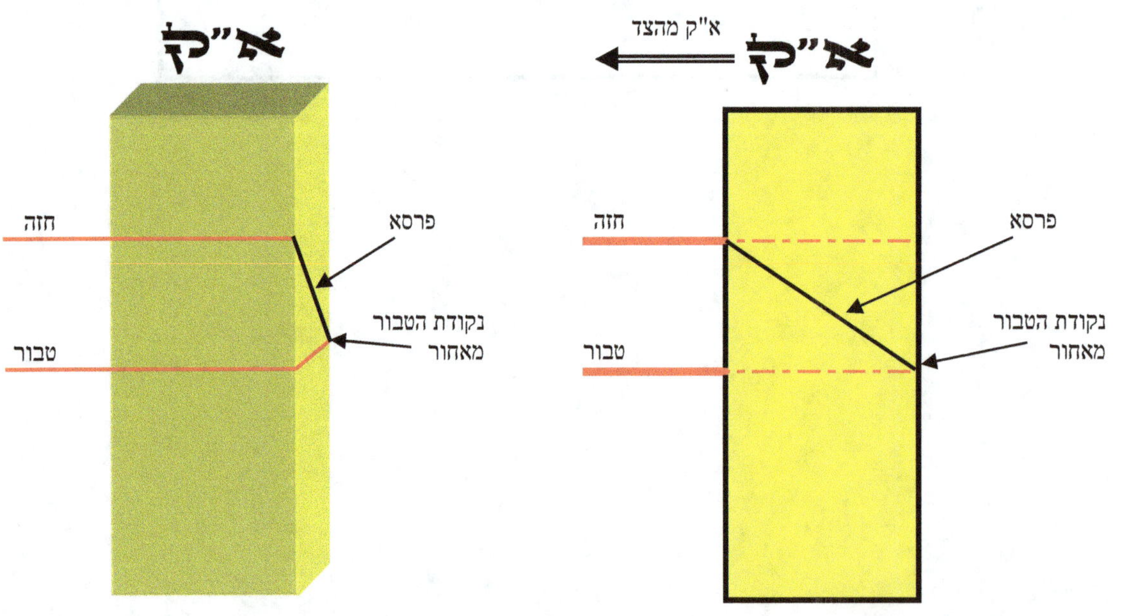

תרשים א - ל"ו

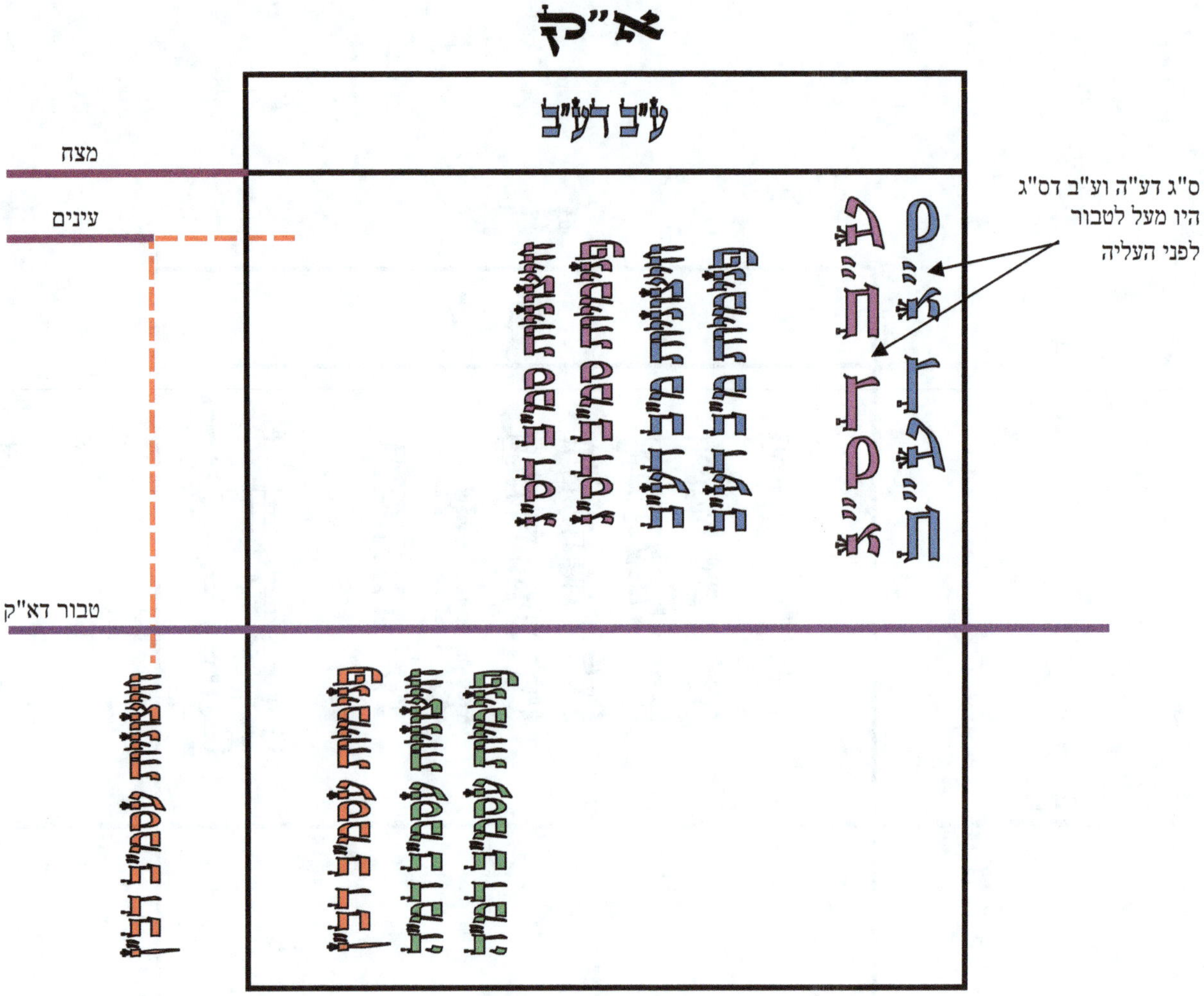

א"ק
ע"ב דע"ב
מצח
עינים
ס"ג דע"ה וע"ב דס"ג
היו מעל לטבור
לפני העליה
ע"ב דס"ג
ס"ג דע"ה
פנימיות מ"ה דע"ב
חיצוניות מ"ה דע"ב
פנימיות ס"ג דס"ג
חיצוניות ס"ג דס"ג
טבור דא"ק
פנימיות עסמ"ב דמ"ה
חיצוניות עסמ"ב דמ"ה
פנימיות עסמ"ב דב"ן
חיצוניות עסמ"ב דב"ן

תרשים א - ל"ז

א"ק
חזה
פרסא
נקודת הטבור
מאחור
טבור
א"ק מהצד
א"ק
חזה
פרסא
נקודת הטבור
מאחור
טבור

תרשימים שׁעׁר ה' פׁרקׁ א'

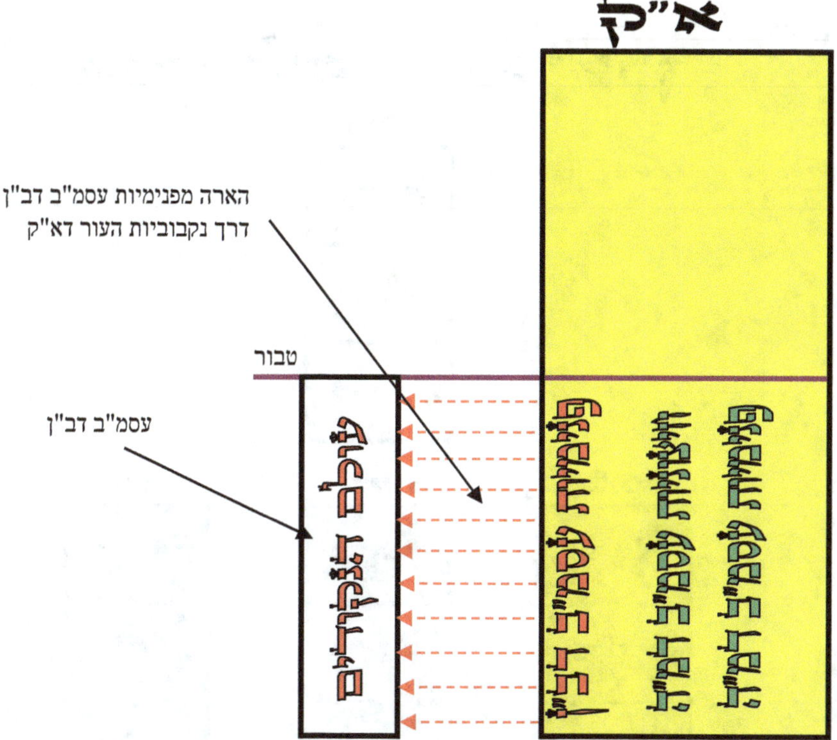

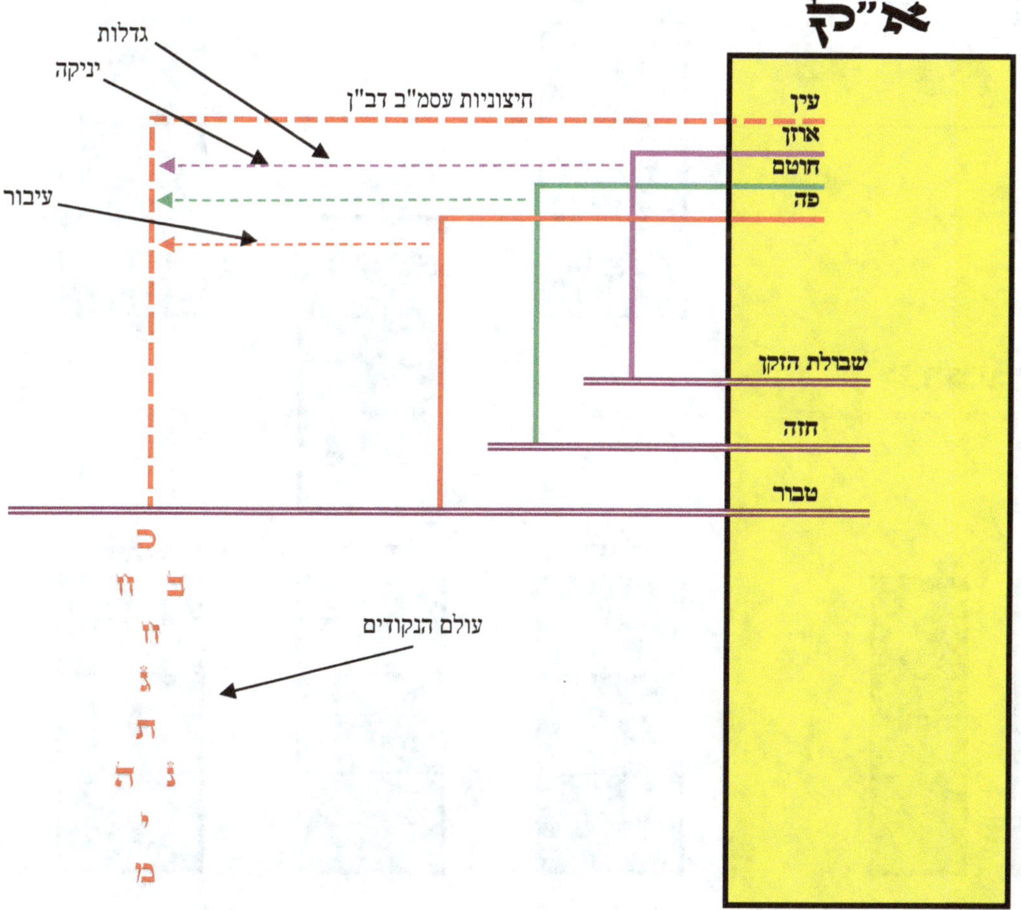

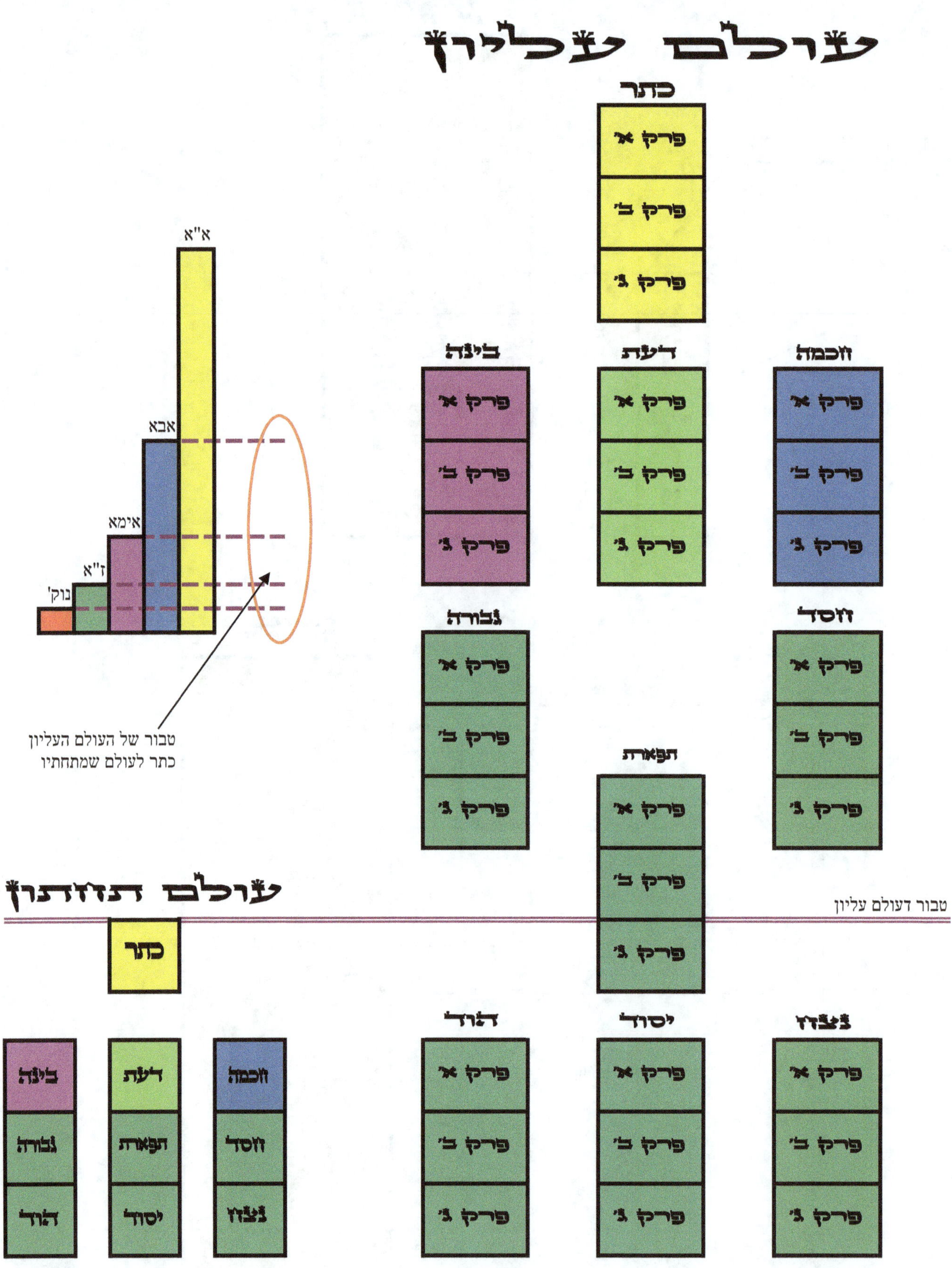
עולם עליון
כתר
פרק א'
פרק ב'
פרק ג'
בינה
פרק א'
פרק ב'
פרק ג'
דעת
פרק א'
פרק ב'
פרק ג'
חכמה
פרק א'
פרק ב'
פרק ג'
גבורה
פרק א'
פרק ב'
פרק ג'
חסד
פרק א'
פרק ב'
פרק ג'
תפארת
פרק א'
פרק ב'
פרק ג'
א"א
אבא
אימא
ז"א
נוק'
טבור של העולם העליון
כתר לעולם שמתחתיו
עולם תחתון
כתר
בינה
גבורה
הוד
דעת
תפארת
יסוד
חכמה
חסד
נצח
טבור דעולם עליון
הוד
פרק א'
פרק ב'
פרק ג'
יסוד
פרק א'
פרק ב'
פרק ג'
נצח
פרק א'
פרק ב'
פרק ג'

תרשים א - מ"א

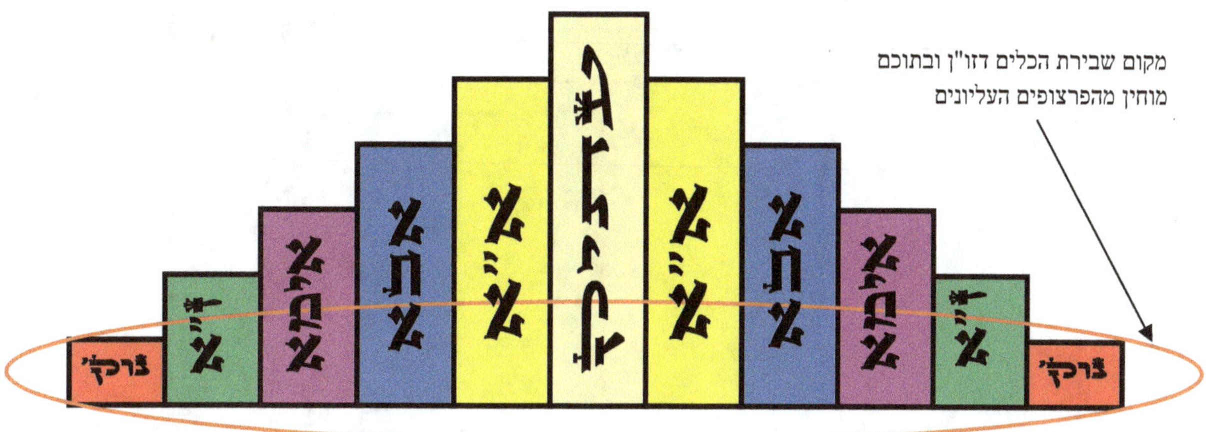

תרשים א - מ"ב

א"ק

יציאת עשׂר הכלים
מציפורני א"ק לפי
דרושׂ הדעת

חיצוניות עסמ"ב דב"ן

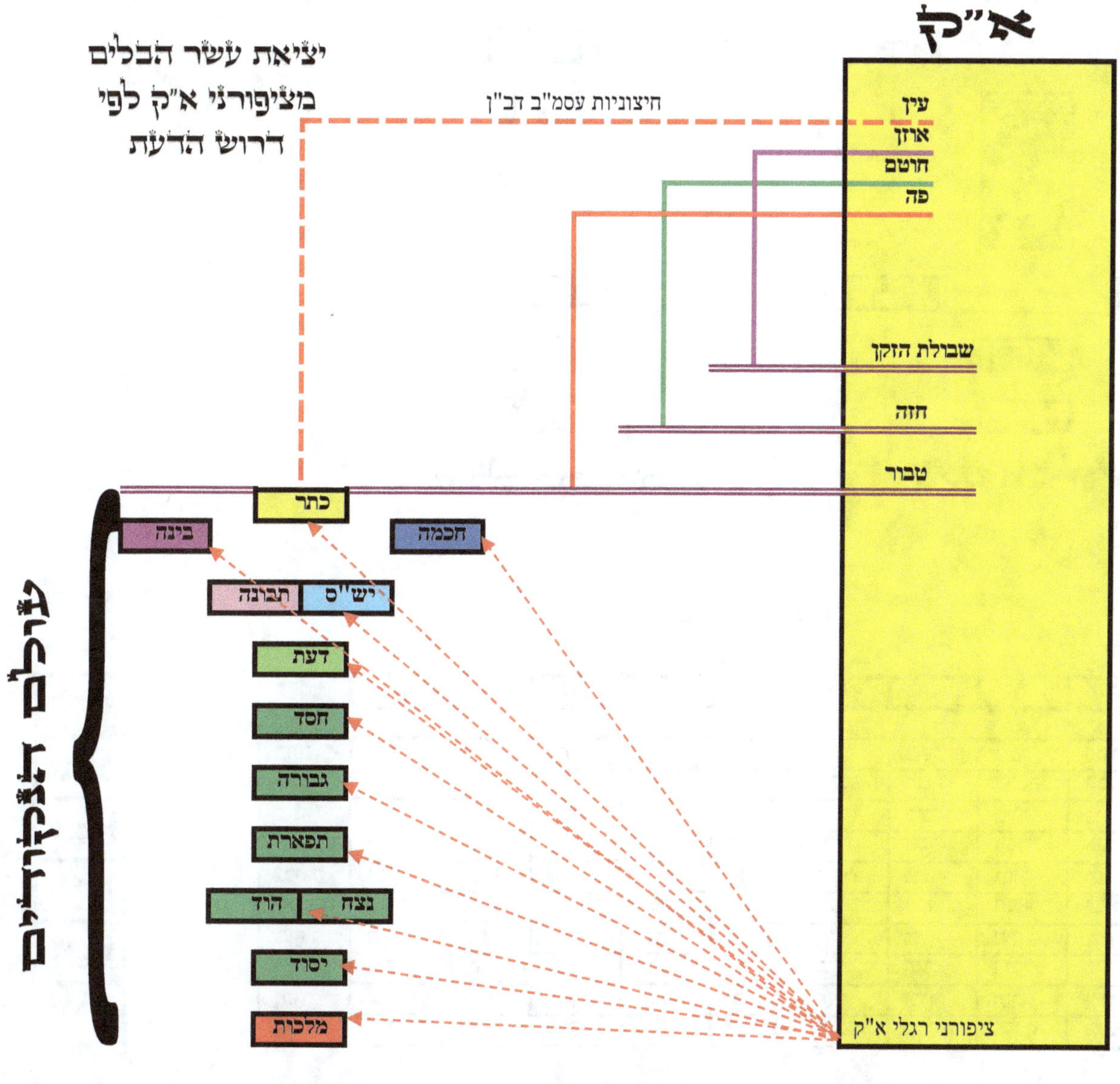

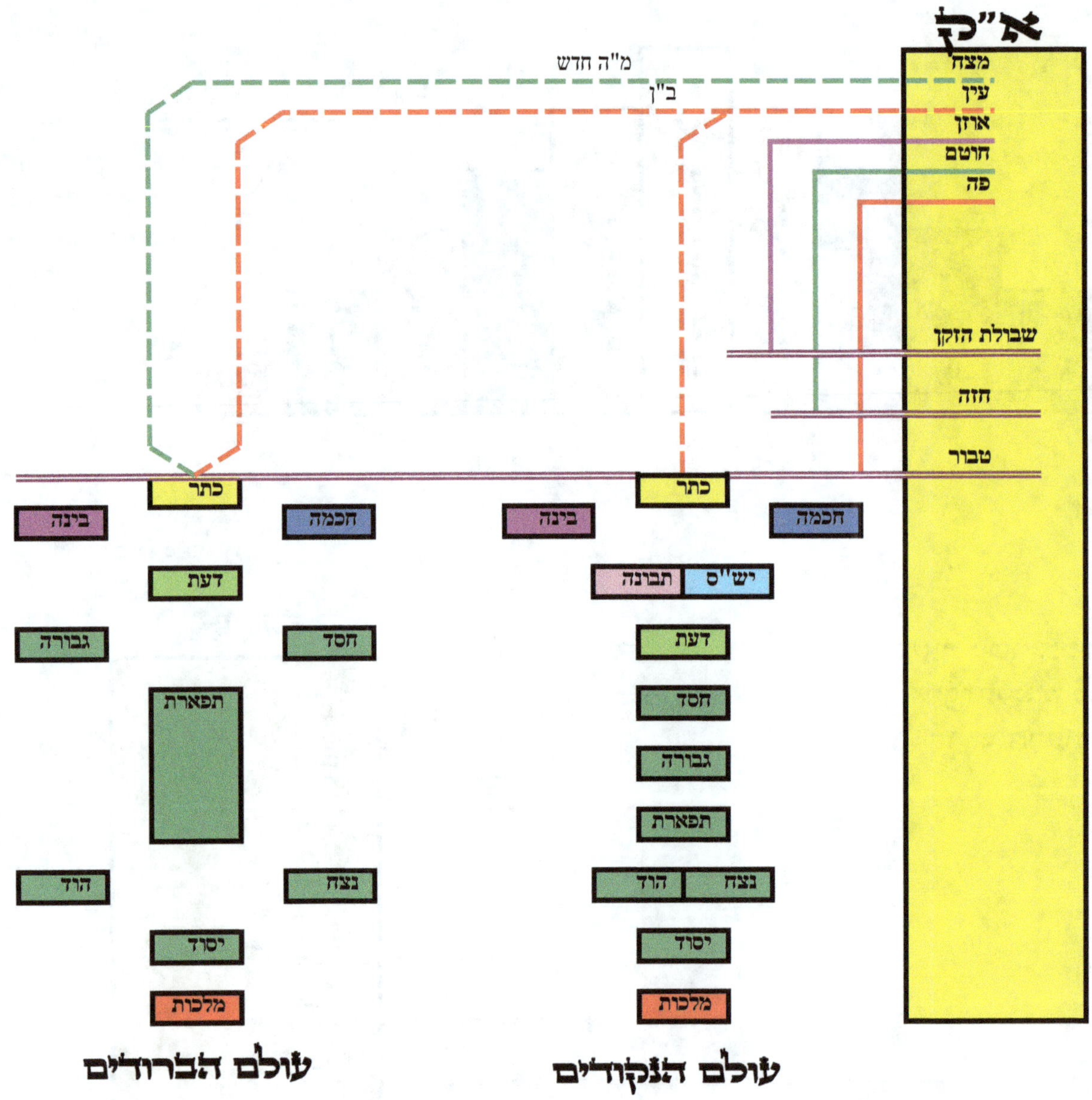

ב"ן ש"ה

כתר	חכמה	בינה	חסד	גבורה	תפארת	נצח	הוד	יסוד	מלכות
כתר	כתר	כתר	כתר	כתר	כתר	כתר	כתר	כתר	כתר
חכמה	חכמה	חכמה	חכמה	חכמה	חכמה	חכמה	חכמה	חכמה	חכמה
בינה	בינה	בינה	בינה	בינה	בינה	בינה	בינה	בינה	בינה
חסד	חסד	חסד	חסד	חסד	חסד	חסד	חסד	חסד	חסד
גבורה	גבורה	גבורה	גבורה	גבורה	גבורה	גבורה	גבורה	גבורה	גבורה
תפארת	תפארת	תפארת	תפארת	תפארת	תפארת	תפארת	תפארת	תפארת	תפארת
נצח	נצח	נצח	נצח	נצח	נצח	נצח	נצח	נצח	נצח
הוד	הוד	הוד	הוד	הוד	הוד	הוד	הוד	הוד	הוד
יסוד	יסוד	יסוד	יסוד	יסוד	יסוד	יסוד	יסוד	יסוד	יסוד
מלכות	מלכות	מלכות	מלכות	מלכות	מלכות	מלכות	מלכות	מלכות	מלכות

עתיק
א"א
אבא
אמא
ז"א
נוק'

תרשים א - מ"ה

ב"ן

כתר	חכמה	בינה	חסד	גבורה	תפארת	נצח	הוד	יסוד	מלכות
כתר	כתר	כתר	כתר	כתר	כתר	כתר	כתר	כתר	כתר
חכמה	חכמה	חכמה	חכמה	חכמה	חכמה	חכמה	חכמה	חכמה	חכמה
בינה	בינה	בינה	בינה	בינה	בינה	בינה	בינה	בינה	בינה
חסד	חסד	חסד	חסד	חסד	חסד	חסד	חסד	חסד	חסד
גבורה	גבורה	גבורה	גבורה	גבורה	גבורה	גבורה	גבורה	גבורה	גבורה
תפארת	תפארת	תפארת	תפארת	תפארת	תפארת	תפארת	תפארת	תפארת	תפארת
נצח	נצח	נצח	נצח	נצח	נצח	נצח	נצח	נצח	נצח
הוד	הוד	הוד	הוד	הוד	הוד	הוד	הוד	הוד	הוד
יסוד	יסוד	יסוד	יסוד	יסוד	יסוד	יסוד	יסוד	יסוד	יסוד
מלכות	מלכות	מלכות	מלכות	מלכות	מלכות	מלכות	מלכות	מלכות	מלכות

עתיק · א"א · אבא · אמא · ז"א · נוק'

תרשים א - מ"ו

ב"ן

כתר	חכמה	בינה	חסד	גבורה	תפארת	נצח	הוד	יסוד	מלכות
כתר	כתר	כתר	כתר	כתר	כתר	כתר	כתר	כתר	כתר
חכמה	חכמה	חכמה	חכמה	חכמה	חכמה	חכמה	חכמה	חכמה	חכמה
בינה	בינה	בינה	בינה	בינה	בינה	בינה	בינה	בינה	בינה
חסד	חסד	חסד	חסד	חסד	חסד	חסד	חסד	חסד	חסד
גבורה	גבורה	גבורה	גבורה	גבורה	גבורה	גבורה	גבורה	גבורה	גבורה
תפארת	תפארת	תפארת	תפארת	תפארת	תפארת	תפארת	תפארת	תפארת	תפארת
נצח	נצח	נצח	נצח	נצח	נצח	נצח	נצח	נצח	נצח
הוד	הוד	הוד	הוד	הוד	הוד	הוד	הוד	הוד	הוד
יסוד	יסוד	יסוד	יסוד	יסוד	יסוד	יסוד	יסוד	יסוד	יסוד
מלכות	מלכות	מלכות	מלכות	מלכות	מלכות	מלכות	מלכות	מלכות	מלכות

עתיק · א"א · אבא · אמא · ז"א · נוק'

תרשים א - מ"ז

ב"ן

כתר	חכמה	בינה	חסד	גבורה	תפארת	נצח	הוד	יסוד	מלכות
כתר	כתר	כתר	כתר	כתר	כתר	כתר	כתר	כתר	כתר
חכמה	חכמה	חכמה	חכמה	חכמה	חכמה	חכמה	חכמה	חכמה	חכמה
בינה	בינה	בינה	בינה	בינה	בינה	בינה	בינה	בינה	בינה
חסד	חסד	חסד	חסד	חסד	חסד	חסד	חסד	חסד	חסד
גבורה	גבורה	גבורה	גבורה	גבורה	גבורה	גבורה	גבורה	גבורה	גבורה
תפארת	תפארת	תפארת	תפארת	תפארת	תפארת	תפארת	תפארת	תפארת	תפארת
נצח	נצח	נצח	נצח	נצח	נצח	נצח	נצח	נצח	נצח
הוד	הוד	הוד	הוד	הוד	הוד	הוד	הוד	הוד	הוד
יסוד	יסוד	יסוד	יסוד	יסוד	יסוד	יסוד	יסוד	יסוד	יסוד
מלכות	מלכות	מלכות	מלכות	מלכות	מלכות	מלכות	מלכות	מלכות	מלכות

עתיק · א"א · אבא · אמא · ז"א · נוק'

תרשים א - מ"ח

ב"ן שׁ"ע

עתיק | א"א | אבא | אימא | ז"א | נוק'

כתר	חכמה	בינה	חסד	גבורה	תפארת	נצח	הוד	יסוד	מלכות
כתר	כתר	כתר	כתר	כתר	כתר	כתר	כתר	כתר	כתר
חכמה	חכמה	חכמה	חכמה	חכמה	חכמה	חכמה	חכמה	חכמה	חכמה
בינה	בינה	בינה	בינה	בינה	בינה	בינה	בינה	בינה	בינה
חסד	חסד	חסד	חסד	חסד	חסד	חסד	חסד	חסד	חסד
גבורה	גבורה	גבורה	גבורה	גבורה	גבורה	גבורה	גבורה	גבורה	גבורה
תפארת	תפארת	תפארת	תפארת	תפארת	תפארת	תפארת	תפארת	תפארת	תפארת
נצח	נצח	נצח	נצח	נצח	נצח	נצח	נצח	נצח	נצח
הוד	הוד	הוד	הוד	הוד	הוד	הוד	הוד	הוד	הוד
יסוד	יסוד	יסוד	יסוד	יסוד	יסוד	יסוד	יסוד	יסוד	יסוד
מלכות	מלכות	מלכות	מלכות	מלכות	מלכות	מלכות	מלכות	מלכות	מלכות

תרשים א - מ"ט

ב"ן שׁ"ע

עתיק | א"א | אבא | אימא | ז"א | נוק'

כתר	חכמה	בינה	חסד	גבורה	תפארת	נצח	הוד	יסוד	מלכות
כתר	כתר	כתר	כתר	כתר	כתר	כתר	כתר	כתר	כתר
חכמה	חכמה	חכמה	חכמה	חכמה	חכמה	חכמה	חכמה	חכמה	חכמה
בינה	בינה	בינה	בינה	בינה	בינה	בינה	בינה	בינה	בינה
חסד	חסד	חסד	חסד	חסד	חסד	חסד	חסד	חסד	חסד
גבורה	גבורה	גבורה	גבורה	גבורה	גבורה	גבורה	גבורה	גבורה	גבורה
תפארת	תפארת	תפארת	תפארת	תפארת	תפארת	תפארת	תפארת	תפארת	תפארת
נצח	נצח	נצח	נצח	נצח	נצח	נצח	נצח	נצח	נצח
הוד	הוד	הוד	הוד	הוד	הוד	הוד	הוד	הוד	הוד
יסוד	יסוד	יסוד	יסוד	יסוד	יסוד	יסוד	יסוד	יסוד	יסוד
מלכות	מלכות	מלכות	מלכות	מלכות	מלכות	מלכות	מלכות	מלכות	מלכות

תרשים א - נ

ב"ן שׁ"ע

עתיק | א"א | אבא | אימא | ז"א | נוק'

כתר	חכמה	בינה	חסד	גבורה	תפארת	נצח	הוד	יסוד	מלכות
כתר	כתר	כתר	כתר	כתר	כתר	כתר	כתר	כתר	כתר
חכמה	חכמה	חכמה	חכמה	חכמה	חכמה	חכמה	חכמה	חכמה	חכמה
בינה	בינה	בינה	בינה	בינה	בינה	בינה	בינה	בינה	בינה
חסד	חסד	חסד	חסד	חסד	חסד	חסד	חסד	חסד	חסד
גבורה	גבורה	גבורה	גבורה	גבורה	גבורה	גבורה	גבורה	גבורה	גבורה
תפארת	תפארת	תפארת	תפארת	תפארת	תפארת	תפארת	תפארת	תפארת	תפארת
נצח	נצח	נצח	נצח	נצח	נצח	נצח	נצח	נצח	נצח
הוד	הוד	הוד	הוד	הוד	הוד	הוד	הוד	הוד	הוד
יסוד	יסוד	יסוד	יסוד	יסוד	יסוד	יסוד	יסוד	יסוד	יסוד
מלכות	מלכות	מלכות	מלכות	מלכות	מלכות	מלכות	מלכות	מלכות	מלכות

ב"ן

כתר	חכמה	בינה	חסד	גבורה	תפארת	נצח	הוד	יסוד	מלכות
כתר	כתר	כתר	כתר	כתר	כתר	כתר	כתר	כתר	כתר
חכמה	חכמה	חכמה	חכמה	חכמה	חכמה	חכמה	חכמה	חכמה	חכמה
בינה	בינה	בינה	בינה	בינה	בינה	בינה	בינה	בינה	בינה
חסד	חסד	חסד	חסד	חסד	חסד	חסד	חסד	חסד	חסד
גבורה	גבורה	גבורה	גבורה	גבורה	גבורה	גבורה	גבורה	גבורה	גבורה
תפארת	תפארת	תפארת	תפארת	תפארת	תפארת	תפארת	תפארת	תפארת	תפארת
נצח	נצח	נצח	נצח	נצח	נצח	נצח	נצח	נצח	נצח
הוד	הוד	הוד	הוד	הוד	הוד	הוד	הוד	הוד	הוד
יסוד	יסוד	יסוד	יסוד	יסוד	יסוד	יסוד	יסוד	יסוד	יסוד
מלכות	מלכות	מלכות	מלכות	מלכות	מלכות	מלכות	מלכות	מלכות	מלכות

צד ימין: עׁתיק (מודגש) / א"א / אבא / אימא / ז"א / נוקׁ׳

ב"ן

כתר	חכמה	בינה	חסד	גבורה	תפארת	נצח	הוד	יסוד	מלכות
כתר	כתר	כתר	כתר	כתר	כתר	כתר	כתר	כתר	כתר
חכמה	חכמה	חכמה	חכמה	חכמה	חכמה	חכמה	חכמה	חכמה	חכמה
בינה	בינה	בינה	בינה	בינה	בינה	בינה	בינה	בינה	בינה
חסד	חסד	חסד	חסד	חסד	חסד	חסד	חסד	חסד	חסד
גבורה	גבורה	גבורה	גבורה	גבורה	גבורה	גבורה	גבורה	גבורה	גבורה
תפארת	תפארת	תפארת	תפארת	תפארת	תפארת	תפארת	תפארת	תפארת	תפארת
נצח	נצח	נצח	נצח	נצח	נצח	נצח	נצח	נצח	נצח
הוד	הוד	הוד	הוד	הוד	הוד	הוד	הוד	הוד	הוד
יסוד	יסוד	יסוד	יסוד	יסוד	יסוד	יסוד	יסוד	יסוד	יסוד
מלכות	מלכות	מלכות	מלכות	מלכות	מלכות	מלכות	מלכות	מלכות	מלכות

צד ימין: עׁתיק / א"א (מודגש) / אבא / אימא / ז"א / נוקׁ׳

ב"ן

כתר	חכמה	בינה	חסד	גבורה	תפארת	נצח	הוד	יסוד	מלכות
כתר	כתר	כתר	כתר	כתר	כתר	כתר	כתר	כתר	כתר
חכמה	חכמה	חכמה	חכמה	חכמה	חכמה	חכמה	חכמה	חכמה	חכמה
בינה	בינה	בינה	בינה	בינה	בינה	בינה	בינה	בינה	בינה
חסד	חסד	חסד	חסד	חסד	חסד	חסד	חסד	חסד	חסד
גבורה	גבורה	גבורה	גבורה	גבורה	גבורה	גבורה	גבורה	גבורה	גבורה
תפארת	תפארת	תפארת	תפארת	תפארת	תפארת	תפארת	תפארת	תפארת	תפארת
נצח	נצח	נצח	נצח	נצח	נצח	נצח	נצח	נצח	נצח
הוד	הוד	הוד	הוד	הוד	הוד	הוד	הוד	הוד	הוד
יסוד	יסוד	יסוד	יסוד	יסוד	יסוד	יסוד	יסוד	יסוד	יסוד
מלכות	מלכות	מלכות	מלכות	מלכות	מלכות	מלכות	מלכות	מלכות	מלכות

צד ימין: עׁתיק / א"א / אבא (מודגש) / אימא / ז"א / נוקׁ׳

מ"ד

מלכות	יסוד	הוד	נצח	תפארת	גבורה	חסד	בינה	חכמה	כתר
כתר	כתר	כתר	כתר	כתר	כתר	כתר	כתר	כתר	כתר
חכמה	חכמה	חכמה	חכמה	חכמה	חכמה	חכמה	חכמה	חכמה	חכמה
בינה	בינה	בינה	בינה	בינה	בינה	בינה	בינה	בינה	בינה
חסד	חסד	חסד	חסד	חסד	חסד	חסד	חסד	חסד	חסד
גבורה	גבורה	גבורה	גבורה	גבורה	גבורה	גבורה	גבורה	גבורה	גבורה
תפארת	תפארת	תפארת	תפארת	תפארת	תפארת	תפארת	תפארת	תפארת	תפארת
נצח	נצח	נצח	נצח	נצח	נצח	נצח	נצח	נצח	נצח
הוד	הוד	הוד	הוד	הוד	הוד	הוד	הוד	הוד	הוד
יסוד	יסוד	יסוד	יסוד	יסוד	יסוד	יסוד	יסוד	יסוד	יסוד
מלכות	מלכות	מלכות	מלכות	מלכות	מלכות	מלכות	מלכות	מלכות	מלכות

עתיק · א"א · אבא · **אימא** · ז"א · נוקׄ

מ"ד

מלכות	יסוד	הוד	נצח	תפארת	גבורה	חסד	בינה	חכמה	כתר
כתר	כתר	כתר	כתר	כתר	כתר	כתר	כתר	כתר	כתר
חכמה	חכמה	חכמה	חכמה	חכמה	חכמה	חכמה	חכמה	חכמה	חכמה
בינה	בינה	בינה	בינה	בינה	בינה	בינה	בינה	בינה	בינה
חסד	חסד	חסד	חסד	חסד	חסד	חסד	חסד	חסד	חסד
גבורה	גבורה	גבורה	גבורה	גבורה	גבורה	גבורה	גבורה	גבורה	גבורה
תפארת	תפארת	תפארת	תפארת	תפארת	תפארת	תפארת	תפארת	תפארת	תפארת
נצח	נצח	נצח	נצח	נצח	נצח	נצח	נצח	נצח	נצח
הוד	הוד	הוד	הוד	הוד	הוד	הוד	הוד	הוד	הוד
יסוד	יסוד	יסוד	יסוד	יסוד	יסוד	יסוד	יסוד	יסוד	יסוד
מלכות	מלכות	מלכות	מלכות	מלכות	מלכות	מלכות	מלכות	מלכות	מלכות

עתיק · א"א · אבא · אימא · **ז"א** · נוקׄ

מ"ד

מלכות	יסוד	הוד	נצח	תפארת	גבורה	חסד	בינה	חכמה	כתר
כתר	כתר	כתר	כתר	כתר	כתר	כתר	כתר	כתר	כתר
חכמה	חכמה	חכמה	חכמה	חכמה	חכמה	חכמה	חכמה	חכמה	חכמה
בינה	בינה	בינה	בינה	בינה	בינה	בינה	בינה	בינה	בינה
חסד	חסד	חסד	חסד	חסד	חסד	חסד	חסד	חסד	חסד
גבורה	גבורה	גבורה	גבורה	גבורה	גבורה	גבורה	גבורה	גבורה	גבורה
תפארת	תפארת	תפארת	תפארת	תפארת	תפארת	תפארת	תפארת	תפארת	תפארת
נצח	נצח	נצח	נצח	נצח	נצח	נצח	נצח	נצח	נצח
הוד	הוד	הוד	הוד	הוד	הוד	הוד	הוד	הוד	הוד
יסוד	יסוד	יסוד	יסוד	יסוד	יסוד	יסוד	יסוד	יסוד	יסוד
מלכות	מלכות	מלכות	מלכות	מלכות	מלכות	מלכות	מלכות	מלכות	מלכות

עתיק · א"א · אבא · אימא · ז"א · **נוקׄ**

מי"ד

מלכות	יסוד	הוד	נצח	תפארת	גבורה	חסד	בינה	חכמה	כתר
כתר	כתר	כתר	כתר	כתר	כתר	כתר	כתר	כתר	כתר
חכמה	חכמה	חכמה	חכמה	חכמה	חכמה	חכמה	חכמה	חכמה	חכמה
בינה	בינה	בינה	בינה	בינה	בינה	בינה	בינה	בינה	בינה
חסד	חסד	חסד	חסד	חסד	חסד	חסד	חסד	חסד	חסד
גבורה	גבורה	גבורה	גבורה	גבורה	גבורה	גבורה	גבורה	גבורה	גבורה
תפארת	תפארת	תפארת	תפארת	תפארת	תפארת	תפארת	תפארת	תפארת	תפארת
נצח	נצח	נצח	נצח	נצח	נצח	נצח	נצח	נצח	נצח
הוד	הוד	הוד	הוד	הוד	הוד	הוד	הוד	הוד	הוד
יסוד	יסוד	יסוד	יסוד	יסוד	יסוד	יסוד	יסוד	יסוד	יסוד
מלכות	מלכות	מלכות	מלכות	מלכות	מלכות	מלכות	מלכות	מלכות	מלכות

ז"א
א"א

חכמה	דעת	בינה
חסד	תפארת	גבורה
נצח	יסוד	הוד

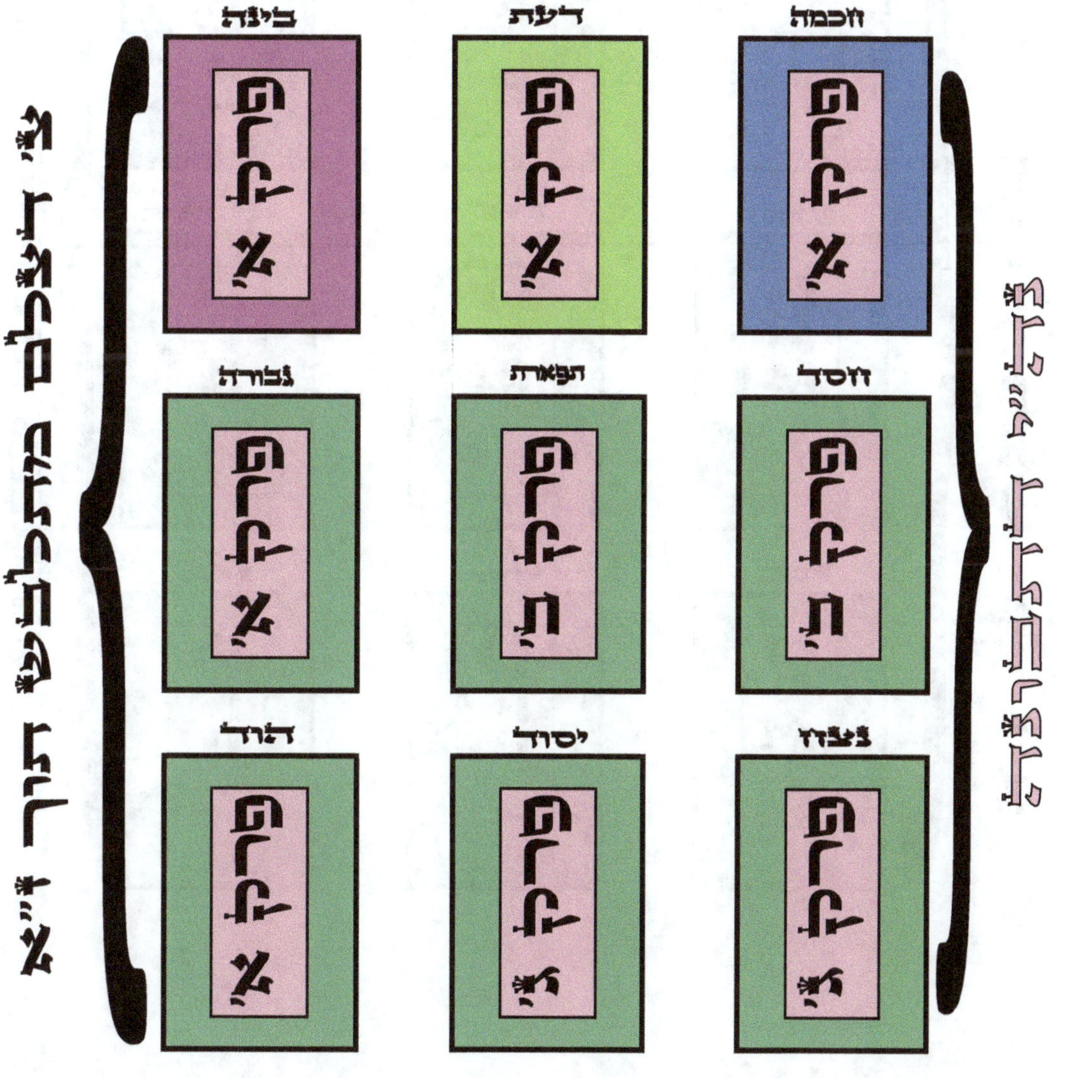

מוחין דז"א תוך חג"ת דתבונה

גבורה דתבונה | תפארת דתבונה | חסד דתבונה

לבושים

א"א ז"א

בינה | דעת | חכמה

פרצוף | פרצוף | פרצוף

גבורה | תפארת | חסד

פרצוף | פרצוף | פרצוף

הוד | יסוד | נצח

פרצוף | פרצוף | פרצוף

פי' מלבם המלבישים חו"ב או"א

או"א יש"ס וישראל סבא ותבונה

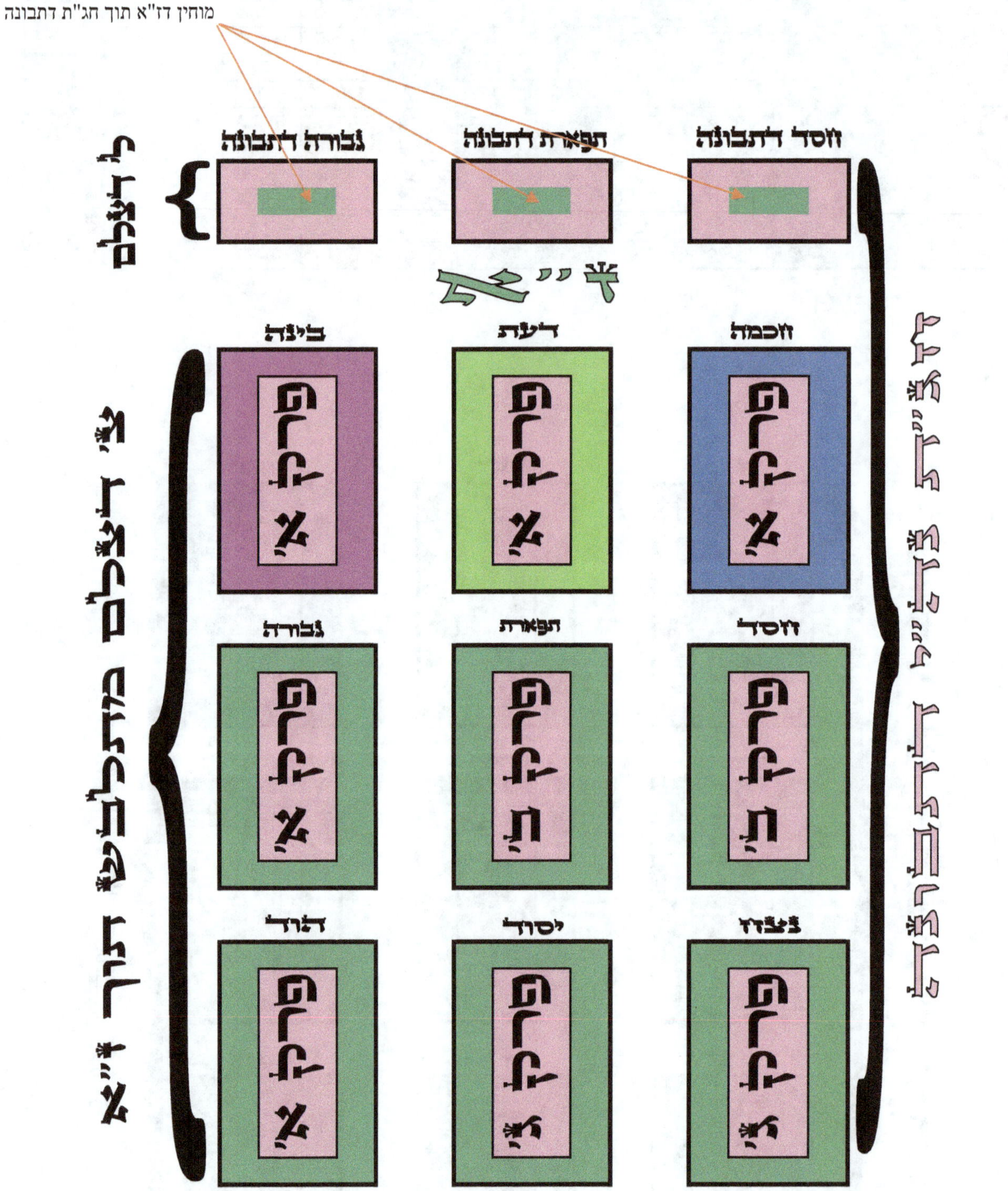

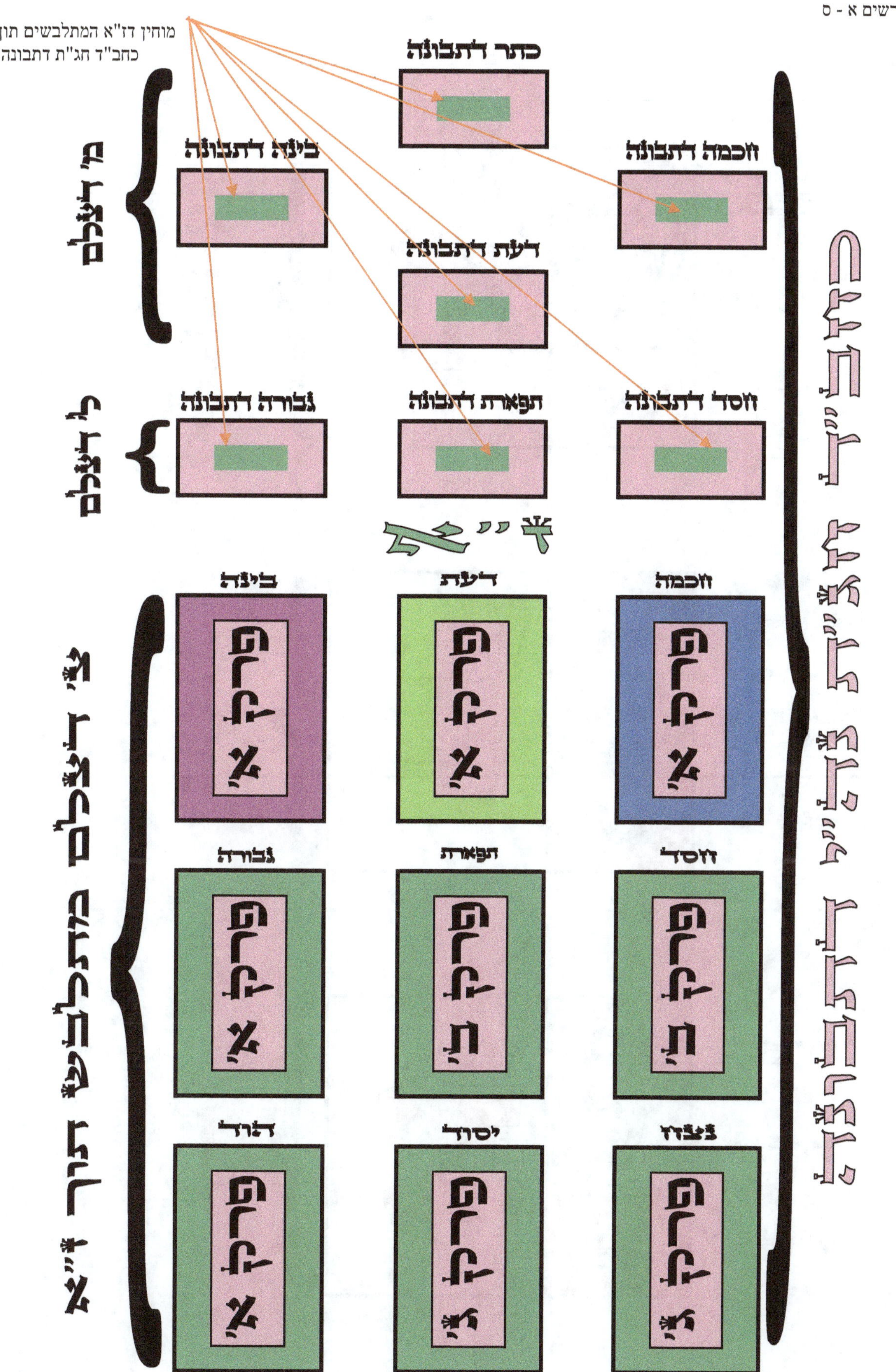
מוחין דז"א המתלבשים תוך
כחב"ד חג"ת דתבונה
כתר דתבונה
בינה דתבונה
חכמה דתבונה
דעת דתבונה
גבורה דתבונה
תפארת דתבונה
חסד דתבונה
א"א דז"ת דתבונה
בינה
דעת
חכמה
הזח"ה
מלכי
מלכי
מלכ
גבורה
תפארת
חסד
הזח"ה
מלכ
מלכ
מלכי
מלכות
יסוד
נצח
הזח"ה
מלכ
מלכי
מלכ
מלכ

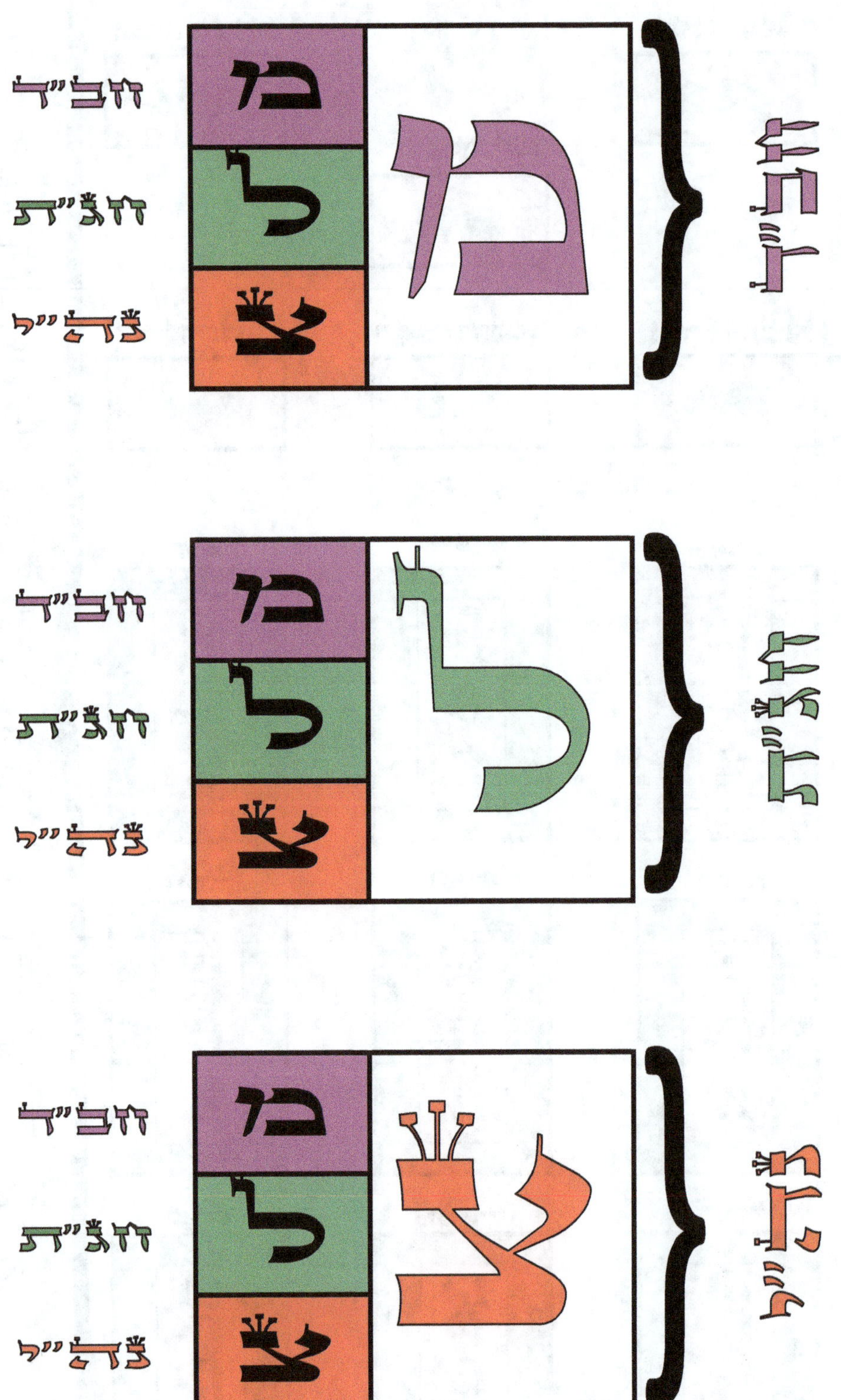
חב"ד
חג"ת
נה"י

חב"ד
חג"ת
נה"י

חב"ד
חג"ת
נה"י

אור מקיף על הכלים דז"א בפנימיותו

להמשיך מב"ד דאחור דאחור, ומאחור לפנים, לבינה דכתר דנה"י
(ובמזרח דחג"ת) דאימא עי' לחב"ד דניקוד הגו' דז"א.

מב"ד דאחור דאחור, ומאחור לפנים

אֲהֲיֶה אֲהֲיֶה   אֲהֲיֶה אֲהֲיֶה   אֲהֲיֶה   אֲהֲיֶה אֲהֲיֶה   אֲהֲיֶה אֲהֲיֶה

יְהֹוָה יְהֹוָה   יְהֹוָה יְהֹוָה   יְהֹוָה   יְהֹוָה יְהֹוָה   יְהֹוָה יְהֹוָה

אלף הי לקס"א

ג' כלי בינה דח"א	ג' כלי דעת דח"א	ג' כלי חכמה דח"א
אלף, אלף הא, אלף הא יוד,	יוד הי ויו הי	יוד הי ואו הא
אלף הא יוד הא	יוד הי ואו הי	יה יהו יהוה
אלף הא יוד הא	יוד הה וו הה	יוד הא ואו הא
אהיה		

ולדמות הסמ"ת כחב"ת והנה"י לנה"י דז"א:

אֲהֲיֶה אֲהֲיֶה   אֲהֲיֶה אֲהֲיֶה   אֲהֲיֶה אֲהֲיֶה   אֲהֲיֶה   אֲהֲיֶה אֲהֲיֶה

יְהֹוָה יְהֹוָה   יְהֹוָה יְהֹוָה   יְהֹוָה יְהֹוָה   יְהֹוָה   יְהֹוָה יְהֹוָה

יוד הי לקס"א

ג' כלי גבורה דח"א	ג' כלי ת"ת דח"א	ג' כלי חסד דח"א
יה	יוד הא ואו הא	א אל אלו אלוה
אלף, אלף למד, אלף למד הי,	יה יהו יהוה	אלוה
אלף למד הי יוד, אלף למד הי יוד מם	יהוה	אלף למד
יהוה		

אֲהֲיֶה אֲהֲיֶה   אוהויודו אוהויודו   אוהויודו אוהויודו   אֲהֲיֶה אֲהֲיֶה

יְהֹוָה יְהֹוָה   יוהוווהו יוהוווהו   יוהוווהו יוהוווהו   יְהֹוָה יְהֹוָה

יוד הי לקס"א

ג' כלי הוד דח"א	ג' כלי יסוד דח"א	ג' כלי נצח דח"א
אדני	יאהדונהי	יהוה
א צבאו צבאות	שין, שין דלת, שין דלת יוד.	צ צב צבא
אות	שין דלת יוד	צבא

להמשיך האָרה מדת"י דיסוד דאחור ופנים
דפנים דאימא עי', המלובשים בפרק ראשון
דיסוד דז"א שעלה לתפארת דז"א, ומהמוסין
והנרנח"י שביסוד הגו' לחרין פרקין מתחין
דיסוד דז"א

אוהויוהו אוהויוהו   אוהויוהו אוהויוהו
יוהוווהו יוהוווהו   יוהוווהו יוהוווהו

ג' כלי יסוד דז"א
יאהדונהי
שין, שין דלת, שין דלת יוד.
שין דלת יוד

אור מקיף

אור פנימי

כלים

נ"ר **אהי"ה**

ר"ק **יהו"ה**

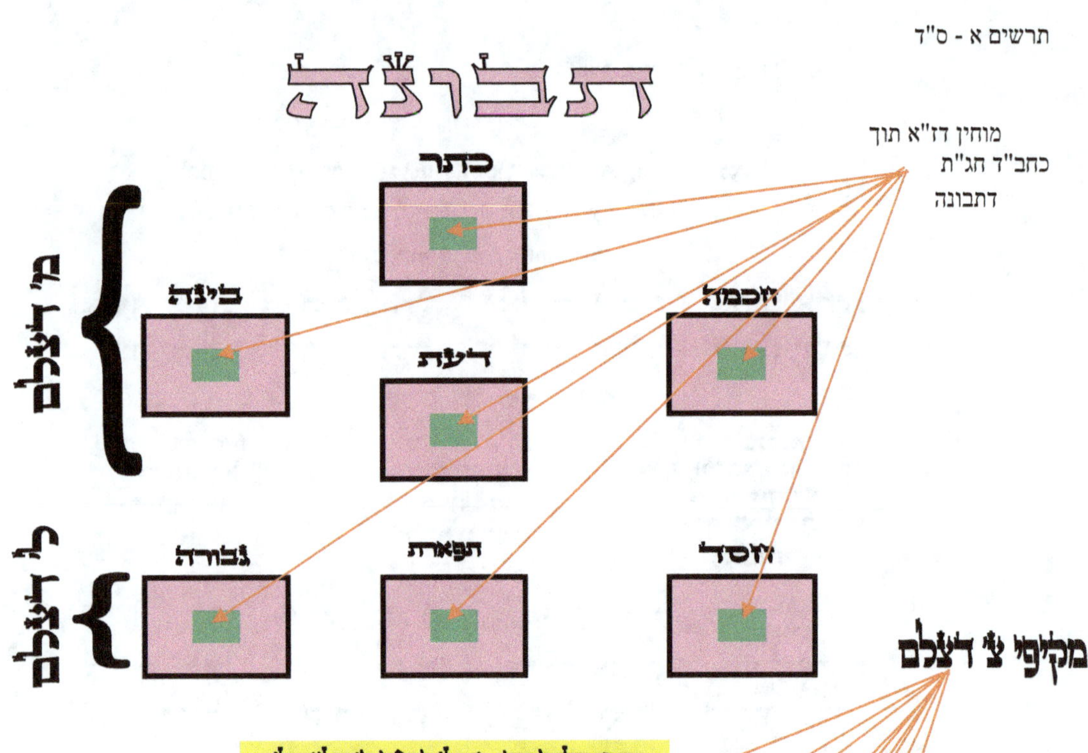

תרשימים שער ה׳ פרק א׳

תרשים א - ס"ד

תבונה
מוחין דז"א תוך
כחב"ד חג"ת
דתבונה
כתר
מ' דצלם
בינה
חכמה
דעת
ל' דצלם
גבורה
תפארת
חסד
מקיפי צ' דצלם
מקיף דיחידה
מקיף דחיה
ז"א
בינה
דעת
חכמה
גבורה
תפארת
חסד
הוד
יסוד
נצח

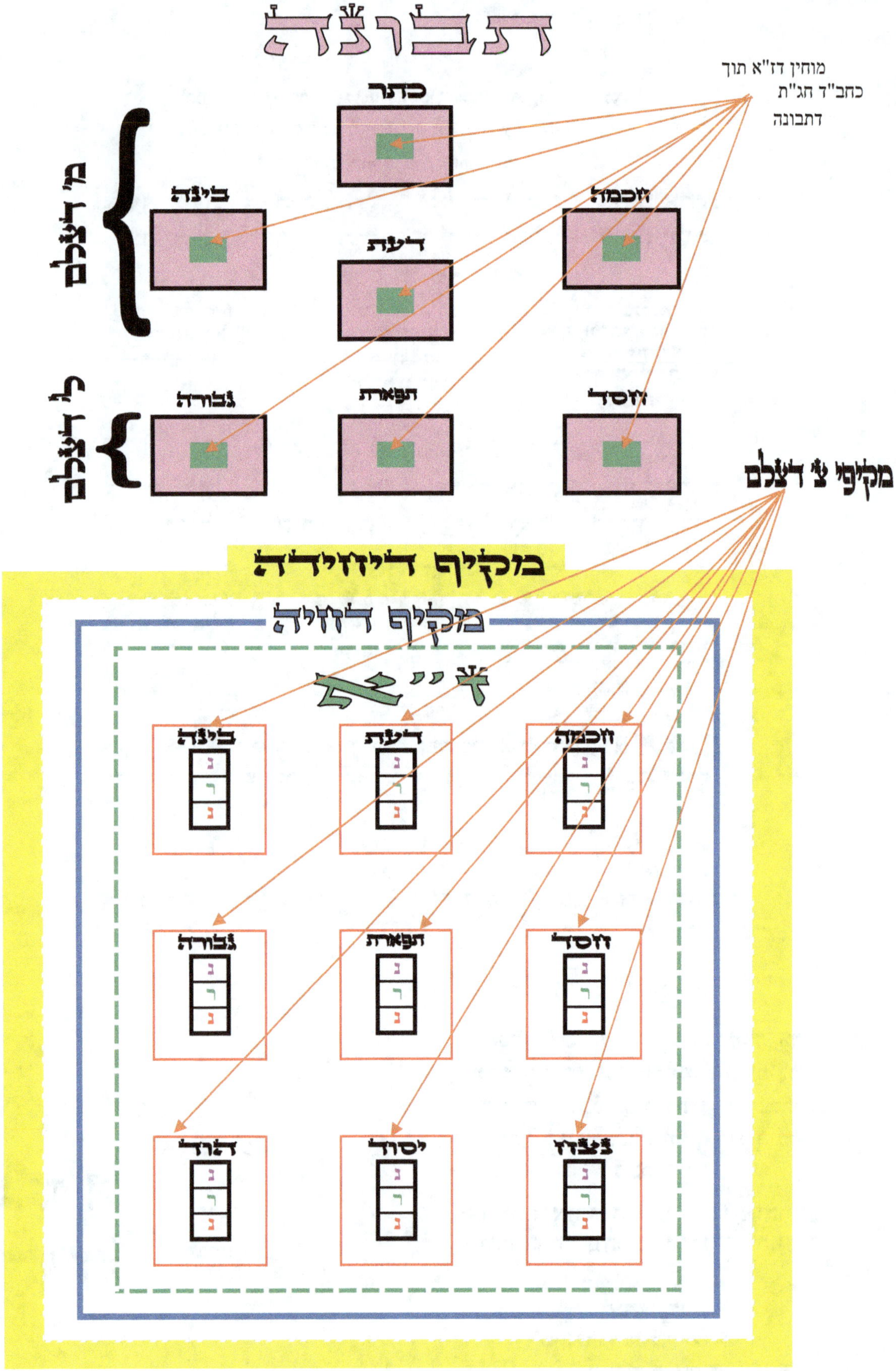

סדר יציאת עסמ״ב

שערות	ע״ב
אח״פ	ס״ג
נקודים	ב״ן
תיקון	מ״ה

דירוג בעלת עסמ״ב

כתר וחכמה	ע״ב
בינה	ס״ג
חג״ת נה״י	מ״ה
מלכות	ב״ן

תרשים א - ס"ח

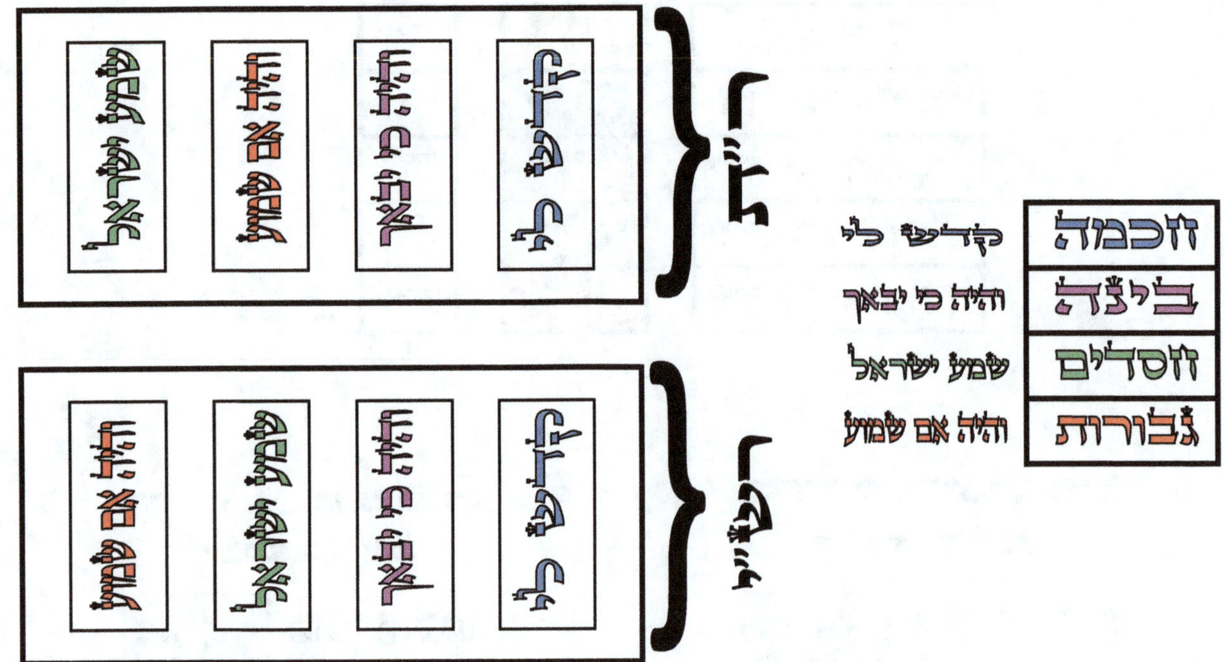

חכמה	קדש לי
בינה	והיה כי יבאך
חסדים	שמע ישראל
גבורות	והיה אם שמע

תרשים א - ס"ט

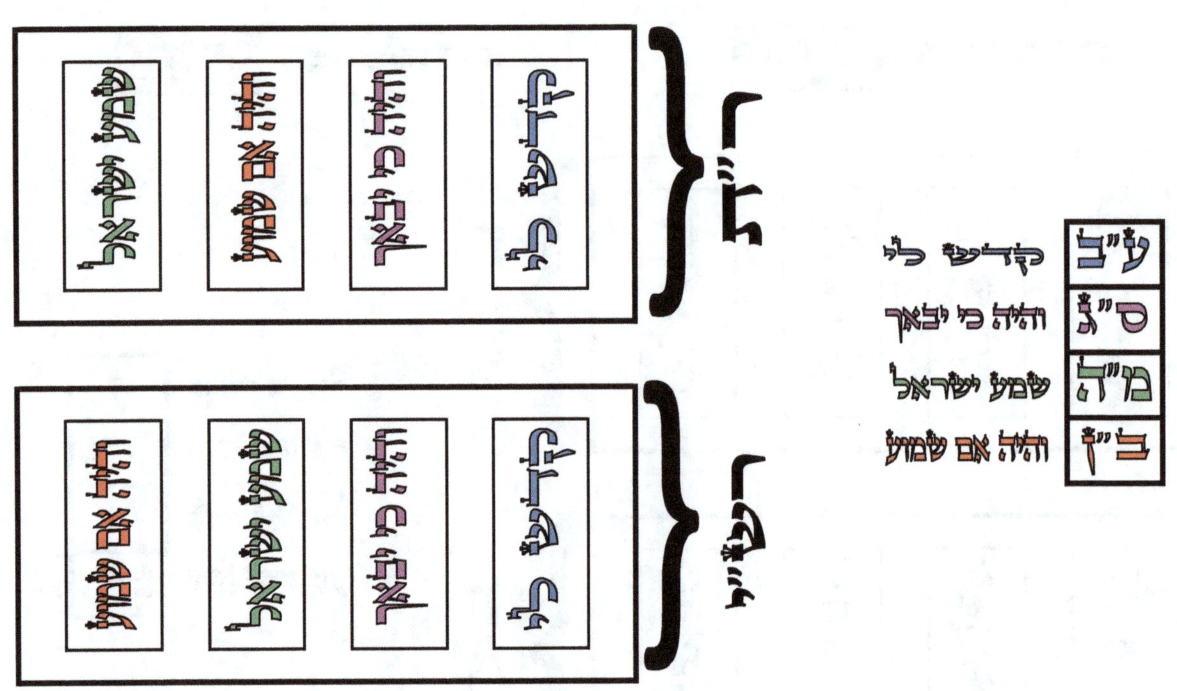

ע"ב	קדש לי
ס"ג	והיה כי יבאך
מ"ה	שמע ישראל
ב"ן	והיה אם שמע

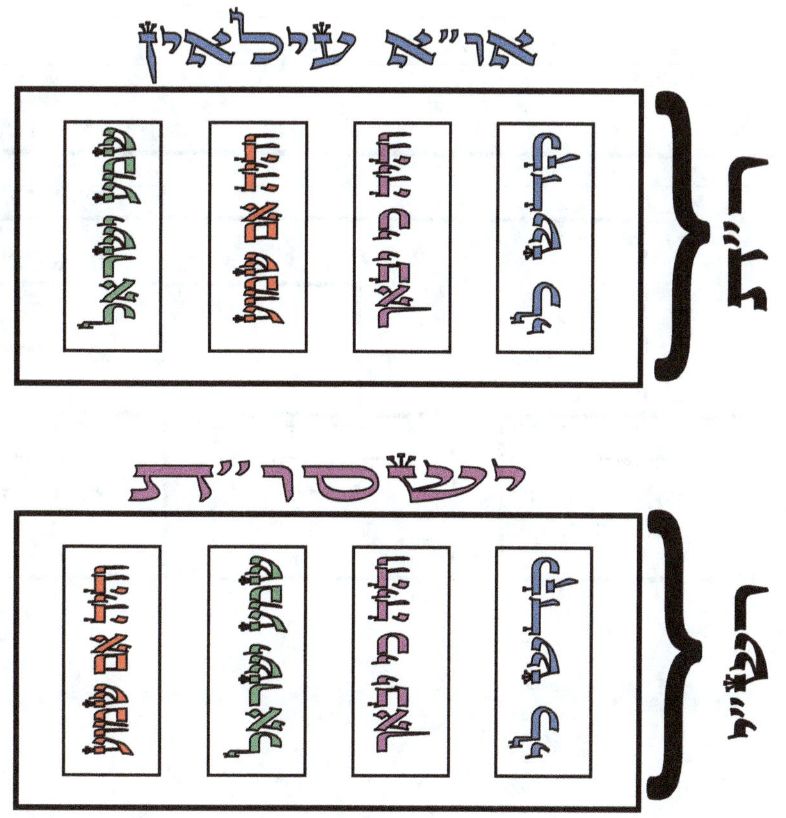
או"א עילאי"ן
ישַֹסו"ת

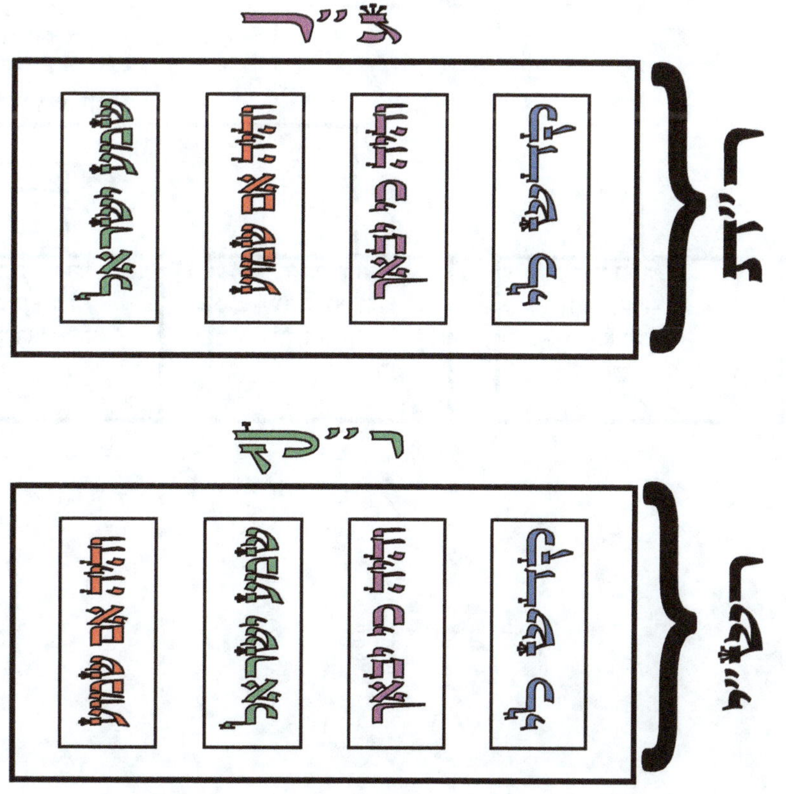
ע"ב
רי"ו

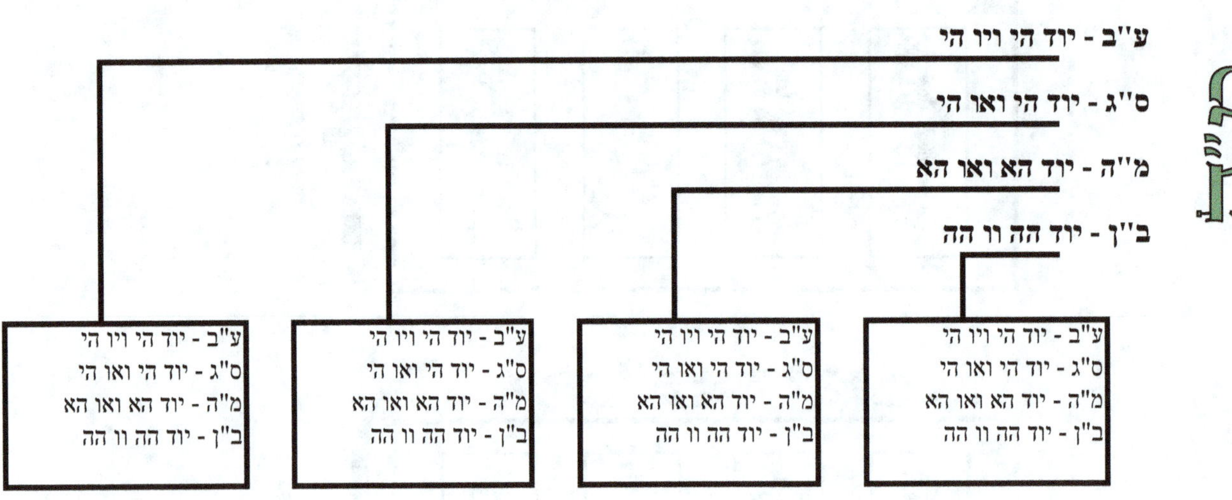
ע"ב - יוד הי ויו הי
ס"ג - יוד הי ואו הי
מ"ה - יוד הא ואו הא
ב"ן - יוד הה ור הה

ע"ב - יוד הי ויו הי
ס"ג - יוד הי ואו הי
מ"ה - יוד הא ואו הא
ב"ן - יוד הה ור הה

ע"ב - יוד הי ויו הי
ס"ג - יוד הי ואו הי
מ"ה - יוד הא ואו הא
ב"ן - יוד הה ור הה

ע"ב - יוד הי ויו הי
ס"ג - יוד הי ואו הי
מ"ה - יוד הא ואו הא
ב"ן - יוד הה ור הה

ע"ב - יוד הי ויו הי
ס"ג - יוד הי ואו הי
מ"ה - יוד הא ואו הא
ב"ן - יוד הה ור הה

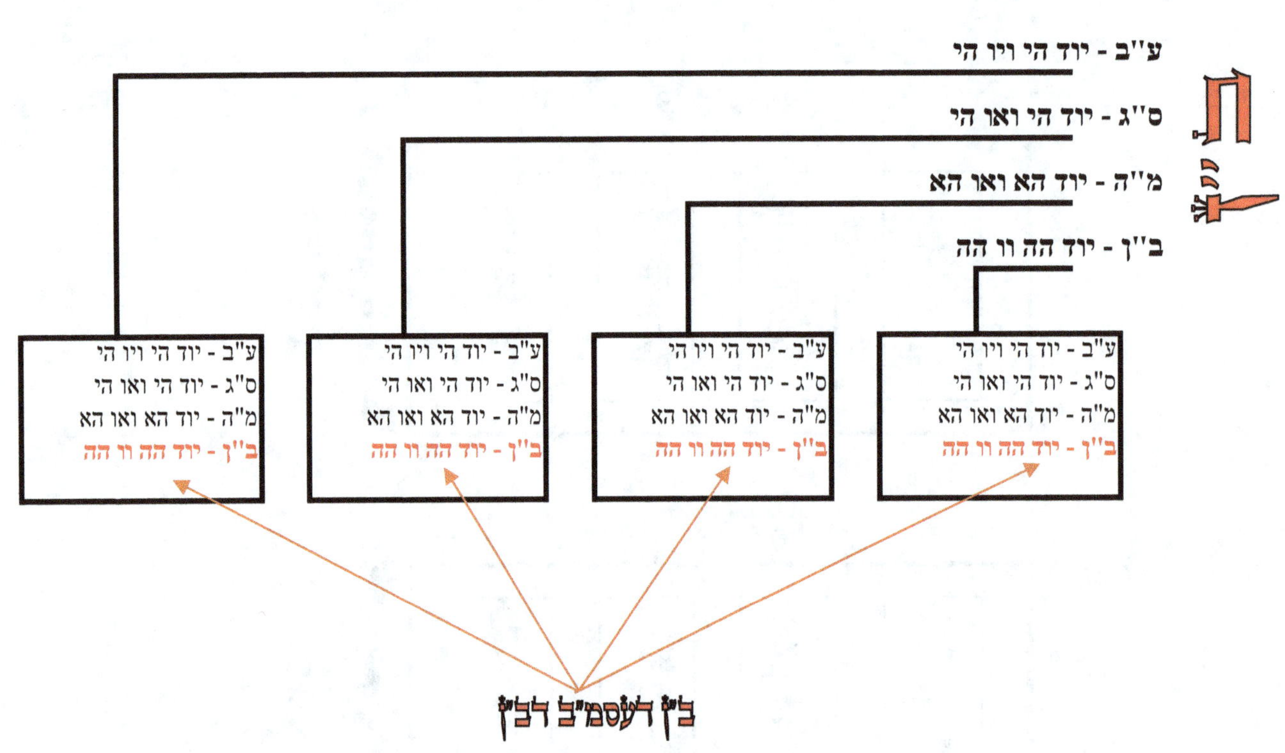
ע"ב - יוד הי ויו הי
ס"ג - יוד הי ואו הי
מ"ה - יוד הא ואו הא
ב"ן - יוד הה ור הה

ע"ב - יוד הי ויו הי
ס"ג - יוד הי ואו הי
מ"ה - יוד הא ואו הא
ב"ן - יוד הה ור הה

ע"ב - יוד הי ויו הי
ס"ג - יוד הי ואו הי
מ"ה - יוד הא ואו הא
ב"ן - יוד הה ור הה

ע"ב - יוד הי ויו הי
ס"ג - יוד הי ואו הי
מ"ה - יוד הא ואו הא
ב"ן - יוד הה ור הה

ע"ב - יוד הי ויו הי
ס"ג - יוד הי ואו הי
מ"ה - יוד הא ואו הא
ב"ן - יוד הה ור הה

בן דעסמ"ב פרק

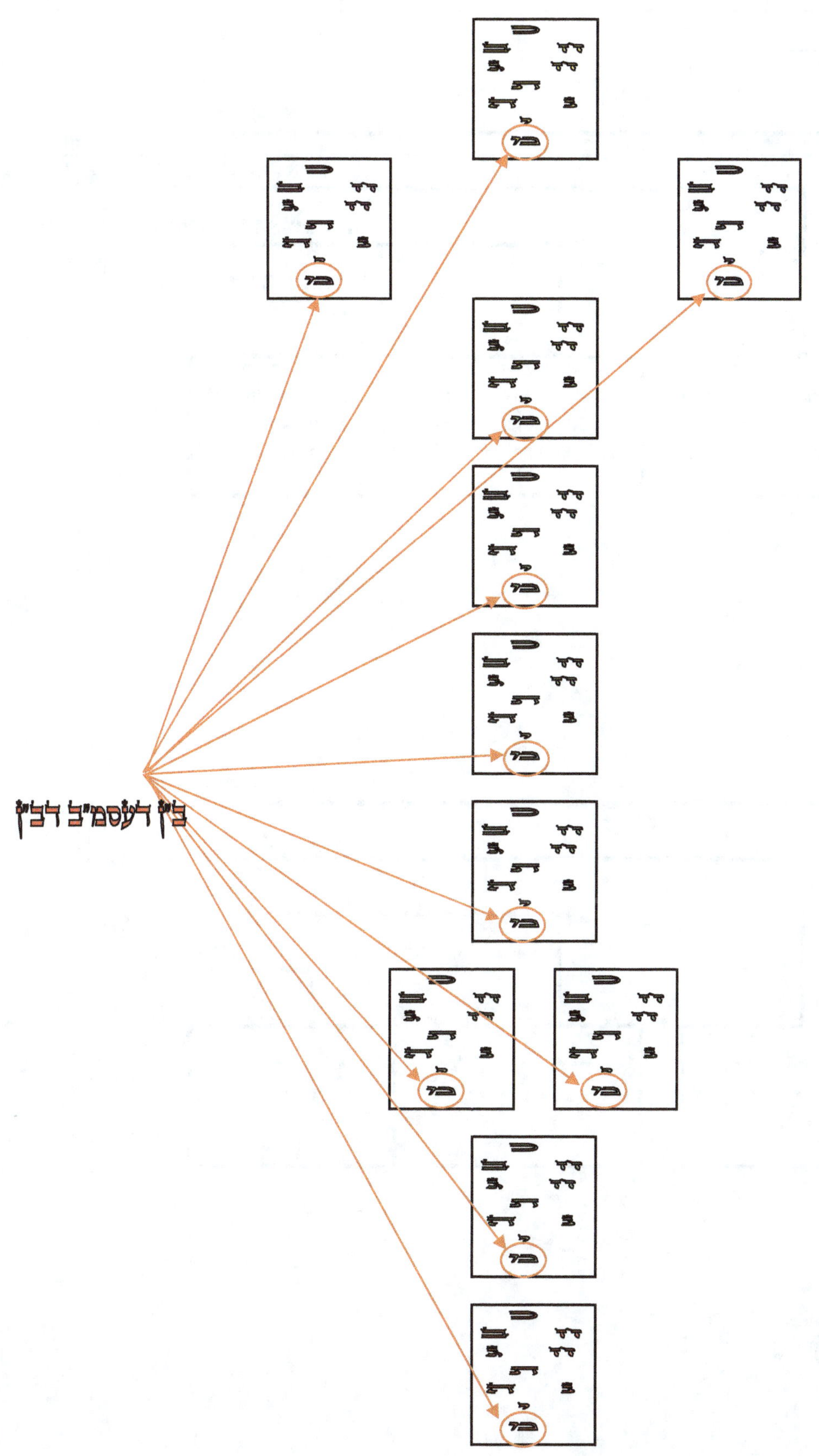

תרשים א - ע"ד

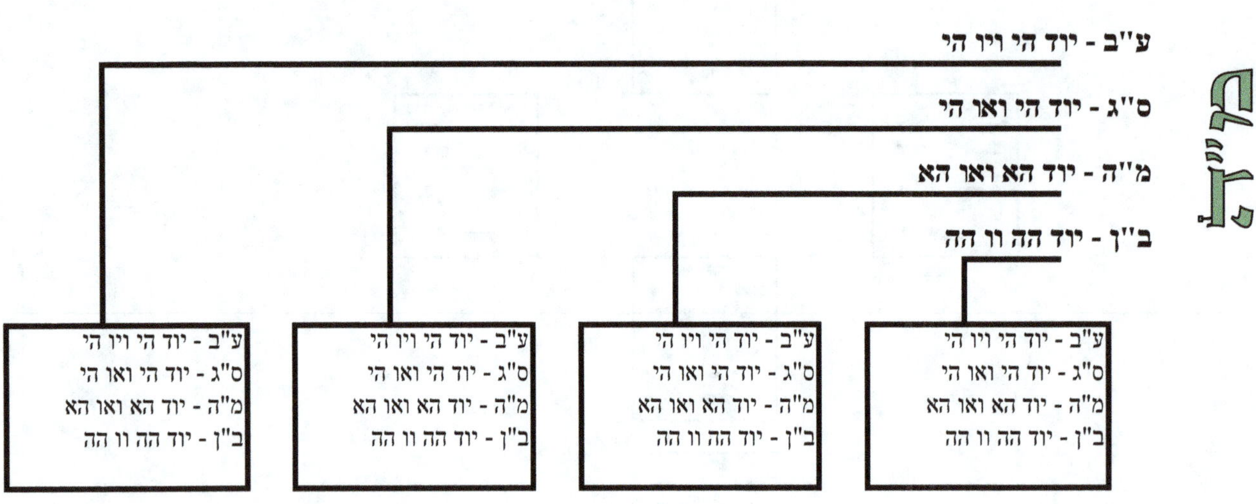

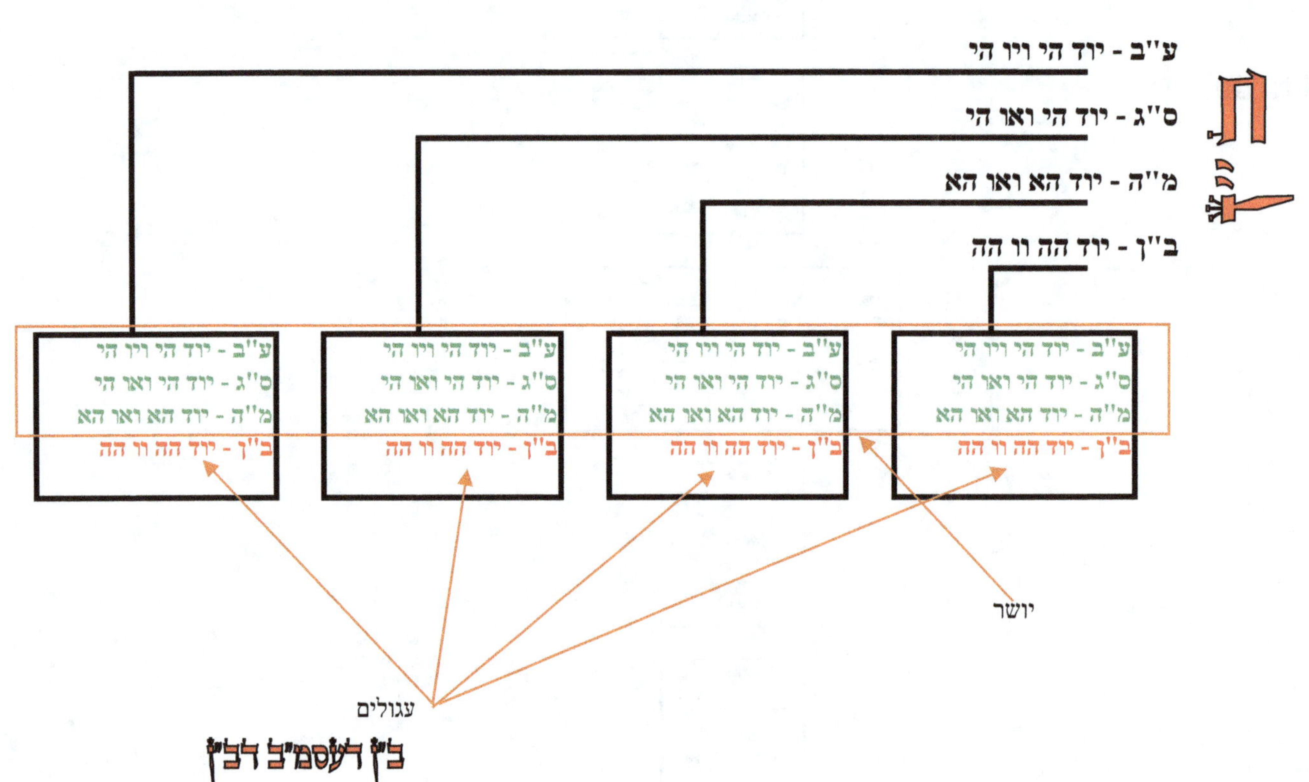

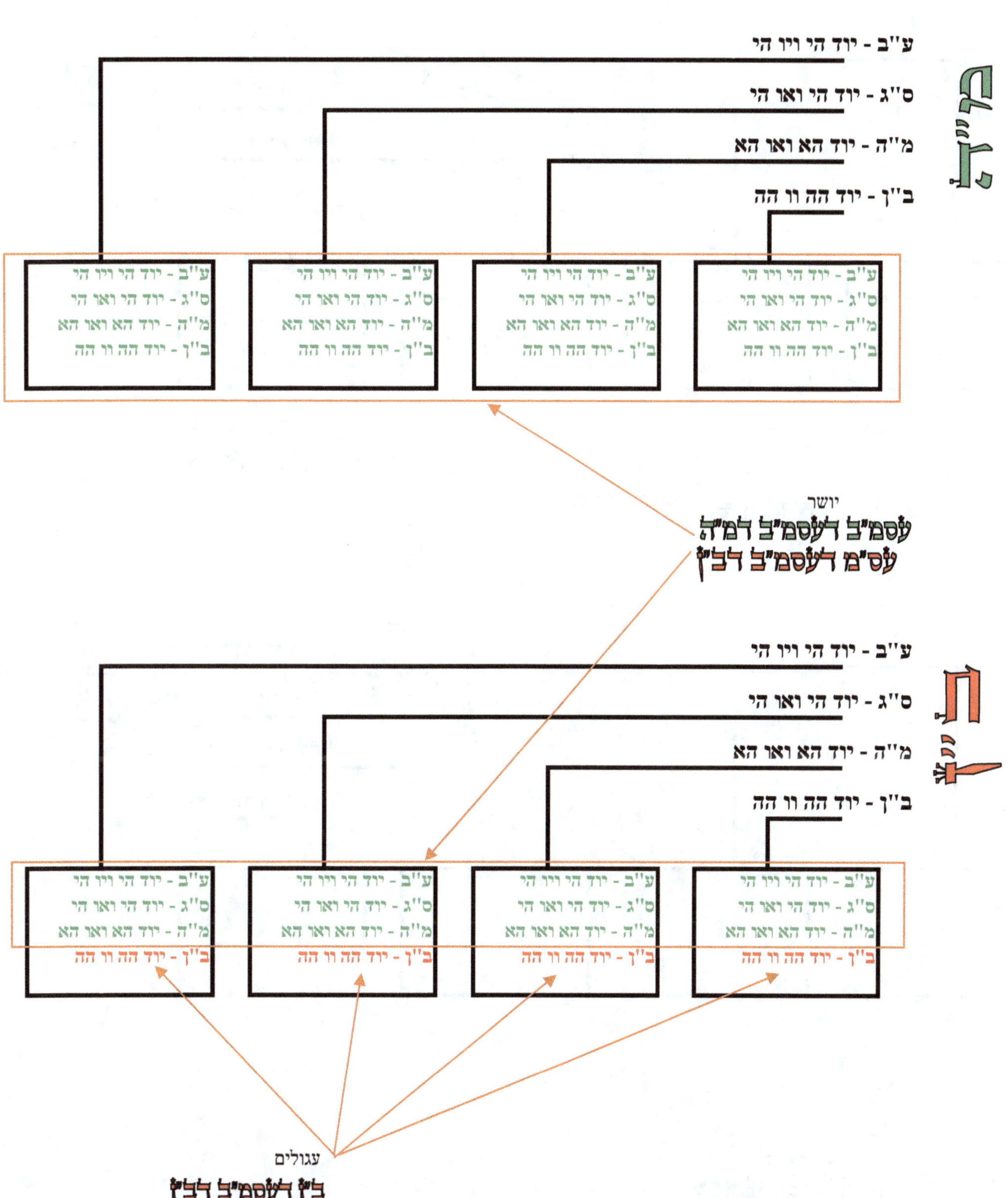
עקׁוׁ

ע"ב - יוד הי ויו הי
ס"ג - יוד הי ואו הי
מ"ה - יוד הא ואו הא
ב"ן - יוד הה וו הה

יושר
עׁסמ"ב דעׁסמ"ב דמ"ה
עׁס"מ דעׁסמ"ב דב"ן

נקׁוׁ

ע"ב - יוד הי ויו הי
ס"ג - יוד הי ואו הי
מ"ה - יוד הא ואו הא
ב"ן - יוד הה וו הה

עגולים
ב"ן דעׁסמ"ב דב"ן

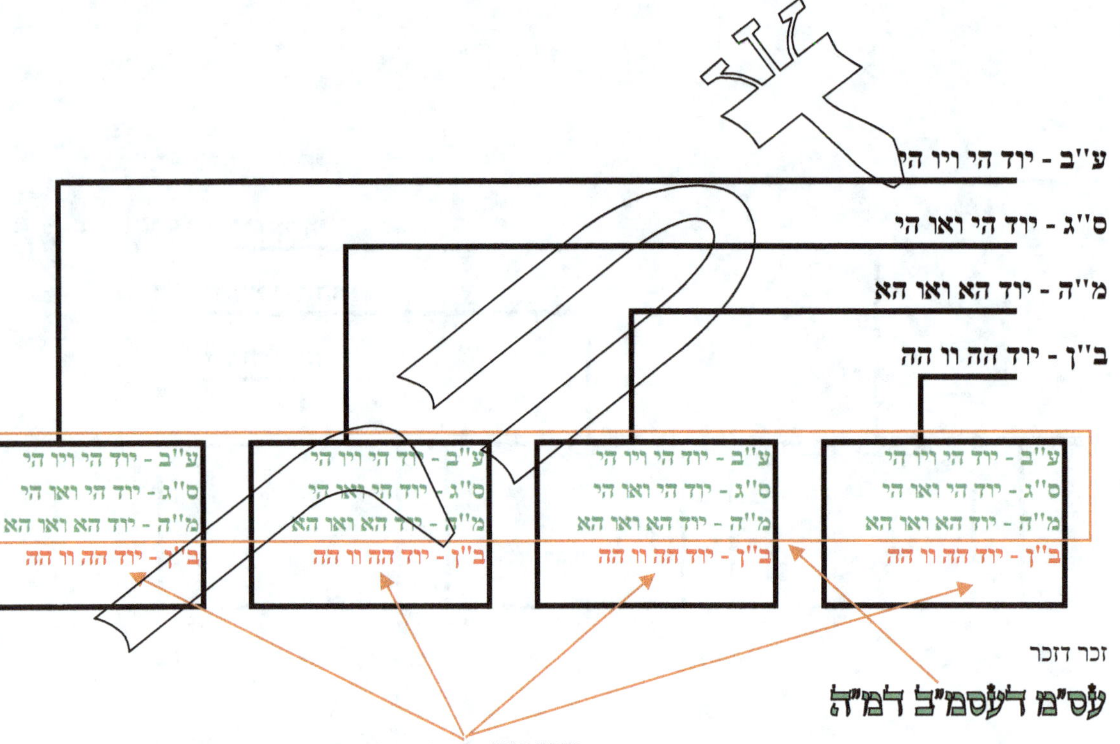

זכר דזכר
עׁס״מ דעׁסמ״ב דמ״ה

נקבה דזכר
בׁן דעׁסמ״ב דמׁ״ה

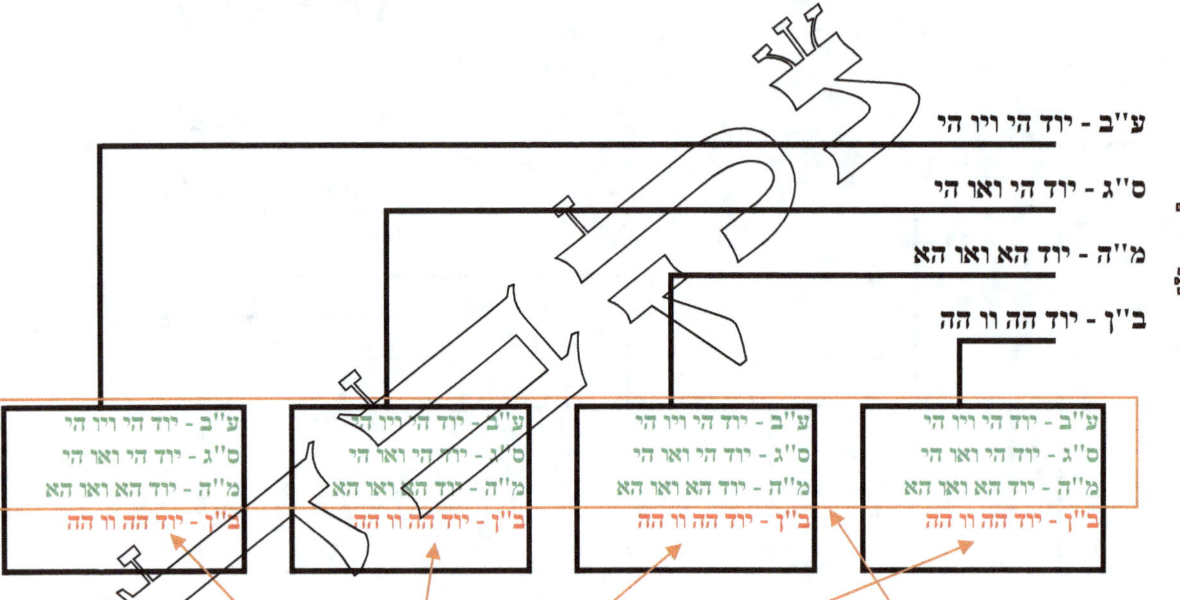

נקבה דנקבה
בׁן דעׁסמ״ב דבׁן

זכר דנקבה
עׁס״מ דעׁסמ״ב דבׁן

לפֿנֿי יציאת ב"ן ומ"ה

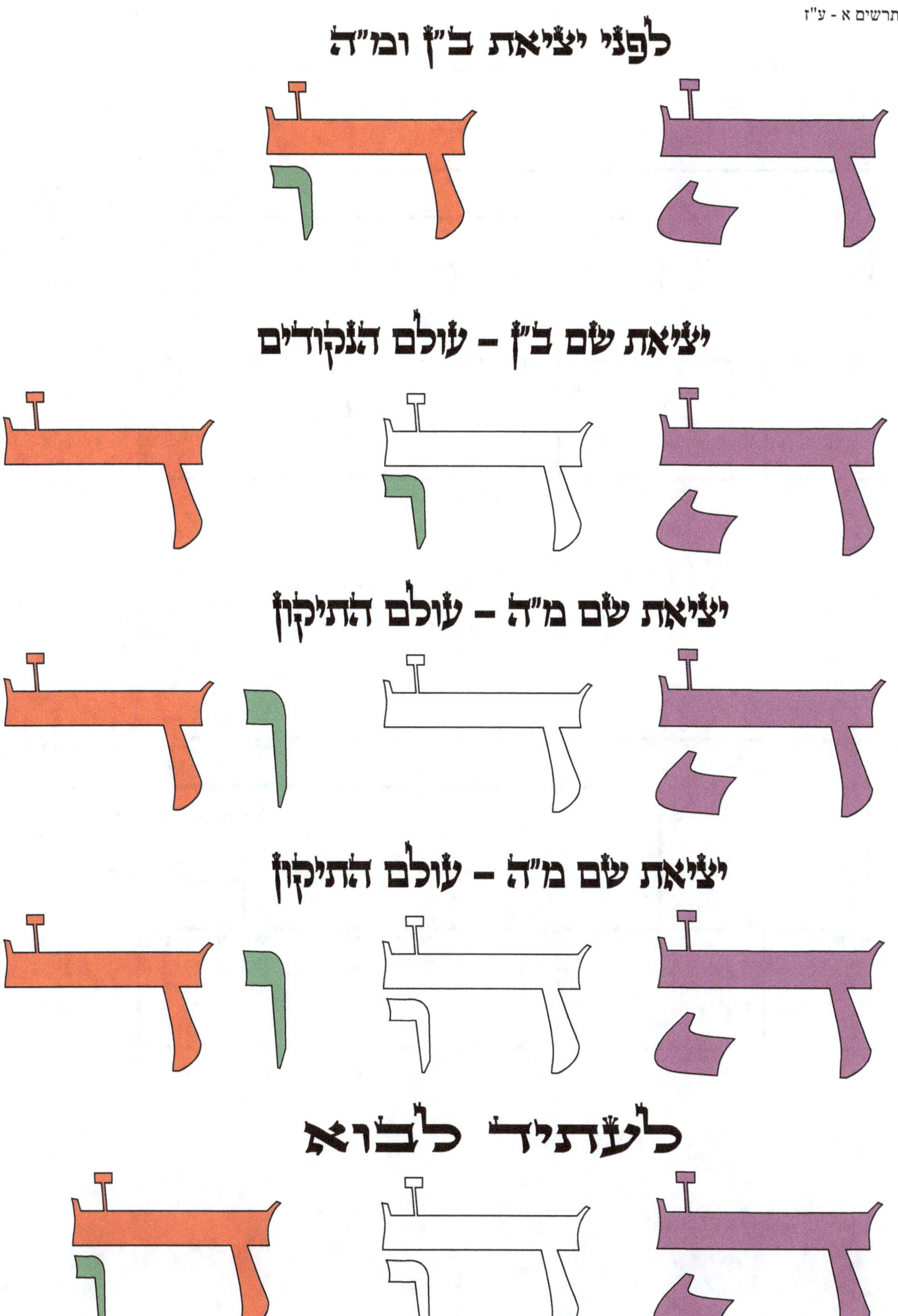

תרשימים שער ה' פרק א'

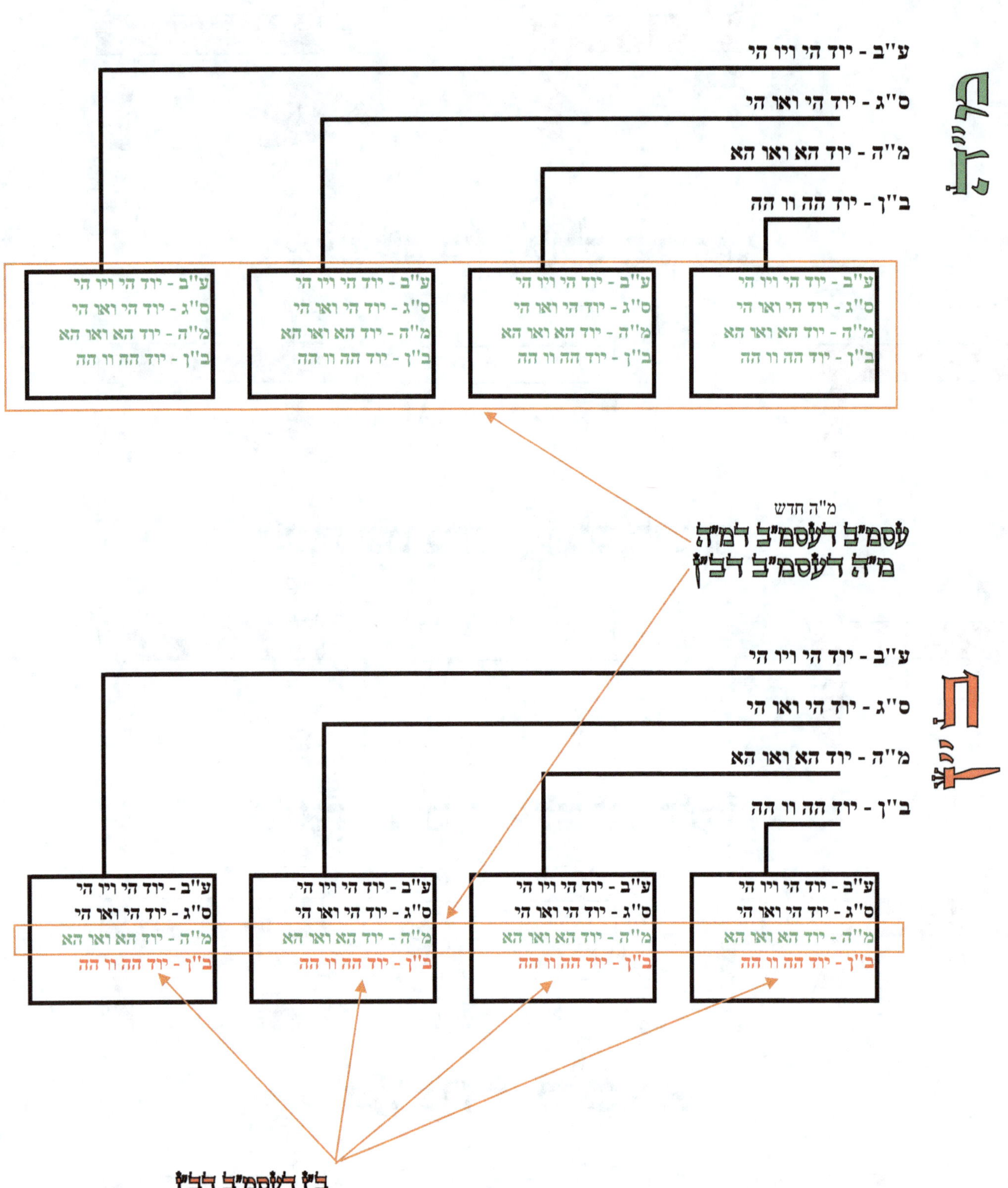

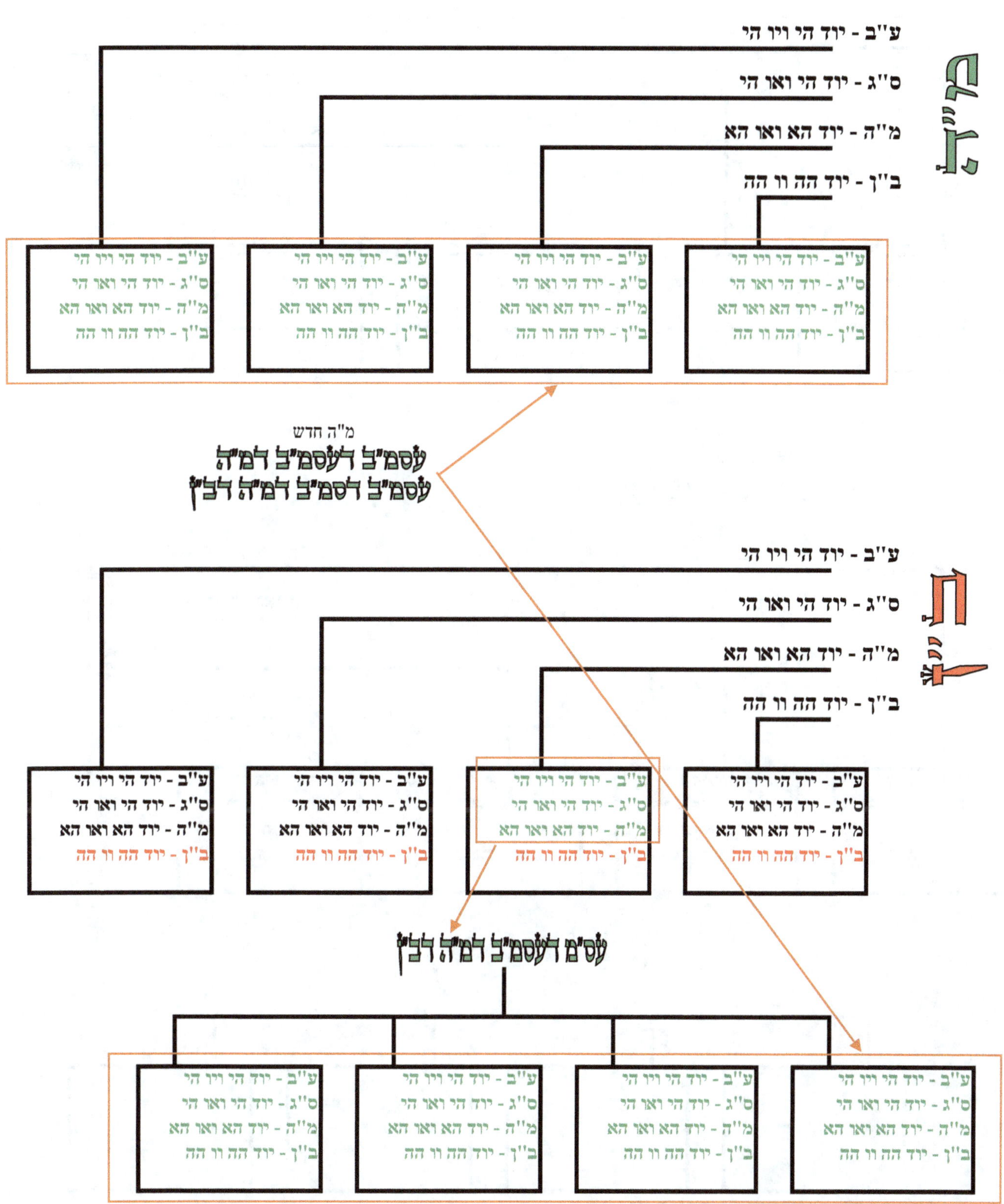
ע"ב - יוד הי ויו הי
ס"ג - יוד הי ואו הי
מ"ה - יוד הא ואו הא
ב"ן - יוד הה וו הה
ע"ג

מ"ה חדש
עסמ"ב דעסמ"ב דמ"ה
עסמ"ב דסמ"ב דמ"ה דב"ן

ע"ב - יוד הי ויו הי
ס"ג - יוד הי ואו הי
מ"ה - יוד הא ואו הא
ב"ן - יוד הה וו הה
ע"ב

עס"ם דעסמ"ב דמ"ה דב"ן

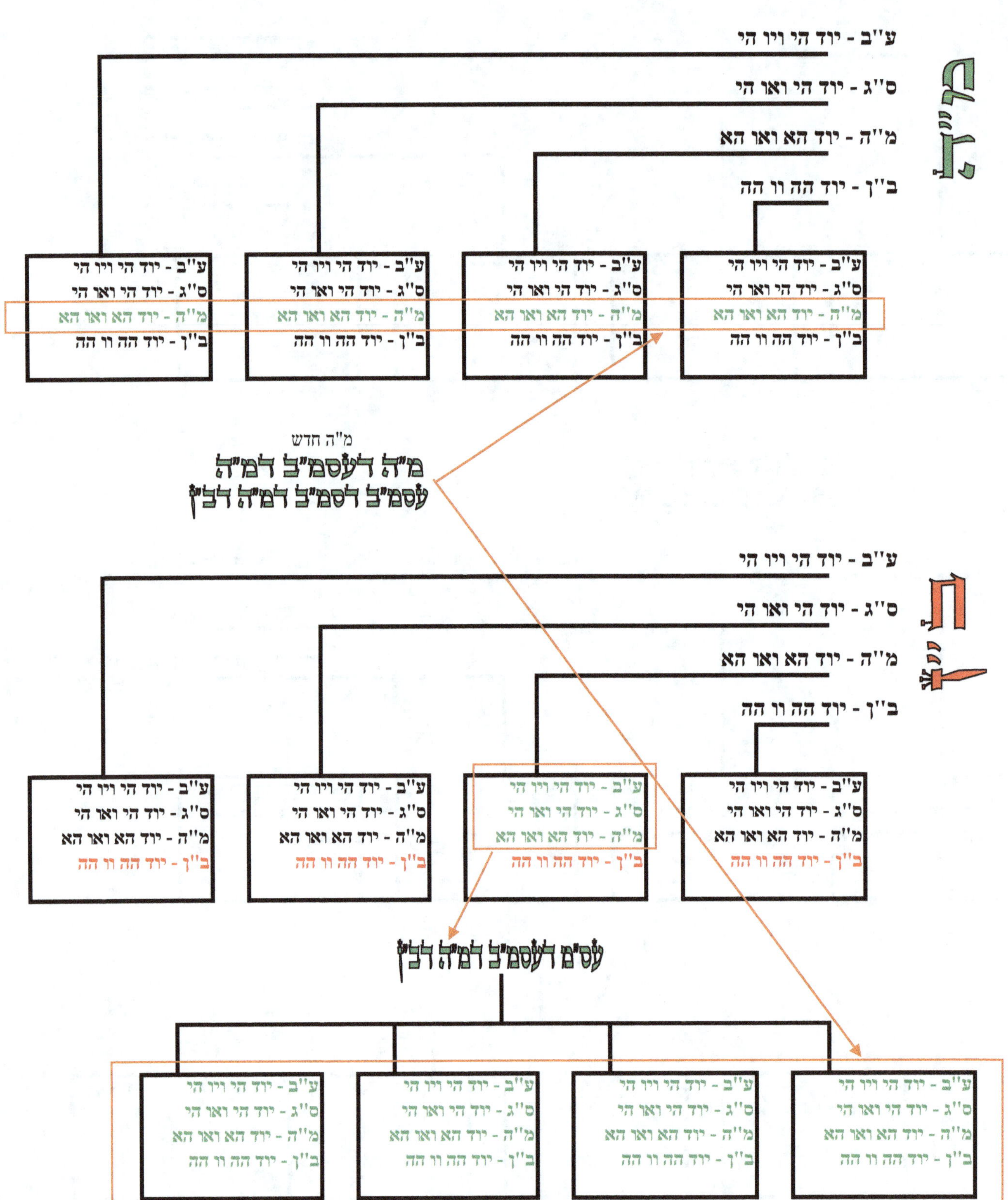
לב"ן
ע"ב - יוד הי ויו הי
ס"ג - יוד הי ואו הי
מ"ה - יוד הא ואו הא
ב"ן - יוד הה וו הה
ע"ב - יוד הי ויו הי
ס"ג - יוד הי ואו הי
מ"ה - יוד הא ואו הא
ב"ן - יוד הה וו הה
מ"ה חדש
מ"ה דעסמ"ב דמ"ה
עסמ"ב דסמ"ב דמ"ה דב"ן
ע"ב - יוד הי ויו הי
ס"ג - יוד הי ואו הי
מ"ה - יוד הא ואו הא
ב"ן - יוד הה וו הה
עסמ"ב דעסמ"ב דמ"ה דב"ן
ע"ב - יוד הי ויו הי
ס"ג - יוד הי ואו הי
מ"ה - יוד הא ואו הא
ב"ן - יוד הה וו הה

תרשים ד - ה

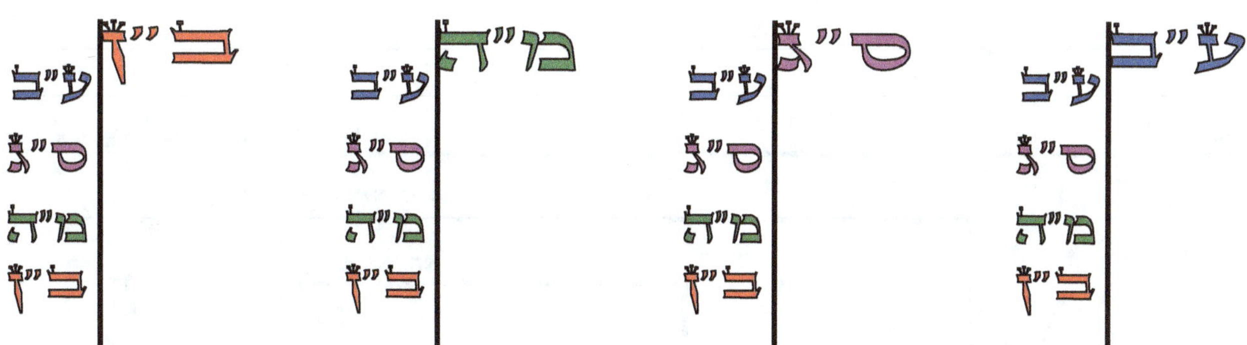

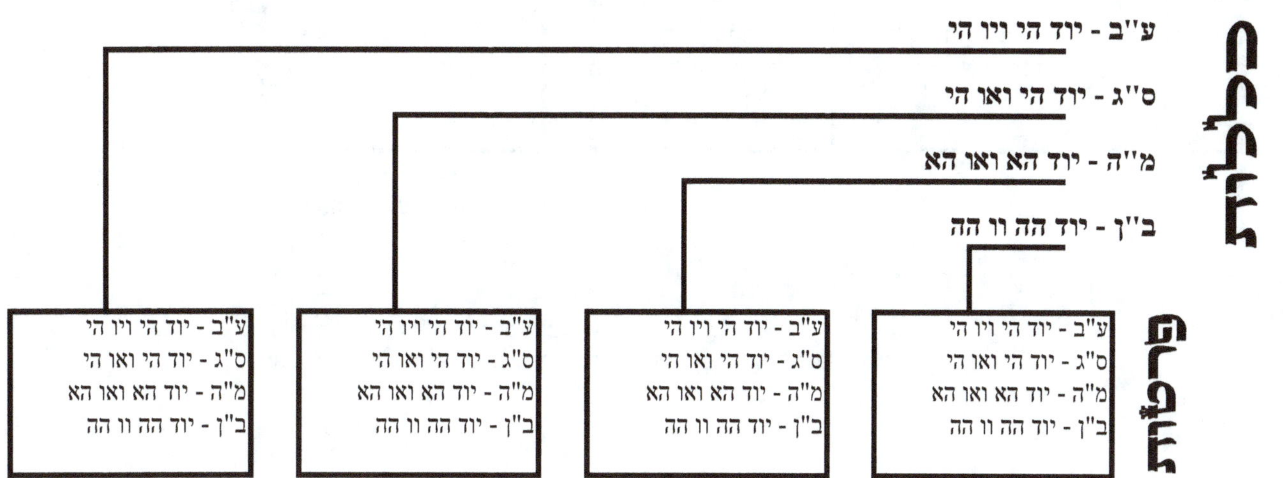

תרשים ד - ו

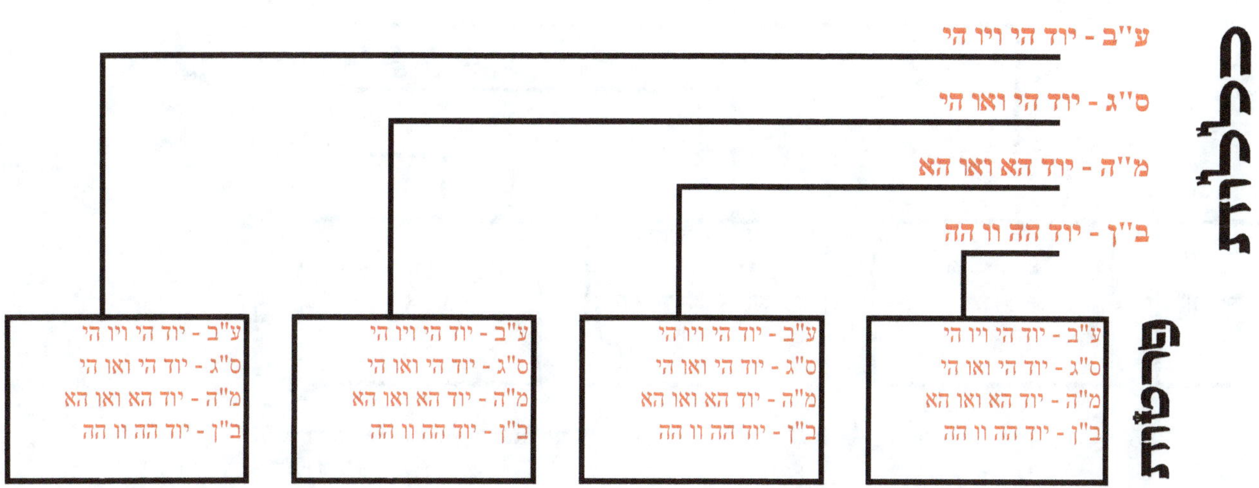

לפי דעה זאת הבחינות שיצאו הם:
ע"ב דע"ב, ס"ג דע"ב, מ"ה דע"ב, ב"ן דע"ב
ע"ב דס"ג, ס"ג דס"ג, מ"ה דס"ג, ב"ן דס"ג
ע"ב דמ"ה, ס"ג דמ"ה, מ"ה דמ"ה, ב"ן דמ"ה
ע"ב דב"ן, ס"ג דב"ן, מ"ה דב"ן, ב"ן דב"ן
יוצא שיצאו **ט"ז בחינות** שהם עסמ"ב דעסמ"ב.

תרשימים משער א' ענף ד'

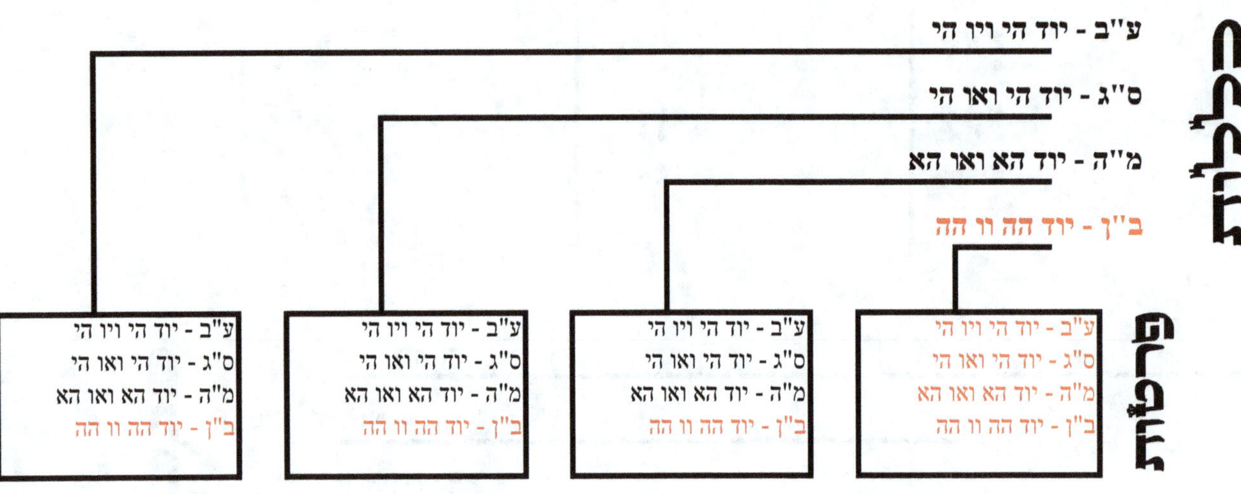

לפי דעה זאת הבחינות שיצאו הם:

ב"ן דע"ב

ב"ן דס"ג

ב"ן דמ"ה

ע"ב דב"ן ,ס"ג דב"ן ,מ"ה דב"ן ,ב"ן דב"ן

יוצא שיצאו **ז 'בחינות** שהם עסמ"ב דב"ן ,ב"ן דע"ב ,ב"ן דס"ג ,ב"ן דמ"ה

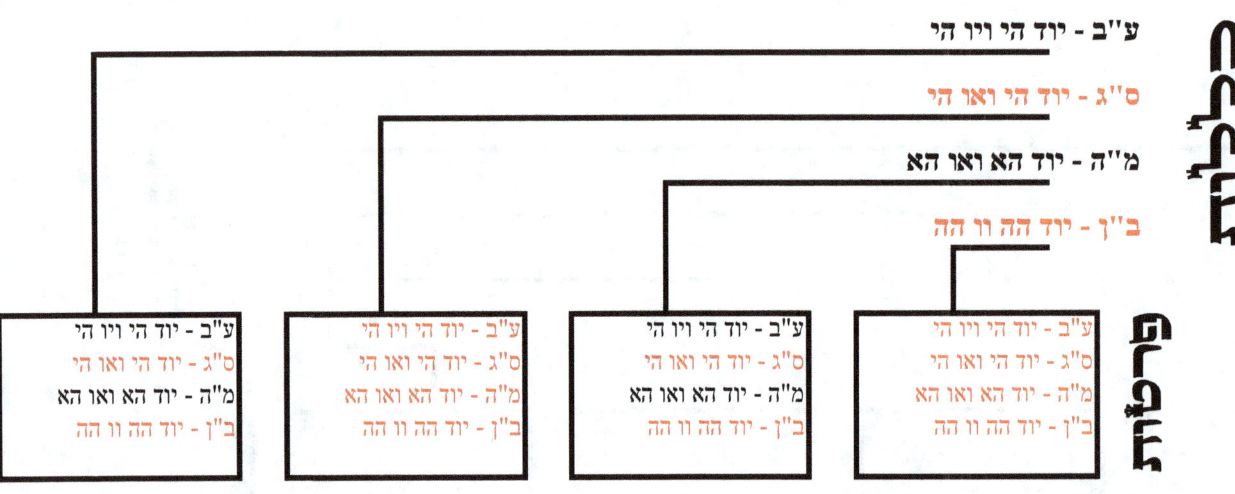

לפי דעה זאת הבחינות שיצאו הם:

ס"ג דע"ב

ב"ן דע"ב

ע"ב דס"ג ,ס"ג דס"ג ,מ"ה דס"ג ,ב"ן דס"ג

ב"ן דמ"ה

ס"ג דמ"ה

ע"ב דב"ן ,ס"ג דב"ן ,מ"ה דב"ן ,ב"ן דב"ן

יוצא שיש **י"ב בחינות** שהם עסמ"ב דב"ן ,ב"ן דע"ב ,ב"ן דמ"ה ,ועסמ"ב דס"ג ,ס"ג דע"ב ,וס"ג דמ"ה